KB265421

정리가 잘된
MOS Powerpoint 2007
해설특강

1판 1쇄 발행 | 2010년 10월 1일

지 은 이 | 이해인
펴 낸 이 | 안동명
펴 낸 곳 | 에듀멘토르
기   획 | 안동명 · 신꽃다미
감   수 | 오해강 · 이재영
마 케 팅 | 김경용
경영지원 | 김덕수
디 자 인 | 김옥자
내용문의 | mentorBook@yahoo.co.kr
등   록 | 2009년 10월 5일 제2009-16호
주   소 | 서울시 용산구 청파동 3가 131 IT연구개발센터 1층
전   화 | 02-711-0911
팩   스 | 02-711-0920
I S B N | 978-89-94127-37-8 13000
가   격 | 11,000원

정리가
잘 된
MOS
파워포인트
2007
해설특강

C·O·N·T·E·N·T·S

MOS 알아보기

1 MOS(Microsoft Office Specialist)란?

Microsoft가 인증하는 국제 인증 자격 시험입니다.

Microsoft가 직접 인증함으로써 그 공신력과 정확성을 인정받을 수 있으며, 현재 미국, 프랑스, 영국, 독일, 홍콩, 브라질, 멕시코 등 170여 개국 9,500여 개 시험센터에서 그 나라말로 시행되는 국제공인 자격증입니다(한국에서는 한국어로 시행되며, 기타 원하는 언어를 선택할 수 있습니다).

100% 컴퓨터로 시행됩니다.

시작부터 종료까지 100% 컴퓨터 상에서 진행되는 CBT(Computer Based Test)로 평가 방식이 정확함은 물론 시험 종료 즉시 결과를 알 수 있습니다.

100% 실기시험입니다.

Microsoft Office 2007의 실제 활용 능력을 측정하는 것이 그 목적입니다. 따라서 이론 문제나 객관식 유형이 없이 모든 문제는 실제 프로그램상에서 직접 조작하여 답을 얻는 100% 실기시험입니다.

Microsoft 사의 최신 운영체제인 Windows Vista의 활용 능력을 평가합니다.

현존 최고의 멀티미디어 기능과 안정성을 자랑하는 Microsoft 사의 최신 운영체제인 Windows Vista의 활용 능력을 Microsoft Business Certification에서 평가받을 수 있습니다.

모두 6개의 시험 과목이 있습니다.

MOS는 Microsoft Office 2007 각 과목 이외에 Windows Vista의 기능이나 지식을 묻는 과목이 새롭게 추가되었습니다. 자격은 과목 별로 개별적으로 인정됩니다.

2 응시 과목/응시 시간/문항 수

합격 기준

MOS의 합격 점수는 1,000점 만점이며 시험 종료 후 합격 여부를 알 수 있습니다. 시험 종료 후 2~3
주 후면 공식 인증서를 받을 수 있습니다.

성적표

성적표에는 취득 점수와 기능별로 성취도가 명시되므로 취약 부분을 분석할 수 있습니다.

시험 시간 및 문항 수

응시 과목	응시 시간	문항 수
Microsoft Office Word 2007	50분	20문항 ~ 30문항
Microsoft Office Excel 2007	50분	20문항 ~ 30문항
Microsoft Office Powerpoint 2007	50분	20문항 ~ 30문항
Microsoft Office Access 2007	50분	20문항 ~ 30문항
Microsoft Office Outlook 2007	50분	20문항 ~ 30문항
Windows Vista for the Business worker	50분	30문항 ~ 40문항

MOS Master

아래 4개 과목 취득 시 자동으로 Master 자격증이 발급됩니다.

Microsoft Office Word 2007

Microsoft Office Excel 2007

Microsoft Office Powerpoint 2007

Microsoft Office Outlook 2007

성적표 발급

시험 종료 후 인쇄물로 발급된 성적표나 시험 성적 확인 웹 사이트(http://www.certiport.com)에서
시험 응시 때 사용했던 ID와 비밀번호로 로그인하여 Skill Set(평가항목) 별로 성적을 확인할 수 있습
니다. 성적표를 이용하여 영역별 성취도를 분석해 취약 부분을 심화 학습합니다.

[문항 수 : 20~30문제 / **시간** : 50분 / **만점** : 1000점]

Skill Set	시험 구성
홈	클립보드, 슬라이드, 글꼴, 단락, 그리기, 편집
삽입	표, 일러스트레이션, 링크, 텍스트, 미디어 클립
디자인	페이지 설정, 테마, 배경
애니메이션	미리 보기, 애니메이션, 슬라이드 화면 전환
슬라이드 쇼	슬라이드 쇼 시작, 설정, 모니터
검토	언어 교정, 메모, 보호
보기	프레젠테이션 보기, 표시/숨기기, 확대/축소, 컬러/회색조, 창, 매크로

I

홈탭

1 프레젠테이션의 시작

출제포인트

다양한 유형의 새 프레젠테이션을 시작 및 삽입하는 문제

준비파일 : Chapter01/그린오피스.docx   **완성파일** : Chapter01/완성파일/본문완성01-01

1 파워포인트 2007 실행하기

작업 표시줄의 [시작] 단추를 클릭하고 [모든 프로그램] – [Microsoft Office] – [Microsoft Office PowerPoint 2007]을 클릭하여 실행한다.

2 파워포인트 2007의 화면 구성

파워포인트 2007을 처음 실행하면 새로운 빈 슬라이드가 기본 보기로 나타난다. 기본 보기는 프레젠테이션의 주된 편집 화면 보기이므로, 현재의 기본 보기 화면 구성에 대해 자세히 살펴보도록 한다.

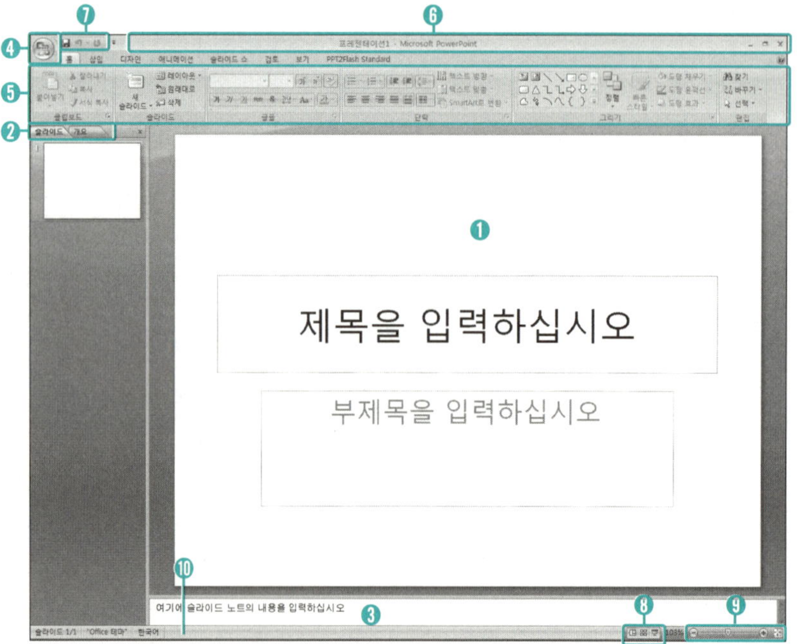

❶ 슬라이드 창

프레젠테이션을 제작하기 위해 필요한 모든 편집 작업을 수행하는 곳이다. 이곳에 텍스트를 입력하거나 도형과 표를 그리거나 그림 및 동영상 개체를 삽입해서 슬라이드를 작성한다.

❷ 슬라이드 및 개요 탭

프레젠테이션에 있는 슬라이드들을 순서대로 표시한다. 슬라이드 탭에서는 각 슬라이드가 축소판 그림으로 보이고 슬라이드에 입력된 텍스트만 개요 형식으로 보인다. 슬라이드 이동, 복사 및 삭제와 같은 편집 작업을 할 수 있다. 슬라이드 및 개요 창에서 원하는 슬라이드를 선택하면 슬라이드 창에 선택한 슬라이드가 나타난다.

❸ 슬라이드 노트 창

발표할 때 참고할 부연 설명을 입력하는 곳이다. 슬라이드와 함께 출력물로 인쇄하여 사용하거나 슬라이드 쇼에서 슬라이드 노트에 입력된 내용을 참고할 때 직접 내용을 추가해서 넣을 수도 있다.

❹ Office 단추

파워포인트 2003의 [파일] 메뉴와 비슷한 기능을 가진 단추로 프레젠테이션 문서 열기, 저장, 인쇄, CD용 패키지 제작 등 문서에서 할 수 있는 모든 작업을 선택할 수 있다. 또한, Office 단추를 클릭한 후 [파워포인트 옵션]을 클릭하여 [파워포인트 옵션] 대화상자가 나타나면 파워포인트 프로그램에 관한 옵션을 지정할 수 있다.

❺ 리본 메뉴

슬라이드를 작성할 때 필요한 각종 기능이 모여 있는 곳이다. 탭 표시 줄에서 각 탭을 클릭하면 관련 기능을 실행할 수 있는 명령 단추들이 각 그룹별로 묶인 상태에서 펼쳐진다. 또한, 그룹 아래쪽 모서리에 나타나는 추가 옵션 표시 단추를 누르면 기능을 추가로 선택할 수 있는 대화상자가 나타난다.

❻ 제목 표시줄

현재 사용하는 프로그램 이름과 파일 이름이 나타난다.

❼ 빠른 실행 단추

자주 사용하는 명령들을 단추로 표시한다. 리본 메뉴의 위와 아래에 표시할 수 있으며 사용자가 원하는 기능으로 도구 모음을 구성할 수 있다.

❽ 화면 보기 단추

프레젠테이션 문서를 여러 가지 보기 화면으로 빠르게 전환하는 단추 모음이다. 화면의 보기 방식을 기본 보기, 여러 슬라이드 보기, 슬라이드 쇼 보기로 바꿔 볼 수 있다.

❾ 확대/축소 도구

슬라이드 창의 크기를 늘리거나 줄일 수 있는 확대/축소 단추가 함께 있다. 슬라이드 창 맞춤 도구를 사용하면 슬라이드를 현재 창의 크기에 맞출 수 있다.

❿ 상태 표시줄

편집 중인 현재 슬라이드의 번호와 총 슬라이드 수 등과 같은 정보와 적용된 서식 파일의 이름, 사용 언어 등 일반적인 정보가 표시된다.

3 새로워진 리본 인터페이스

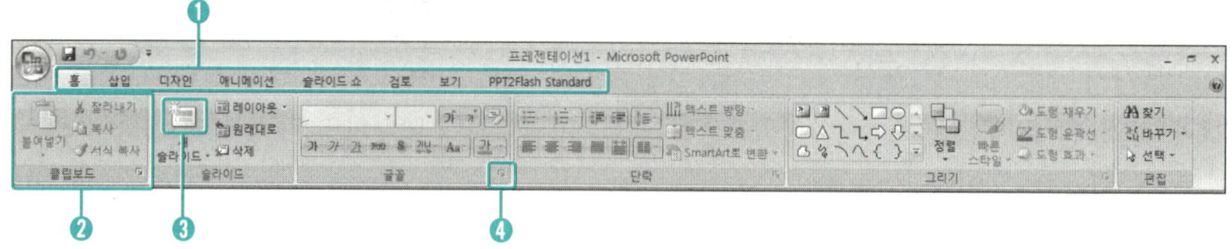

❶ 탭 표시줄

탭을 선택하면 해당하는 각종 아이콘이 그룹에 묶여 나타난다.

❷ 그룹

탭의 하위 개념으로, 기능 중심으로 아이콘을 묶는 기준이 된다.

❸ 아이콘

슬라이드에 각각의 기능을 삽입하고 선택한다.

❹ 추가 옵션 표시 단추

각 그룹에 해당되는 대화상자가 나타난다.

슬라이드에 개체를 삽입한 경우 삽입한 개체에 따라 각기 다른 서식을 적용할 수 있도록 제목 표시줄에 상황별 탭이 나타난다. 이 상황별 탭 아래에는 탭에 따라 다른 메뉴들이 나타나는데, 이를 선택하면 삽입한 개체의 서식을 다양하게 지정할 수 있는 리본 메뉴가 펼쳐진다. 예를 들어 텍스트 상자를 클릭하면 제목 표시줄에 [그리기 도구]-[서식] 탭이 나타난다. [서식] 탭을 클릭하면 도형 및 텍스트의 서식을 편집할 수 있는 아이콘들이 펼쳐진다. [그리기 도구] 상황별 탭은 상황에 따라 다르게 생겨났다가 사라지기 때문에 선택 개체가 없으면 사라진다. 상황별 탭은 텍스트, 그리기, 스마트 아트, 표, 차트, 그림, 동영상, 소리 등에서 나타난다.

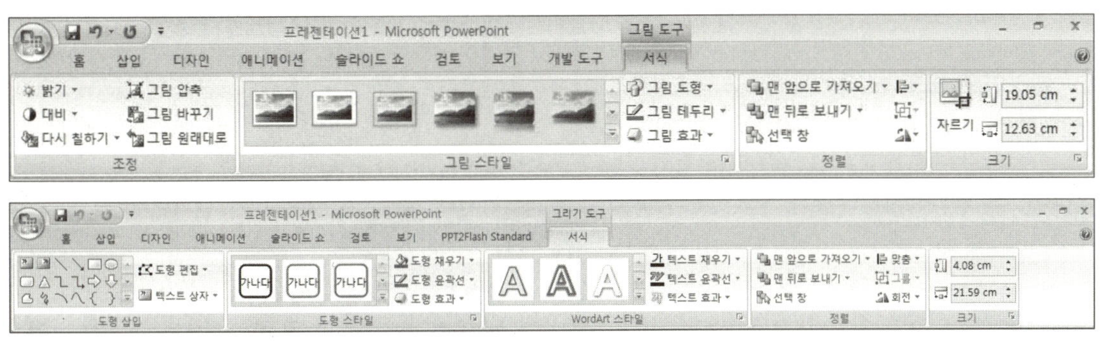

5   다양한 슬라이드 화면 보기

파워포인트에서 작성한 프레젠테이션은 작업 상황에 맞는 다양한 보기 방법을 제공한다. 파워포인트를 실행했을 때 기본적으로 표시되는 화면 형태이다.

1) 여러 슬라이드 보기

1 [보기] 탭의 [프레젠테이션 보기] 그룹에서 [여러 슬라이드]를 클릭한다.

2 [여러 슬라이드] 보기 상태로 슬라이드 화면이 변경된다.

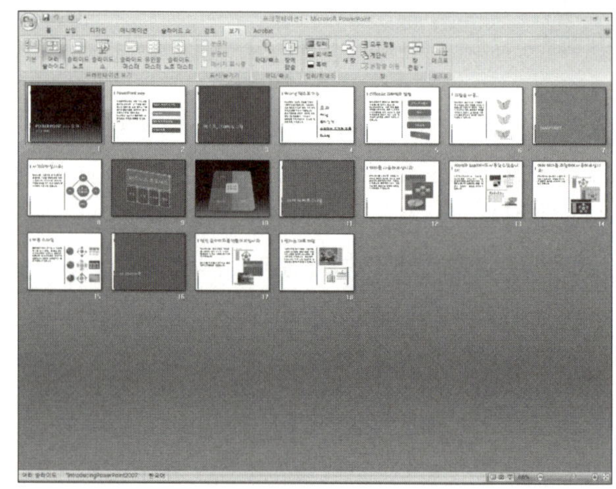

2) 슬라이드 노트 보기

1 [프레젠테이션 보기] 그룹에서 [슬라이드 노트]를 클릭한다.

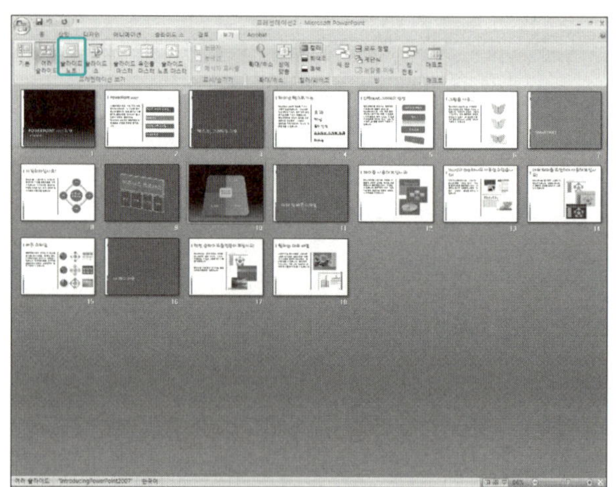

2 프레젠테이션 발표 시 참고 사항을 작성할 수 있는 슬라이드 노트 형식의 화면으로 변경된다.

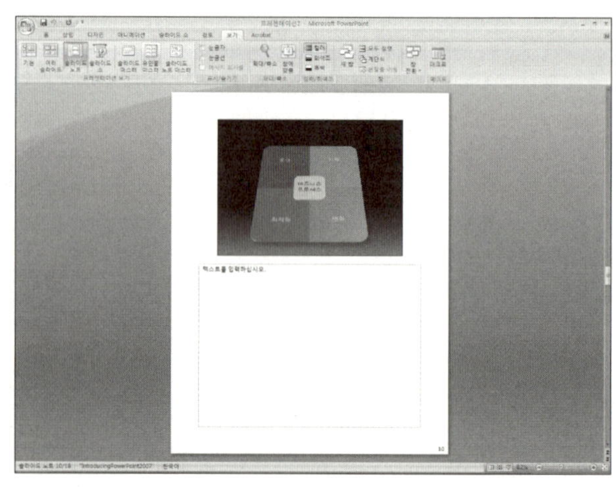

3) 슬라이드 쇼 보기

1 [프레젠테이션 보기] 그룹에서 [슬라이드 쇼]를 클릭한다.

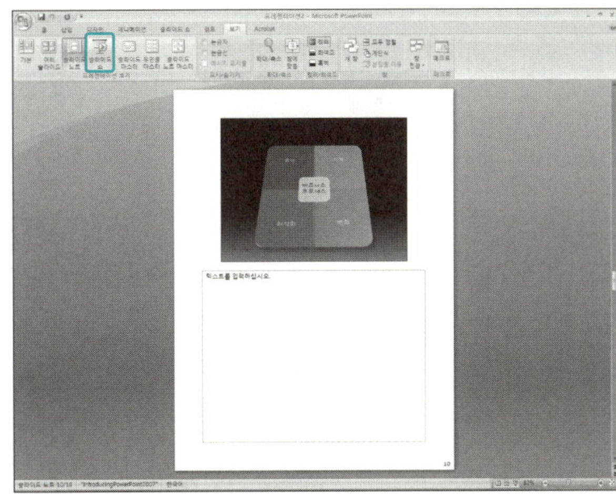

2 프레젠테이션이 전체 화면으로 보인다.

1 [Office] 단추를 클릭한 후 [새로 만들기]를 클릭한다.

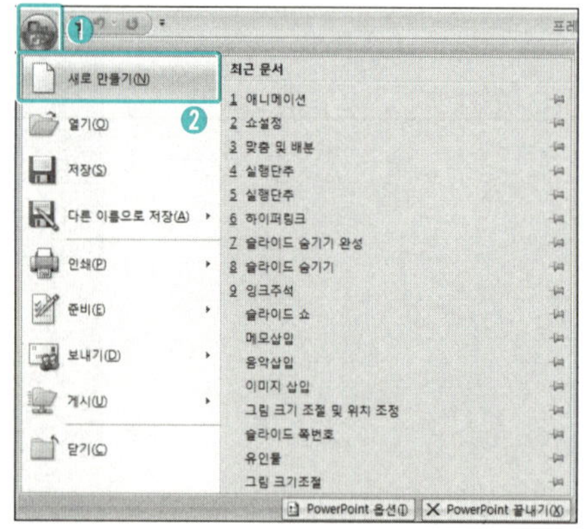

2 [새 문서 및 최근 문서]에서 [새 프레젠테이션]을 선택하고 [만들기]를 클릭한다.

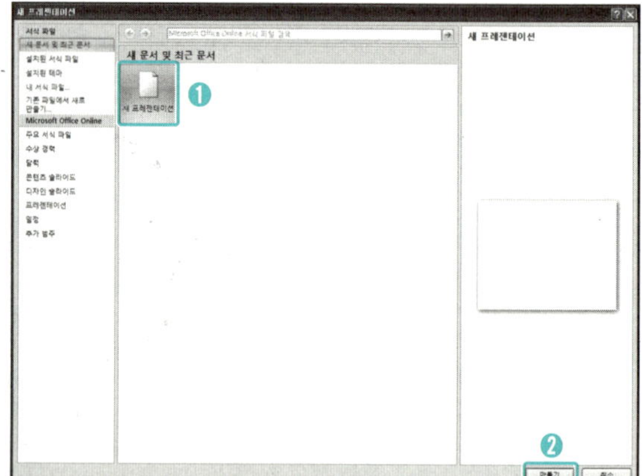

7 서식 파일로 새 프레젠테이션 만들기

새 프레젠테이션을 시작하는 명령으로 새 프레젠테이션에 서식을 먼저 적용한 후 작성한다는 점이 다르다. Office 테마를 사용하면 다양한 색, 글꼴 및 그래픽 효과를 전체 프레젠테이션에 적용할 수 있다. 프레젠테이션에 삽입하는 모든 요소에는 일관된 스타일이 자동으로 지정된다.

1 [Office] 단추를 클릭한 후 [새로 만들기]를 클릭한다.

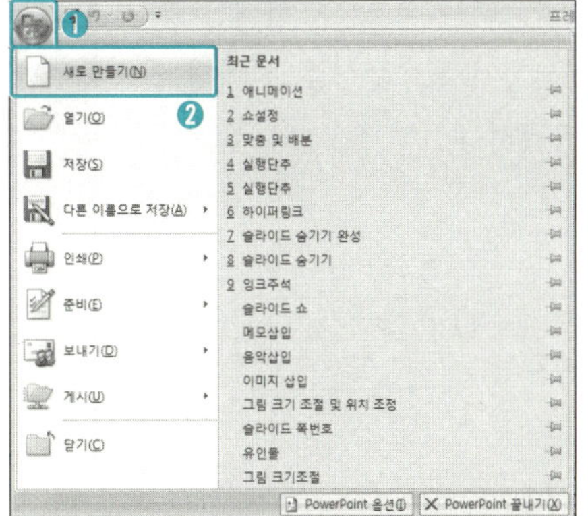

2 [설치된 테마] 목록에서 새 프레젠테이션에 적용할 '오렌지' 테마를 선택하고 [만들기]를 클릭한다.

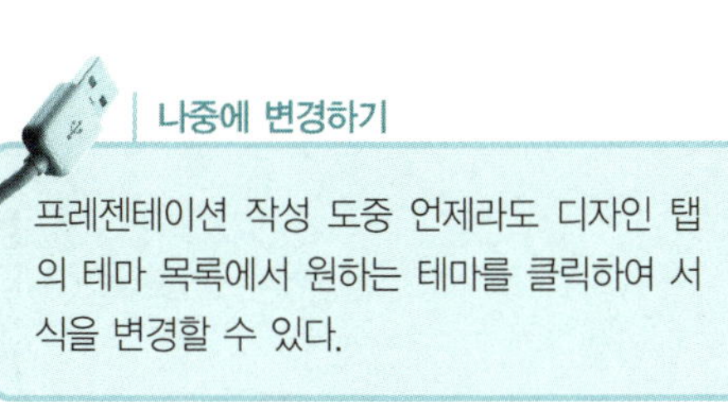

나중에 변경하기

프레젠테이션 작성 도중 언제라도 디자인 탭의 테마 목록에서 원하는 테마를 클릭하여 서식을 변경할 수 있다.

8 개요로 새 프레젠테이션 시작하기

*.doc, *.rtf 또는 *.txt 파일의 개요 텍스트를 기반으로 새 프레젠테이션을 만들 수 있는 방법이다. 파워포인트에서 개요 문서를 열어 새 프레젠테이션을 시작한다.

1 [Office] 단추를 클릭한 후 [열기]를 클릭한다.

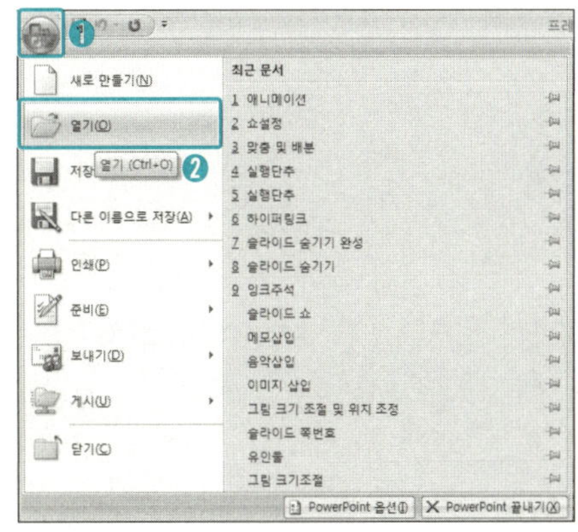

2 파일 형식을 '모든 파일'로 선택한 후 '그린오피스.docx' Word 문서를 선택하고 [열기] 단추를 클릭한다.

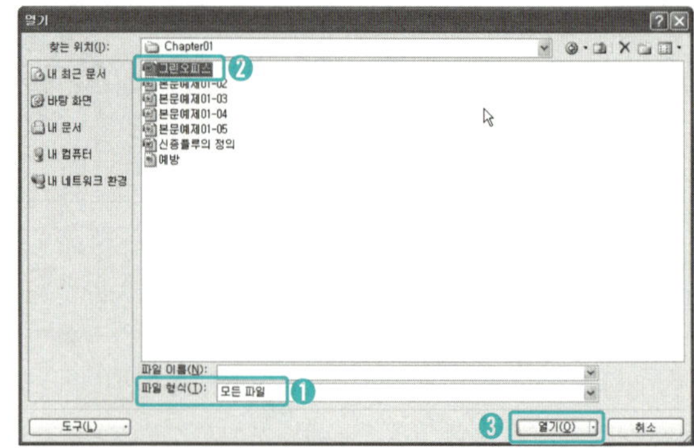

3 선택한 Word 문서가 새 프레젠테이션의 슬라이드로 변환되어 나타난다. 내용은 자동으로 수준별로 구분된다.

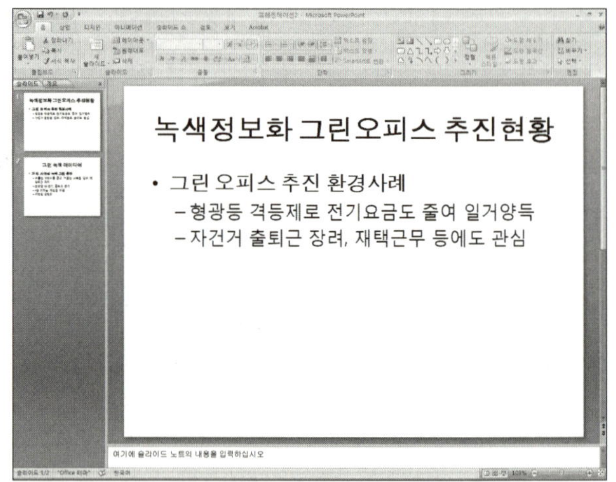

확인학습문제

● **준비파일** : Chapter01/신종플루의 정의.docx   ● **완성파일** : Chapter01/완성파일/학습완성01-01

[문제 1] '태양' 테마를 이용하여 새 프레젠테이션을 시작하시오.

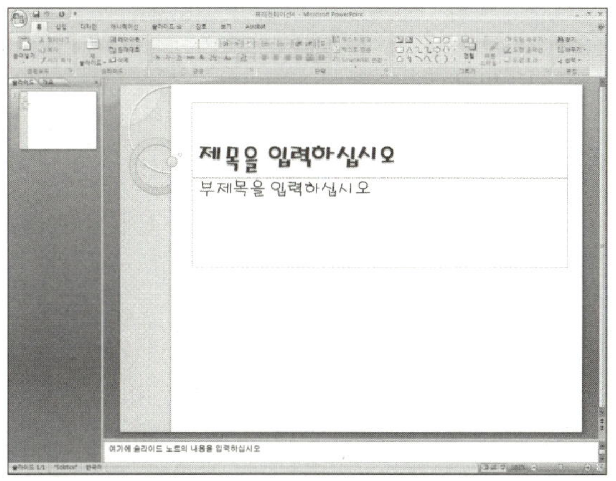

1 새로운 빈 프레젠테이션을 시작한다.

2 설치된 '태양' 테마를 이용하여 새 프레젠테이션을 시작한다.

[문제 2] '신종플루의 정의.docx' Word 문서를 이용하여 새로운 프레젠테이션을 작성하시오.

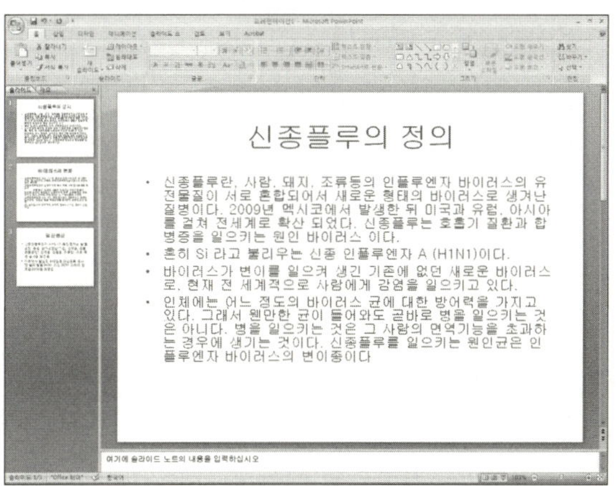

1 [Office] 단추를 클릭한 후 [새로 만들기]를 클릭한다.

2 파일 형식을 '모든 파일'로 선택한 후 [Chapter01] 폴더에 있는 '신종플루의 정의.docx' Word 문서를 선택하고 [열기] 단추를 클릭한다.

2 텍스트 작성 및 편집

출제포인트

슬라이드에 텍스트를 삽입한 후 서식을 설정하고 복사하는 문제

⊙ **준비파일** : Chapter01/본문예제01-02   ⊙ **완성파일** : Chapter01/완성파일/본문완성01-02

파워포인트 2007에서는 텍스트를 입력하면 기본적으로 맑은 고딕 글꼴로 입력된다. 슬라이드 문서에 입력한 텍스트의 색상이나, 크기, 글꼴 등은 자유롭게 변경할 수 있으며, 굵게 또는 기울임꼴 등의 속성도 지정할 수 있다.

1 레이아웃을 사용한 텍스트 작성

1 새 프레젠테이션의 제목 슬라이드에서 '제목을 입력하십시오' 라고 표시되는 제목란에 커서를 두고 "신종플루예방법"을 입력한다. 부제목에는 작성자의 이름을 각자 입력한다.

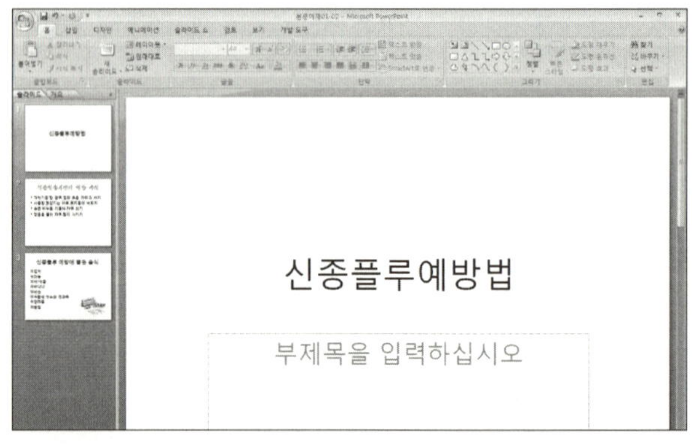

2 입력한 슬라이드에서 제목 텍스트를 클릭한 후 [홈] 탭의 [글꼴] 그룹에서 [글꼴] 대화상자 단추를 선택한다.

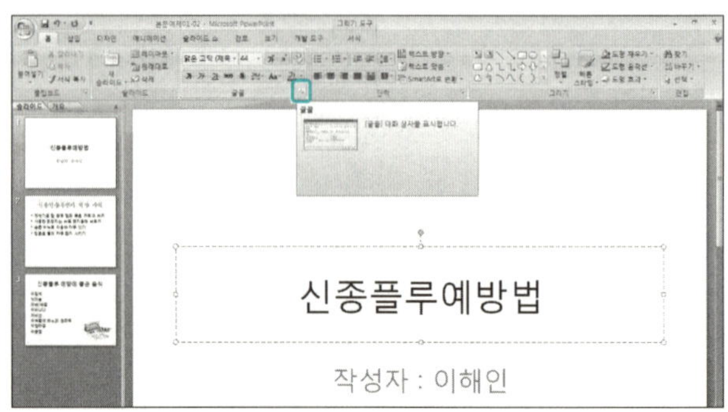

3 [글꼴] 대화상자가 나타나면 글꼴은 '궁서체', 글꼴 스타일은 '굵게', 크기는 '48', 글꼴 색은 '파랑색' 계열을 선택하고 [확인] 단추를 클릭한다.

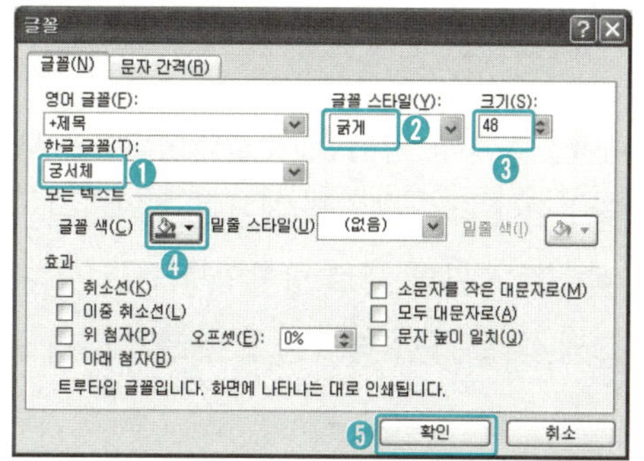

미니 도구 모음

슬라이드에 입력된 텍스트를 블록으로 지정하면 미니 도구 모음이 흐릿하게 표시된다. 미니 도구 모음에 마우스 오른쪽 포인터를 올려놓으면 미니 도구를 사용할 수 있다. 미니 도구 모음은 단락 지정 및 자주 사용하는 도구를 모아 놓은 것으로 텍스트의 속성을 빠르게 변경할 수 있도록 도와준다. 실시간 미리 보기는 적용되지 않는다.

텍스트의 빨간 밑줄 표시 없애기

파워포인트 2007에는 맞춤법을 자동으로 체크하는 기능이 있기 때문에 사전에 없는 단어에는 빨간색 밑줄이 표시된다. 이 밑줄을 보이지 않게 하고 싶다면 [Office] 단추-[Powerpoint 옵션]을 클릭한다. [PowerPoint 옵션] 대화상자가 나타나면 [언어 교정]을 클릭한 후 [PowerPoint에서 맞춤법 검사]의 [맞춤법 오류 숨기기] 항목에 체크 표시한다.

신종플루예방법 → 신종플루예방법

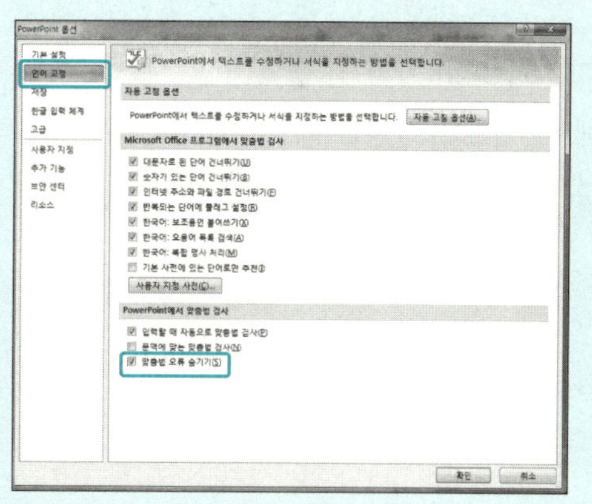

슬라이드 레이아웃을 통해 삽입한 새 슬라이드에는 텍스트를 입력할 수 있는 특수한 개체 틀이 포함되어 있다. 또한 이 외에 다른 텍스트 상자를 추가하여 내용을 입력할 수도 있다.

가로 방향의 텍스트 상자와 세로 방향의 텍스트 상자가 있으며, 세로 텍스트 상자는 강조하려는 텍스트가 있거나 그림, 차트 등에 레이블 또는 부가 설명을 추가하고자 할 때 주로 사용한다.

1 이미 빈 슬라이드가 삽입되어 있다면 슬라이드의 레이아웃을 '제목만' 형태로 변경하고, 빈 슬라이드가 없다면 새 슬라이드를 추가한다.

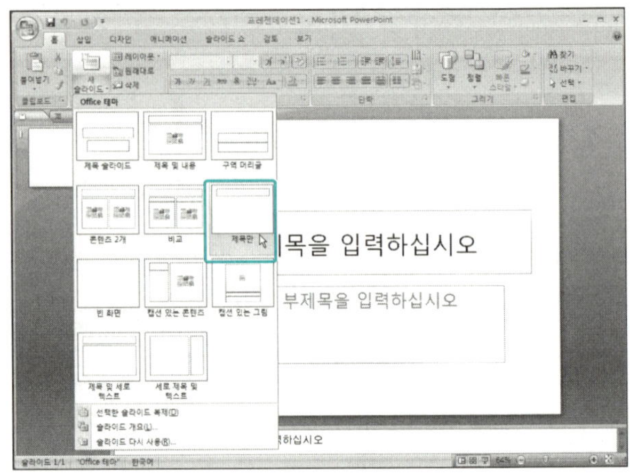

2 세로 방향으로 텍스트를 입력할 때는 [그리기 도구]-[서식] 탭의 [도형 삽입] 그룹에서 [텍스트 상자]-[세로 텍스트 상자(▥)]를 클릭한다.

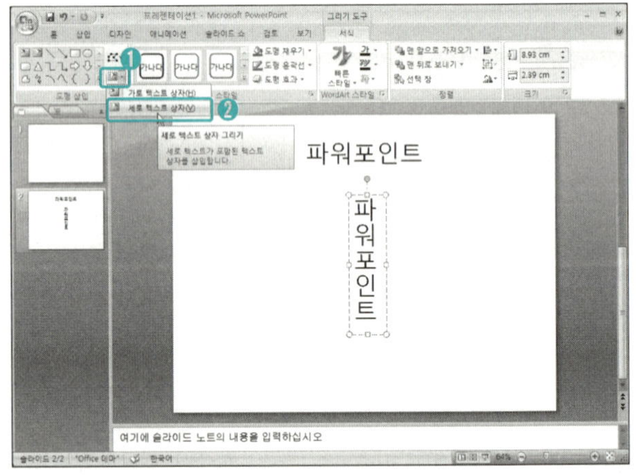

텍스트 상자의 크기

슬라이드의 빈 영역에서 대각선 방향으로 드래그하여 텍스트 상자를 만든다. 기본적으로 텍스트 상자를 그릴 때 세로 방향으로 크게 드래그하더라도 텍스트 상자는 한 줄 높이의 크기로 맞추어지며, 텍스트를 입력하면 텍스트 상자의 크기가 자동 조정된다.

복사한 텍스트의 글꼴, 글꼴 크기, 맞춤, 테두리, 음영, 테두리, 글머리 기호 등을 복사하여 원하는 텍스트에 빠르게 적용할 수 있다. 특정한 모양을 반복적으로 자주 지정해야 하는 경우에 매우 편리하게 사용할 수 있다.

1 서식이 지정된 '2번 슬라이드'에서 제목 텍스트 상자를 선택한 뒤 [홈] 탭의 [클립보드] 그룹에서 [서식 복사(❖)]를 클릭한다.

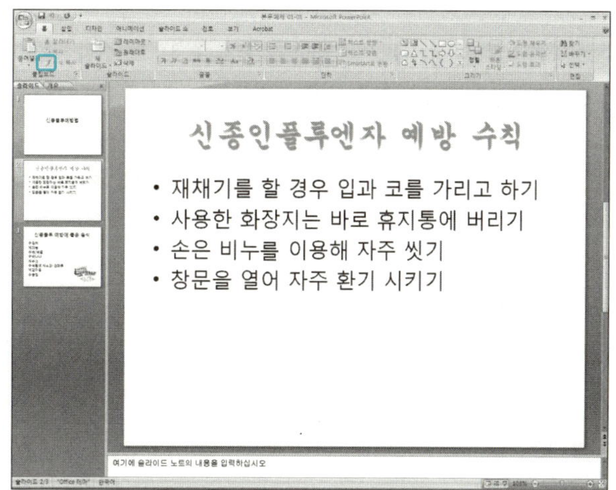

2 마우스 포인터가 ❖ 모양으로 바뀌면, '3번 슬라이드'의 제목 텍스트를 클릭한다. 서식이 적용된 것을 확인할 수 있다.

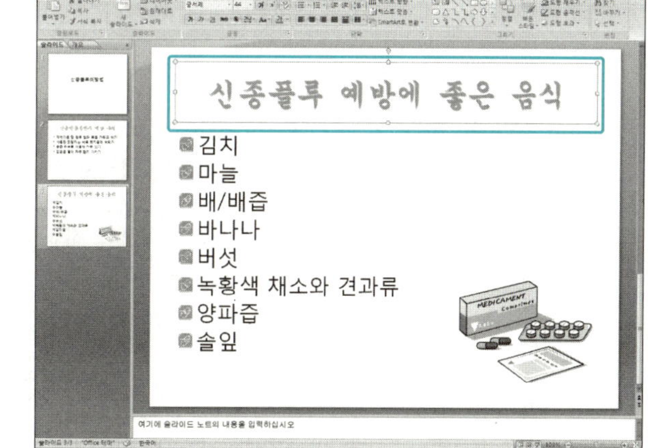

서식을 여러 번 붙여넣기

[서식 복사]를 연속해서 적용하고 싶다면 [서식 복사] 도구를 더블 클릭하면 된다.

확인학습문제

준비파일 : Chapter01/확인학습01-02　　　완성파일 : Chapter01/완성파일/학습완성01-02

[문제 1] 제목 슬라이드의 제목 표시줄에 "신종인플루엔자 예방법"을 입력하고 '굴림체', '굵게', '50pt', '연한 파랑' 으로 설정하시오.

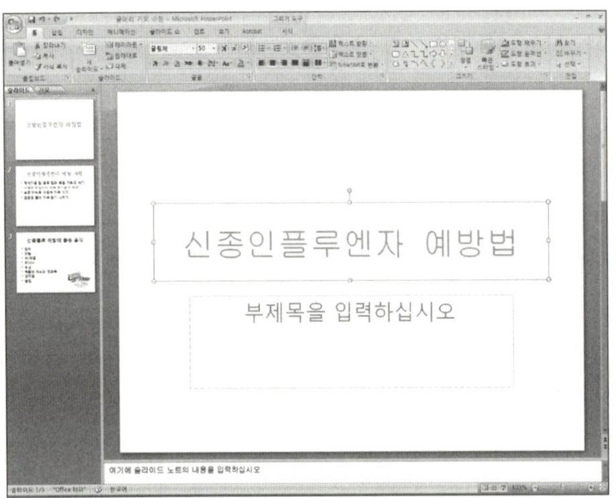

1 제목 텍스트를 클릭한 후 [홈] 탭의 [글꼴] 그룹에서 [글꼴] 대화상자를 선택하여 글꼴은 '굴림체', 글꼴 스타일 '굵게', 크기는 '50pt', 글꼴 색은 '연한파랑' 으로 설정한다.

[문제 2] '2번 슬라이드' 의 '사용한 화장지는~' 으로 시작하는 두 번째 글머리 기호 목록의 텍스트의 서식을 네 번째 목록 '창문을 열어~' 로 시작하는 목록으로 서식 복사하시오.

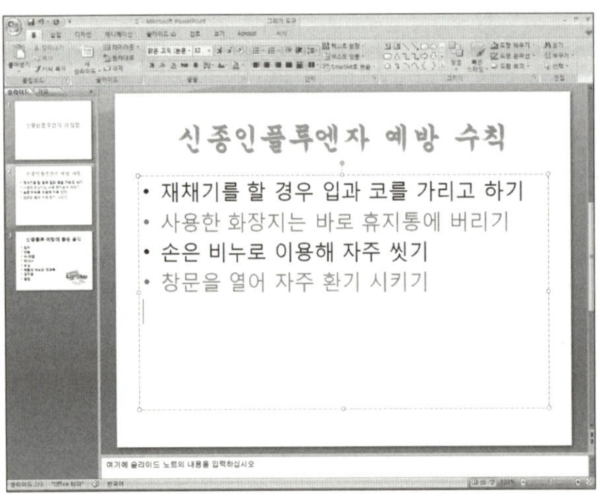

1 서식이 지정된 '2번 슬라이드' 의 '사용한 화장지는~' 을 선택한 뒤 [홈] 탭의 [클립보드] 그룹에서 [서식 복사(✦)]를 클릭한다.

2 마우스 포인터가 ▣ 모양으로 바뀌면 '창문을 열어~' 텍스트를 클릭한다.

3 글머리 기호 및 번호 매기기

출제포인트

글머리 기호 및 번호 매기기를 적용하고 단 간격을 조절하는 문제

⊙ **준비파일** : Chapter01/본문예제01-03, 예방.wmf   ⊙ **완성파일** : Chapter01/완성파일/본문완성01-03

순서가 있는 내용이나 요약된 내용을 입력할 때 숫자나 기호를 붙여 다른 문장과 구분하고 싶다면 [글머리 기호 및 번호 매기기] 기능을 사용한다. 글머리 기호의 기본 모양은 사용자가 원하는 모양으로 변경할 수 있다.

1 글머리 기호 지정

1 1번 슬라이드를 열고 글머리 기호 텍스트 상자를 클릭한 후 [홈] 탭의 [단락] 그룹에서 [글머리 기호]– '속이 찬 다이아몬드형 글머리 기호' 를 클릭한다.

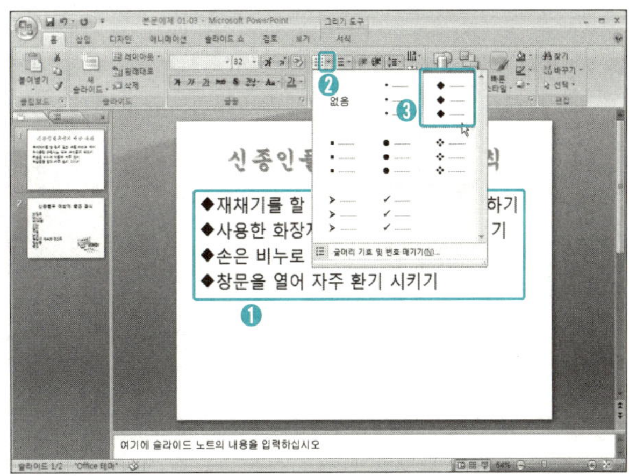

2 2번 슬라이드에서 글머리 기호 텍스트 상자를 선택한 후 [홈] 탭의 [단락] 그룹에서 [번호 매기기]를 클릭하고 '1.2.3.'을 선택한다.

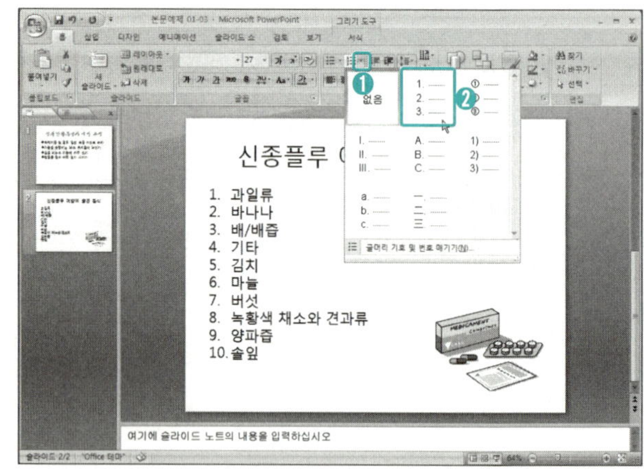

2 글머리 기호 변경

1 2번 슬라이드에서 글머리 기호 텍스트 상자를 선택한 후 [홈] 탭의 [단락] 그룹에서 [글머리 기호]–[글머리 기호 및 번호 매기기]를 클릭한다.

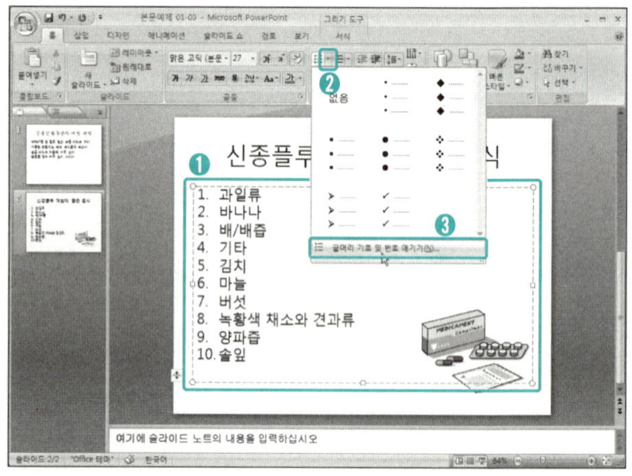

2 [글머리 기호 및 번호 매기기] 대화상자가 나타나면 [그림] 단추를 클릭한다.

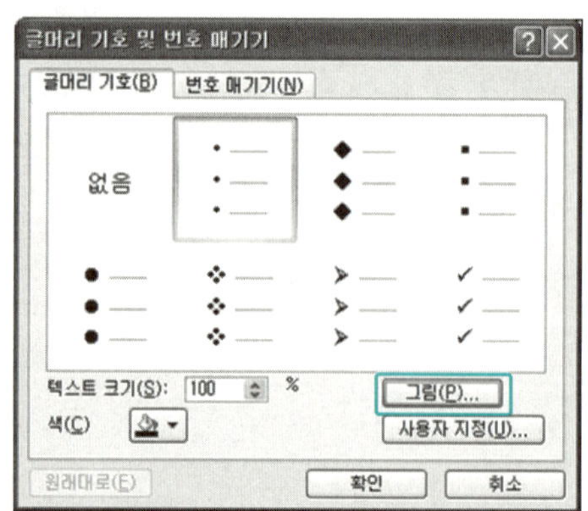

3 [그림 글머리 기호] 대화상자의 글머리 기호는 그래픽 이미지 형태의 기호로 Office 가 설치될 때 같이 설치되는 이미지이다. [가져오기] 단추를 클릭한다.

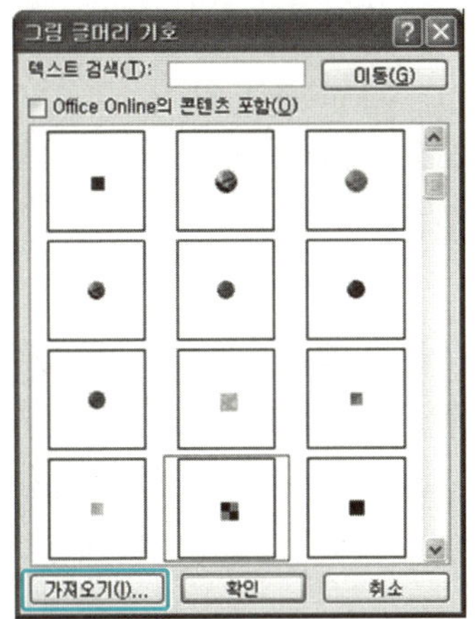

4 [Chapter01] 폴더에 예제 파일로 제공되는 '예방.wmf'을 선택하고 [추가] 단추를 클릭한다.

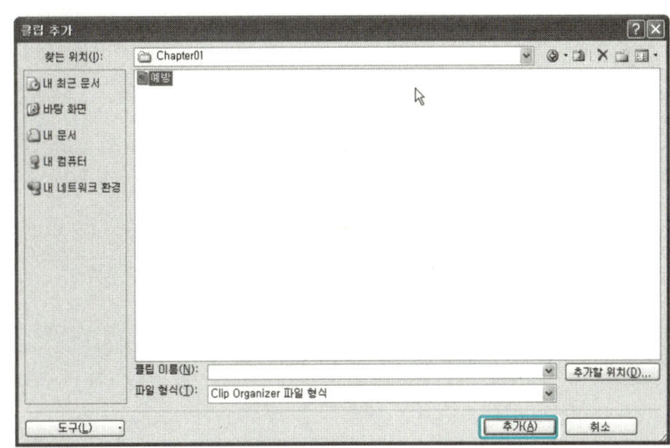

5 [그림 글머리 기호]에 추가된 이미지를 확인할 수 있다. 이미지를 선택하고 [확인] 단추를 클릭한다.

사용자 지정 글머리 기호

사용자 지정 글머리 기호를 사용하여 글꼴에 따른 다양한 기호들을 사용할 수도 있다.

글머리 기호의 항목 수준을 지정해 주면 프레젠테이션의 가독성을 높여 눈에 띄는 프레젠테이션을 만들 수 있다.

1 수준을 지정할 부분을 드래그하여 블록으로 지정한 후 [홈] 탭의 [단락] 그룹에서 [목록 수준 늘림]을 클릭한다.

여러 단락 선택하기

떨어진 단락에 한꺼번에 수준을 지정할 경우에는 Ctrl 을 누르고 각 단락을 선택한다.

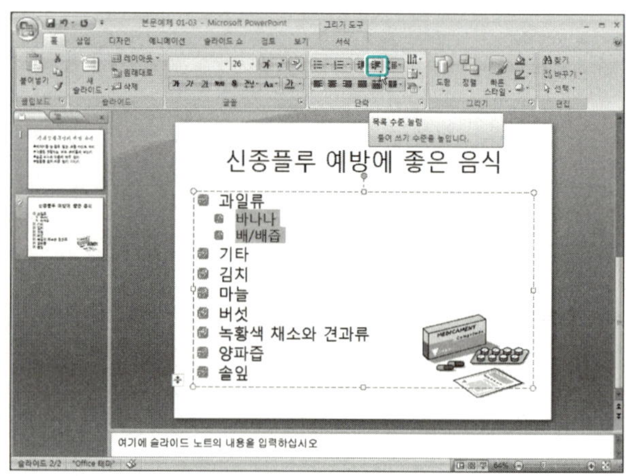

정렬, 줄 간격, 단락 간격 등의 단락 서식을 통해 텍스트를 좀 더 보기 편하게 꾸며 볼 수 있다. 단락이란 Enter 를 눌러 구분되는 글의 단위를 말하는 것으로, 한 줄로 구성될 수도 있고 여러 줄로 구성될 수도 있다.

1 2번 슬라이드에서 글머리 기호 텍스트 상자를 클릭한 후 [홈] 탭의 [단락] 그룹에서 [단]-[기타 열]을 클릭한다.

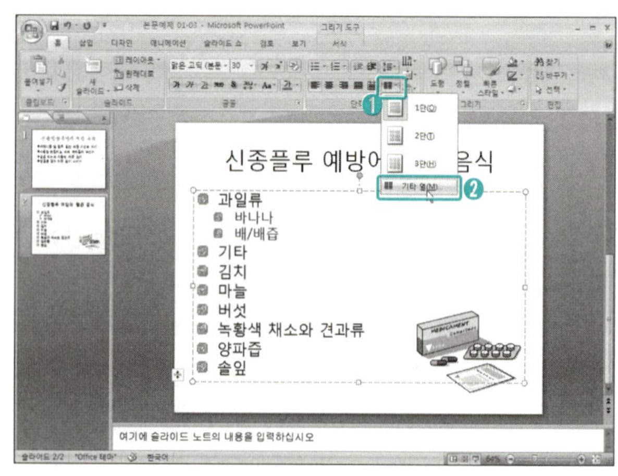

2 개수는 '2', 간격은 '2.5cm'로 설정한 후 [확인] 단추를 클릭한다.

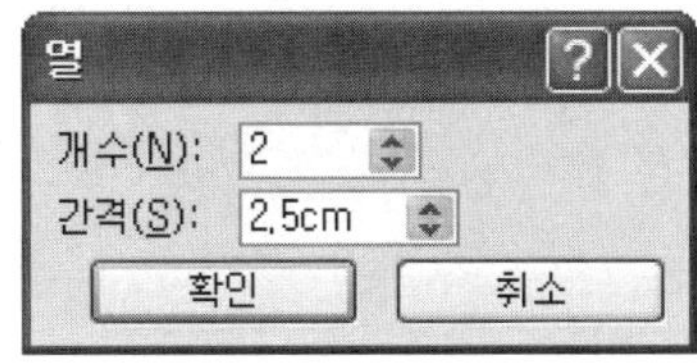

3 해당 슬라이드가 두 개의 열로 분리된 것을 볼 수 있다.

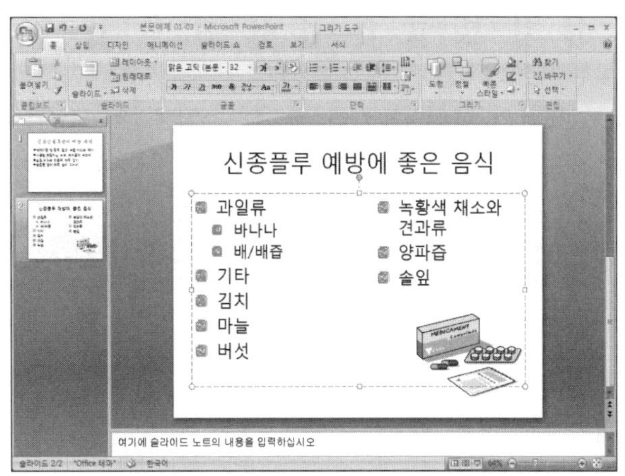

확인학습문제

● **준비파일** : Chapter01/확인학습01-03, 달성.png　　● **완성파일** : Chapter01/완성파일/학습완성01-03

[문제 1] 2번 슬라이드의 텍스트 목록 상자에 '◆' 모양의 글머리 기호를 삽입하시오.

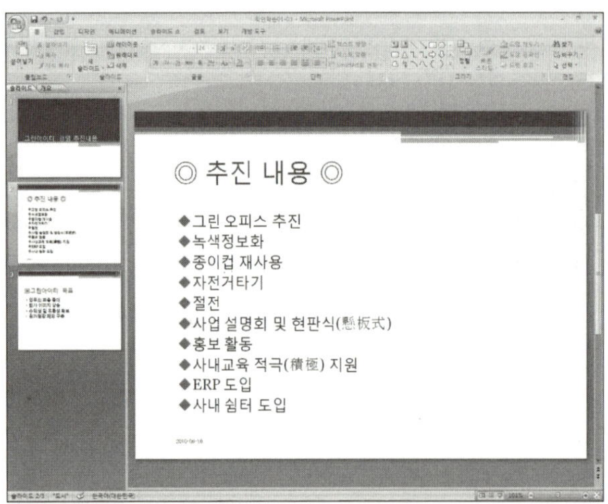

1 2번 슬라이드를 선택하고 글머리 기호 텍스트 상자를 클릭한다.

2 [홈] 탭의 [단락] 그룹에서 [글머리 기호]–'속이 찬 다이아몬드형 글머리 기호'를 클릭한다.

[문제 2] 2번 슬라이드의 내용 텍스트 '녹색정보화, 종이컵 재사용, 자전거 타기, 절전' 단락의 글머리 기호 목록 수준을 '2수준'으로 변경하시오.

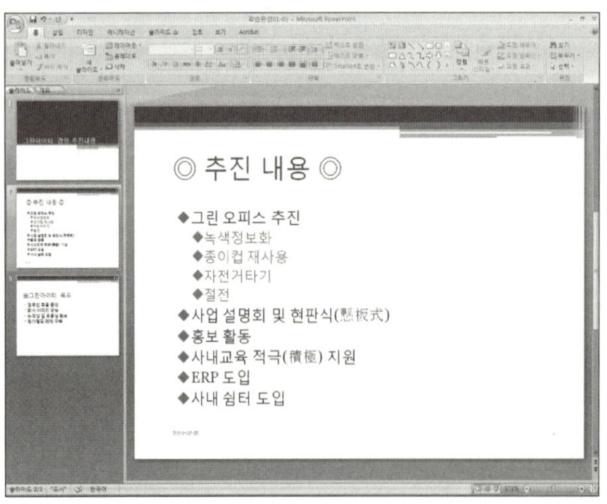

1 '녹색정보화, 종이컵 재사용, 자전거 타기, 절전' 단락을 드래그하여 선택한다.

2 [그리기 도구]–[서식] 탭의 [단락] 그룹에서 [목록 수준 높임]을 한 번 클릭한다.

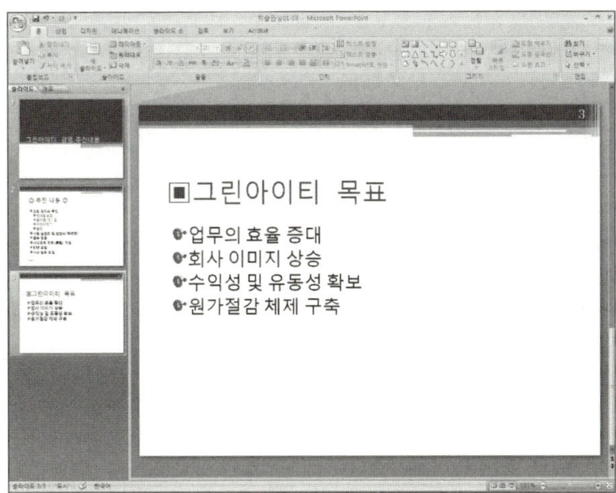

1   3번 슬라이드의 글머리 기호 텍스트 상자를 선택하고 [홈] 탭의 [단락] 그룹에서 [글머리 기호]–[글머리 기호 및 번호 매기기]를 클릭한다.

2   [글머리 기호 및 번호 매기기] 대화상자에서 [그림] 단추를 클릭한다.

3   [그림 글머리 기호] 대화상자에서 [가져오기] 단추를 클릭한 후 [Chapter01] 폴더에 예제로 제공되는 '달성.png' 파일을 선택하고 [추가] 단추를 클릭한다.

4   [그림 글머리 기호] 대화상자에서 추가된 이미지를 선택하고 [확인] 단추를 클릭한다.

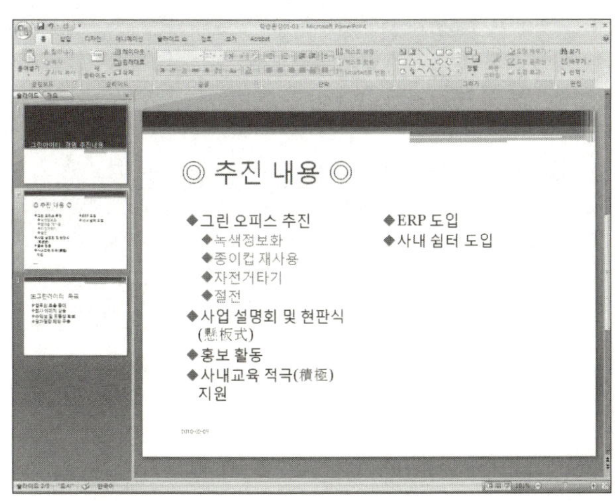

1   2번 슬라이드에서 글머리 기호 텍스트 상자를 클릭한 후 [홈] 탭의 [단락] 그룹에서 [단]–[기타 열]을 클릭한다.

2   개수는 '2', 간격은 '1.5cm'로 설정하고 [확인] 단추를 클릭한다.

4 새 슬라이드 및 레이아웃

출제포인트

새 슬라이드 삽입, 삭제, 이동의 방법을 묻는 문제

준비파일 : Chapter01/본문예제01-04　　　　**완성파일** : Chapter01/완성파일/본문완성01-04

현재 프레젠테이션에서 새 슬라이드나 레이아웃 작업 창을 통해 슬라이드를 추가하고 삭제 및 변경을 할 수 있다. Office 테마에서는 11개의 레이아웃을 지원한다.

1 새 슬라이드 삽입 및 슬라이드 변경

1 16번 슬라이드를 선택하고 [홈] 탭의 [슬라이드] 그룹에서 [새 슬라이드]-[제목 및 내용] 레이아웃을 클릭한다.

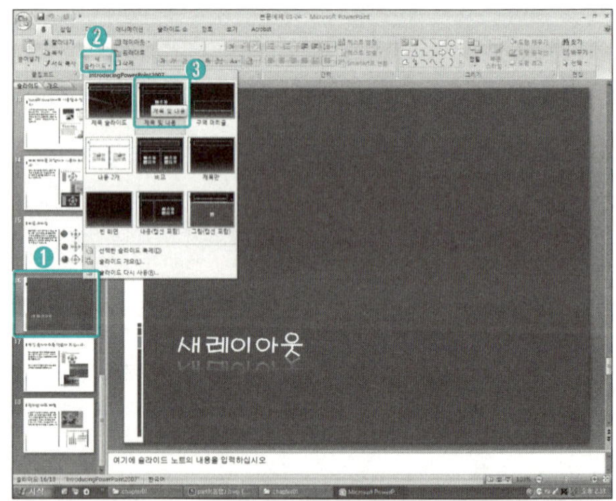

2 16번 슬라이드 다음에 새 슬라이드가 삽입된다.

3 1번 슬라이드를 선택하고 [홈] 탭의 [슬라이드] 그룹에서 [레이아웃]−[제목 슬라이드]를 클릭하여 레이아웃을 변경한다.

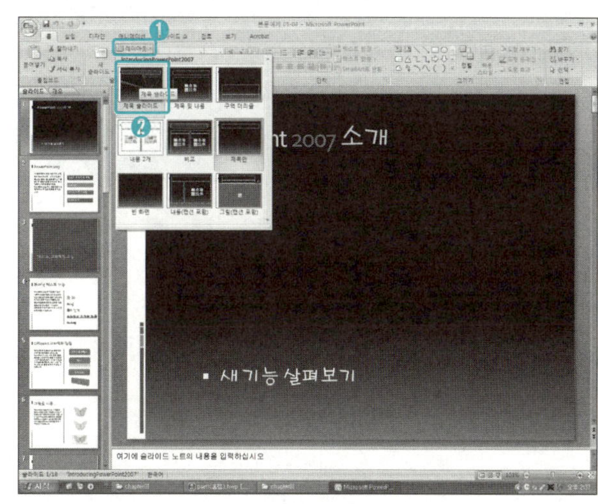

2   슬라이드 이동 및 삭제

1 슬라이드 보기 창에서 2번 슬라이드를 선택한 후 5번 슬라이드 다음으로 드래그하여 이동한다.

메뉴로 이동하기

마우스 오른쪽 단추를 클릭하여 [잘라내기]와 [붙여넣기] 메뉴를 이용하여 이동할 수도 있다.

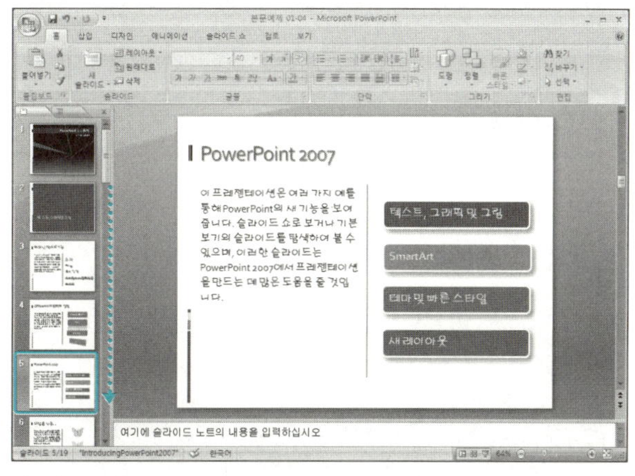

2 2번 슬라이드를 선택한 후 마우스 오른쪽 단추를 클릭하고 [슬라이드 삭제]를 클릭한다. 또는 슬라이드를 선택하고 Delete 를 눌러 삭제할 수도 있다.

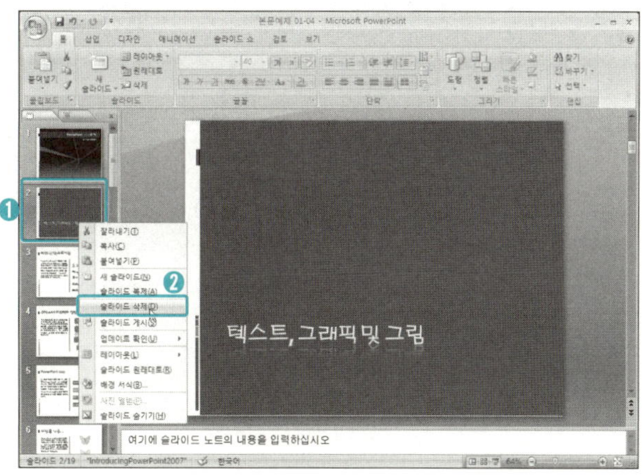

확인학습문제

⊙ **준비파일** : Chapter01/확인학습01-04 ⊙ **완성파일** : Chapter01/완성파일/학습완성01-04

[문제 1] 1번 슬라이드의 레이아웃을 '제목 슬라이드'로 변경하시오.

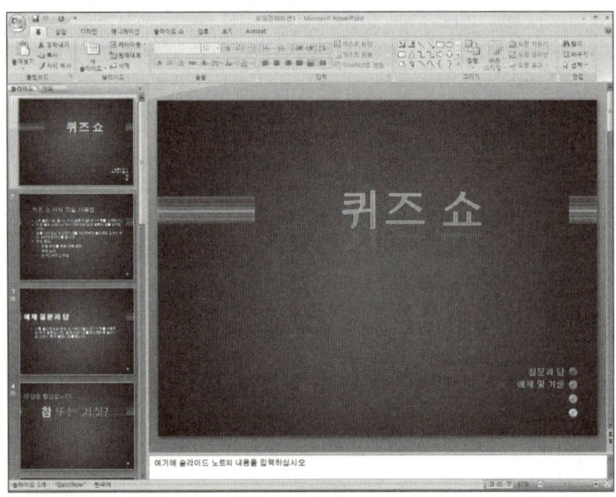

1 1번 슬라이드를 선택하고 [홈] 탭의 [슬라이드] 그룹에서 [레이아웃]-[제목 슬라이드]를 클릭한다.

[문제 2] '4번 슬라이드'를 삭제하시오.

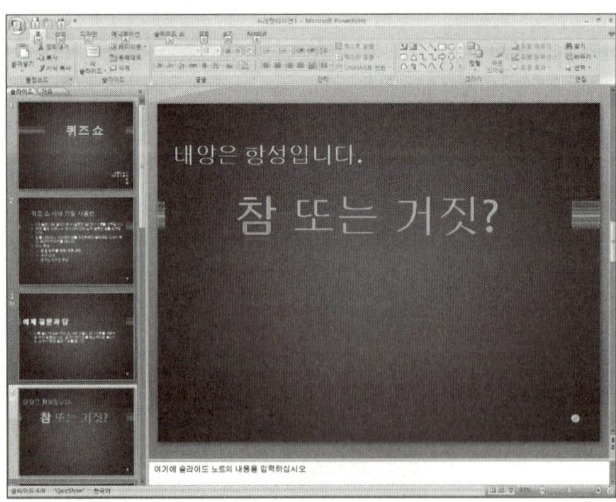

1 4번 슬라이드를 선택하고 Delete 를 누른다.

5 슬라이드 개요

기존 슬라이드에 개요 문서를 삽입하는 문제

⊙ **준비파일** : Chapter01/본문예제01-05, 실종플루의 정의.docx　　⊙ **완성파일** : Chapter01/완성파일/본문완성01-05

*.docx, *.rtf, *.txt 등의 문서를 현재 프레젠테이션에 추가하여 개요 문서로 사용할 수 있다.

1 제목 슬라이드를 선택하고 [홈] 탭의 [슬라이드] 그룹에서 [새 슬라이드]-[슬라이드 개요]를 클릭한다. [개요 삽입] 대화상자가 열리면 [Chapter01] 폴더에서 '신종플루의 정의.docx' 파일을 선택하고 [삽입] 단추를 클릭한다.

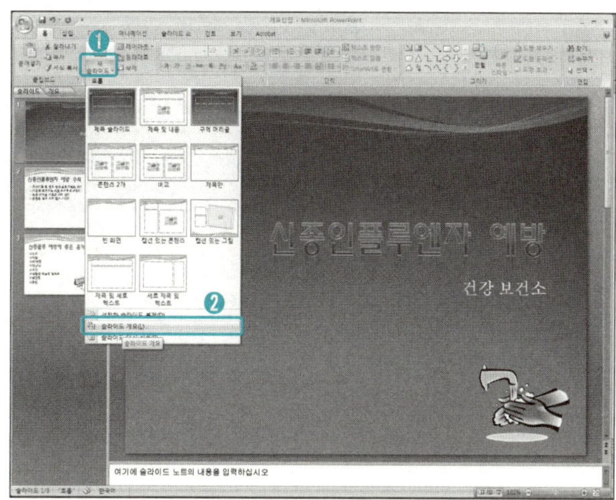

2 제목 슬라이드 다음에 3장의 슬라이드가 삽입된다. 삽입된 슬라이드의 텍스트 서식을 작업한 프레젠테이션 서식과 어울리게 적용하여 사용한다.

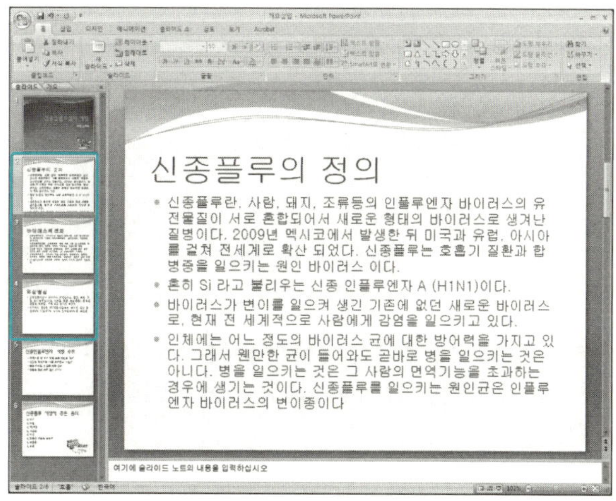

⊙ **준비파일** : Chapter01/확인학습01-05, 퀴즈쇼.rtf　　⊙ **완성파일** : Chapter01/완성파일/학습완성01-05

[문제 1] 1번 슬라이드 다음에 '**퀴즈쇼.rtf**' 개요를 삽입하시오.

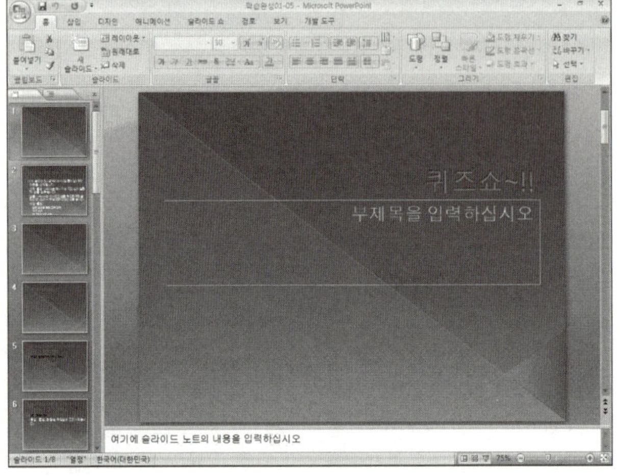

1　[홈] 탭의 [슬라이드] 그룹에서 [새 슬라이드]–[슬라이드 개요]를 클릭한다.

2　[개요 삽입] 대화상자가 열리면 [Chapter01] 폴더에 예제로 제공되는 '퀴즈쇼.rtf' 파일을 선택하고 [삽입] 단추를 클릭한다.

삽입 탭

1 그래픽 삽입 및 편집

출제포인트
슬라이드에 그래픽을 삽입하고 크기를 조절하는 문제

준비파일 : Chapter02/본문예제02-01, 컴퓨터.png   **완성파일** : Chapter02/완성파일/본문완성02-01

그림을 배경에 넣거나 프레젠테이션 내용과 관련된 시각적인 요소로 사용하면 색다른 분위기를 만들 수 있다. 특히 마스터 기능을 이용하여 그림을 삽입하면 모든 슬라이드에 표시되므로 회사 로고 등을 삽입하면 좋다. 그림 파일은 인터넷에서 검색하거나 디지털 카메라나 스캐너를 이용해서 준비할 수 있다. 또한 그래픽 전문 편집 도구를 이용하면 개성 있는 그림 파일도 직접 제작할 수 있다. 슬라이드에 삽입할 수 있는 그림 파일에는 jpg, png, gif, tif, emf, wmf, bmp, dib 등이 있다.

1 그림 삽입

1 2번 슬라이드를 선택하고 [삽입] 탭의 [일러스트레이션] 그룹에서 [그림]을 클릭한다.

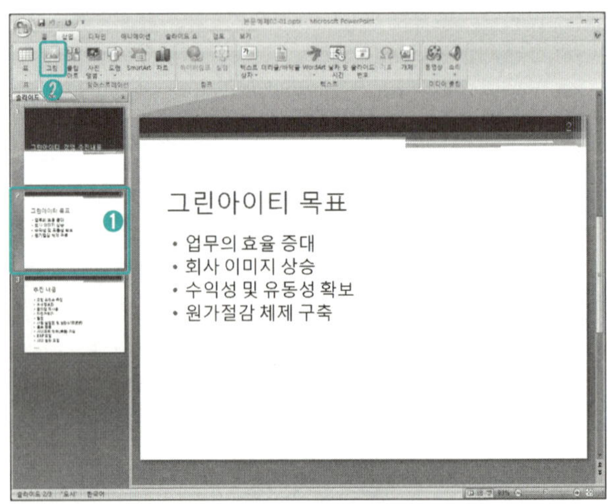

2 [그림 삽입] 대화상자가 열리면 [Chapter02] 폴더에 예제로 제공되는 '컴퓨터.png' 그림 파일을 선택하고 [삽입] 단추를 클릭한다.

[그림 도구]–[서식] 탭을 이용하여 그림에 스타일 적용하기

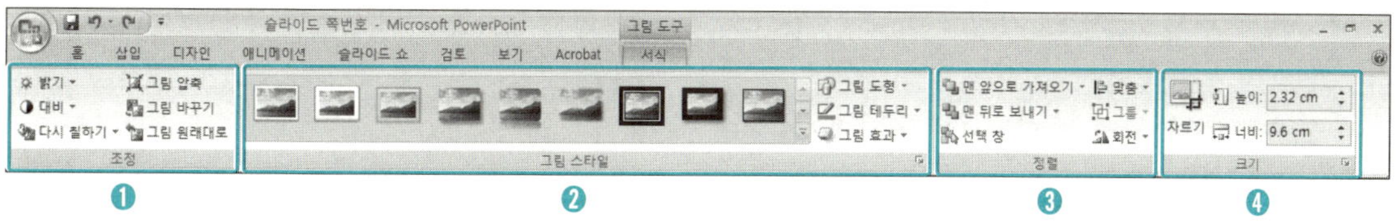

❶ [조정] 그룹

- 밝기 : 그림의 밝기를 조정한다.
- 대비 : 그림의 대비를 조정한다.
- 다시 칠하기 : 그림에 컬러 모드, 어두운 변형, 밝은 변형 등의 색상을 적용할 수 있으며 [투명한 색 설정]을 이용하여 그림 배경을 투명하게 지정할 수도 있다.

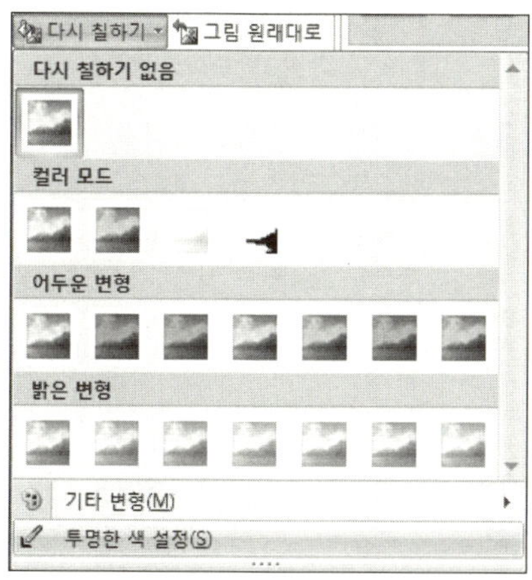

- 그림 압축 : 그림의 픽셀을 축소하고 잘려진 그림 영역을 삭제할 수 있다. 또 출력 형태에 따라 그림의 해상도를 정할 수 있다.

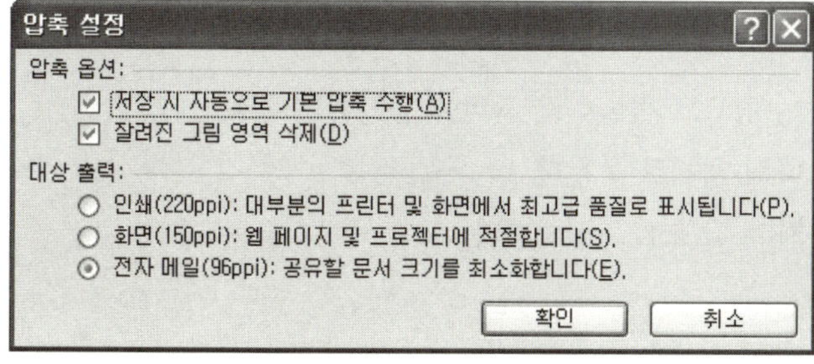

- 그림 바꾸기 : 새로운 그림으로 바꾼다.
- 그림 원래대로 : 변경한 서식을 모두 없애고 초기 값으로 되돌린다.

❷ [그림 스타일]

- 그림 스타일 : 그림에 가장자리 효과, 반사 효과 등의 고급스러운 스타일을 적용한다.

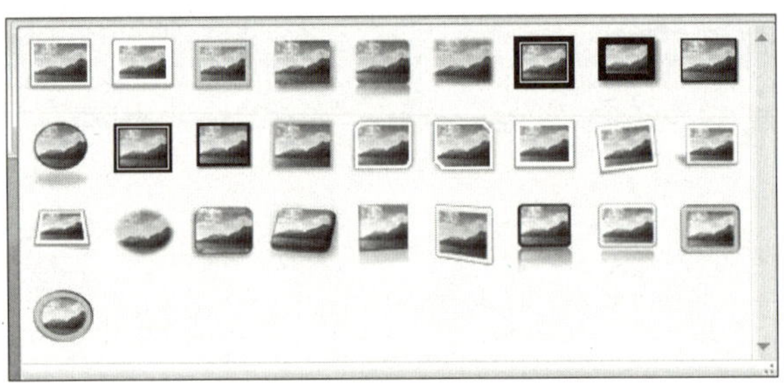

- 그림 도형 : 그림에 선택한 도형의 모양이 적용된다.
- 그림 테두리 : 그림 가장자리에 테두리 서식 스타일을 적용한다.
- 그림 효과 : 그림에 입체 효과, 3차원 효과 등을 적용할 수 있다.

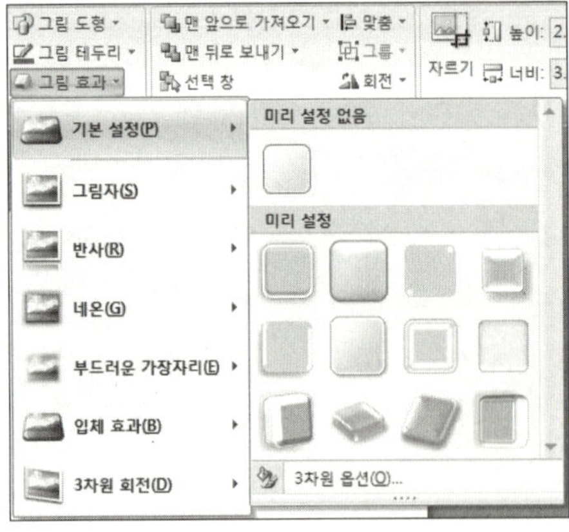

❸ [정렬] 그룹

- 맨 앞으로 가져오기/맨 뒤로 보내기 : 선택한 그림의 순서를 변경한다.
- 선택 창 : 개체 목록을 선택할 수 있다.
- 맞춤 : 여러 개의 개체를 수직 또는 수평으로 정렬하고 간격을 동일하게 배분한다.
- 그룹 : 선택한 여러 개의 개체를 하나의 개체로 묶는다.
- 회전 : 선택한 개체를 90° 씩, 혹은 자유 각도로 회전시킨다.

❹ [크기] 그룹

- 자르기 : 삽입된 그림의 특정 부분만 자를 수 있다. [자르기] 도구를 클릭하면 8개의 자르기 조절 점이 그림 테두리에 나타나는데, 이 자르기 조절점을 드래그하는 만큼의 그림 영역이 잘린다. 자르기가 완료되면 [자르기] 도구를 다시 한 번 클릭하거나 Esc 를 눌러 해제한다.
- 도형 높이/도형 너비 : 개체의 크기를 조절한다.

1 2번 슬라이드에 삽입한 그래픽을 선택한 후 [그림 도구]–[서식] 탭의 [크기] 그룹에서 [크기 및 위치] 대화상자 단추를 클릭한다.

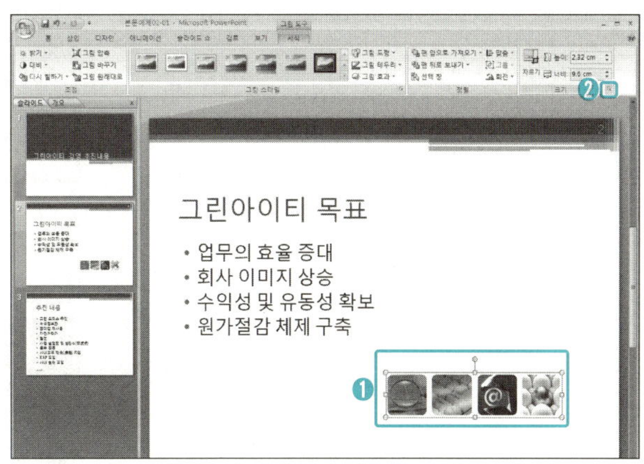

2 [크기 및 위치] 대화상자의 [크기] 탭에서 높이는 '3.5cm', 너비는 '13cm'로 설정한다.

가로 세로 비율 고정

그림의 크기의 높이와 너비를 변경할 때는 [가로 세로 비율 고정]을 체크 해제한 후 높이와 너비를 값으로 입력한다.

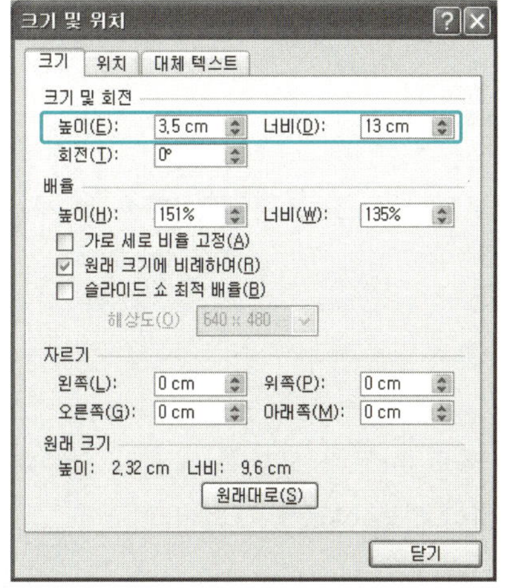

3 [위치] 탭을 클릭하고 가로는 '11cm' 세로는 '15cm'로 설정한 후 [닫기] 단추를 클릭한다.

이렇게 해도 됩니다.

[크기 및 위치] 대화상자는 이미지를 선택한 후 마우스 오른쪽 단추를 클릭하여 [크기 및 위치] 메뉴를 선택하여 열 수도 있다.

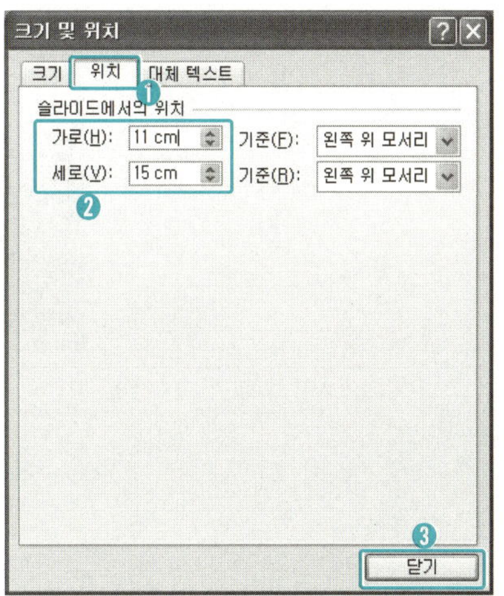

1 3번 슬라이드를 선택하고 [삽입] 탭의 [일러스트레이션] 그룹에서 [클립 아트]를 클릭한다.

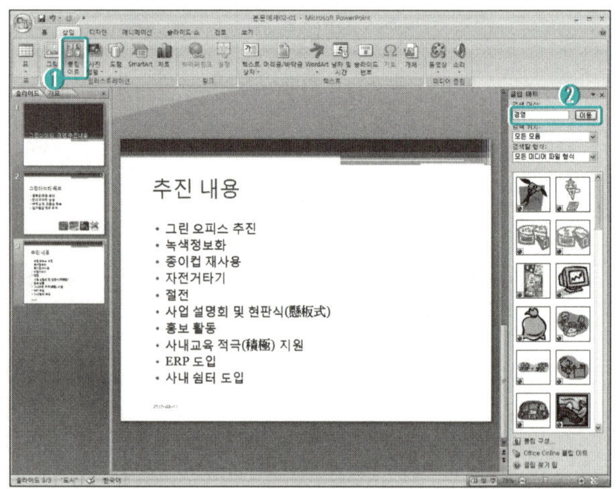

2 [클립 아트] 작업창에서 검색 대상에 "경영"을 입력하고 [이동] 단추를 클릭한다.

클립 아트 검색하기

1 검색 대상 : 찾을 유형의 검색어를 입력한다.
2 검색 위치 : 내 모음, Office 모음, 웹 모음으로 제한하거나 모든 범위를 설정하여 검색한다.
3 검색할 형식 : 검색할 파일의 형식 등을 선택할 수 있다.

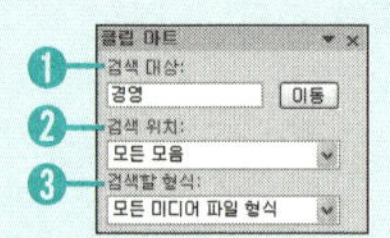

3 '경영' 관련 클립 아트가 오른쪽 작업창에 검색되면 임의의 클립 아트를 클릭하여 슬라이드의 오른쪽 하단으로 드래그한다.

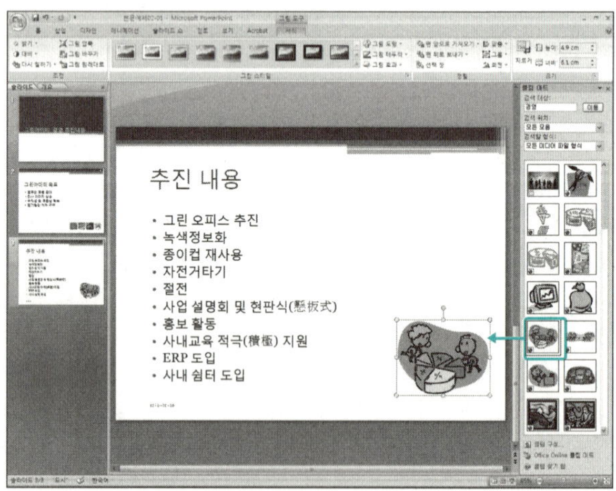

◉ **준비파일** : Chapter02/확인학습02-01, 예방.png　　◉ **완성파일** : Chapter02/완성파일/학습완성02-01

[문제 1] 1번 슬라이드의 오른쪽 하단에 '예방.png' 그림을 삽입하고 그래픽의 높이를 '4cm'로 변경하시오.

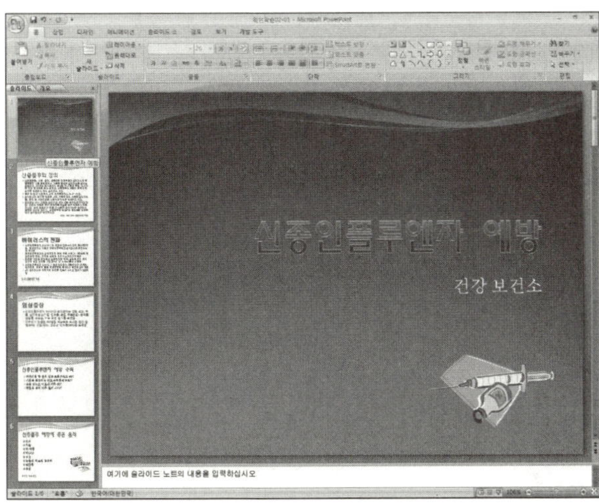

1 1번 슬라이드를 선택하고 [삽입] 탭의 [일러스트레이션] 그룹에서 [그림]을 클릭한다.

2 [그림 삽입] 대화상자가 열리면 [Chapter 02] 폴더에 예제로 제공되는 '예방.png' 그림 파일을 선택하고 [삽입] 단추를 클릭한다.

3 삽입된 그림을 선택하고 [그림 도구]-[서식] 탭의 [크기] 그룹에서 높이를 '4cm'로 설정한다.

4 그림을 슬라이드 오른쪽 하단으로 드래그한다.

[문제 2] 5번 슬라이드의 글머리 기호 목록 오른쪽 하단에 '손씻기' 관련 클립 아트를 검색하여 삽입하시오.

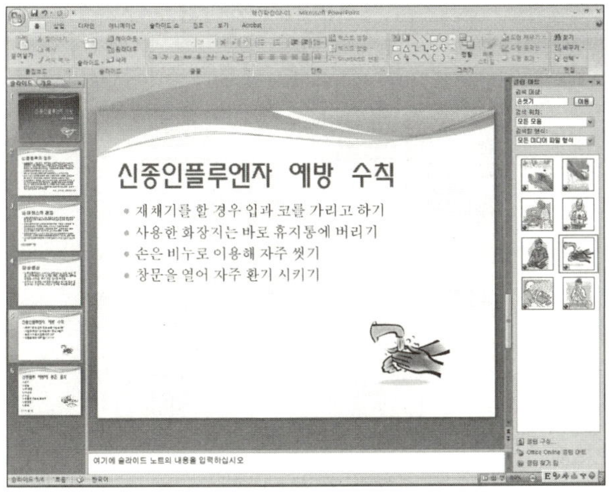

1 5번 슬라이드를 선택하고 [삽입] 탭의 [일러스트레이션] 그룹에서 [클립 아트]를 클릭한다.

2 [클립 아트] 작업창에서 검색 대상에 "손씻기"를 입력하고 [이동] 단추를 클릭한다.

3 검색된 클립아트를 슬라이드 오른쪽 하단으로 드래그한다.

[문제 **3**] 5번 슬라이드에 삽입된 '손씻기' 클립 아트에 '강조색 6, 11pt 네온' 그림 효과를 적용하시오.

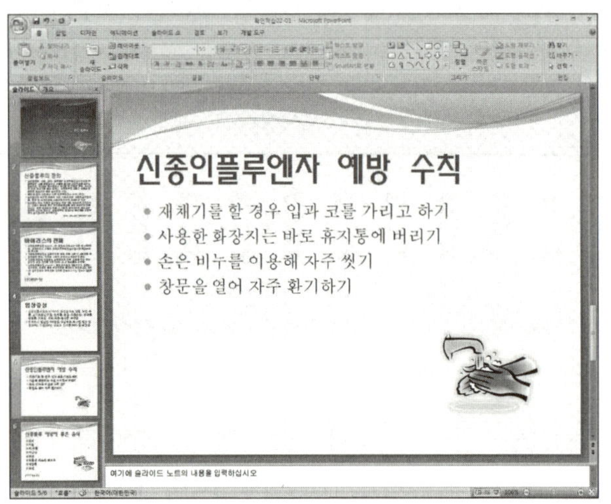

1 5번 슬라이드에서 그림을 선택하고 [그림 도구]-[서식] 탭의 [그림 스타일] 그룹에서 [그림 효과]-[네온]을 클릭한다.

2 '강조색 6, 11pt 네온' 을 선택한다.

[문제 **4**] 제목 슬라이드에 있는 그림만 '전자메일' 형식으로 압축하시오.

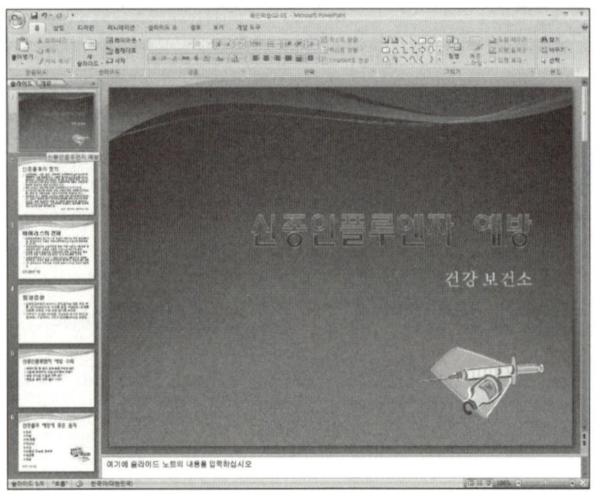

1 제목 슬라이드에서 그림을 선택하고 [그림 도구]-[서식] 탭의 [조정] 그룹에서 [그림 압축]을 클릭한다.

2 [그림 압축] 대화상자에서 '선택한 그림에만 적용'에 체크하고 [옵션] 단추를 클릭한다.

3 [압축 설정] 대화상자에서 대상 출력을 '전자 메일'로 설정하고 [확인]-[확인] 단추를 클릭한다.

2 도형 삽입 및 편집

출제포인트

도형을 삽입하고 편집하는 문제

◉ **준비파일** : Chapter02/본문예제02-02-1, 본문예제02-02-2
◎ **완성파일** : Chapter02/완성파일/본문완성02-02-1, 본문완성02-02-2

다양한 종류의 도형을 슬라이드에 삽입하여 좀더 비주얼하고 눈에 띄는 프레젠테이션을 할 수 있다. 특히 글로 표현하기 어려운 개념들을 도형으로 만들면 청중의 이해를 효율적으로 높일 수 있다. 물론 도형 안에 텍스트를 입력할 수도 있다.

1 도형 삽입

1 [홈] 탭의 [그리기] 그룹에서 [도형]을 클릭하고 기본 도형에 있는 '하트' 도형을 클릭한다.

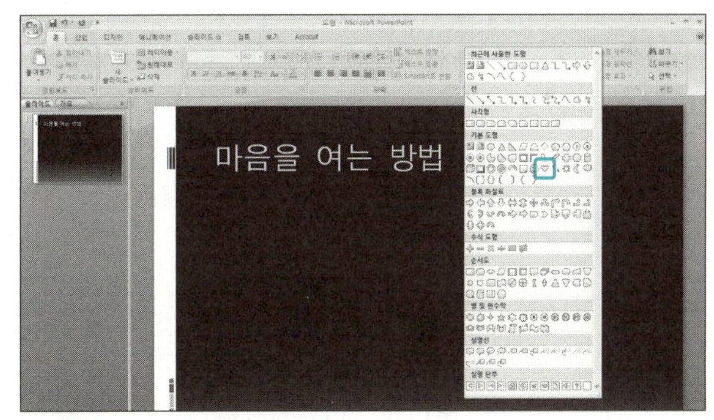

2 슬라이드의 왼쪽 위부터 드래그하여 도형을 그린다.

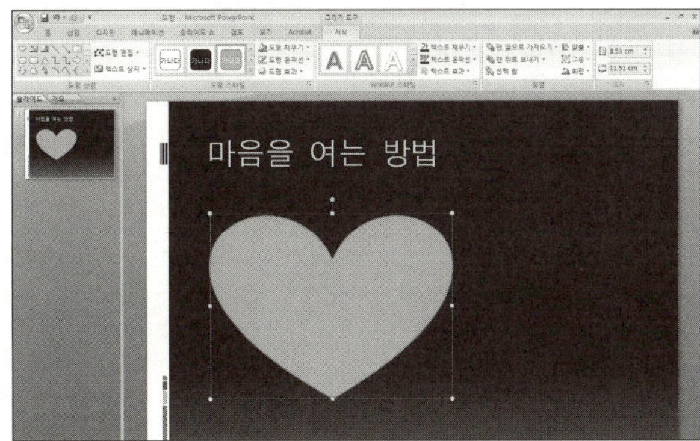

1 도형을 마우스 오른쪽 단추로 클릭하여 [크기 및 위치]를 선택한 후 [크기 및 위치] 대화상자에서 높이와 너비를 각각 '10cm'로 지정하고 [닫기]를 클릭한다.

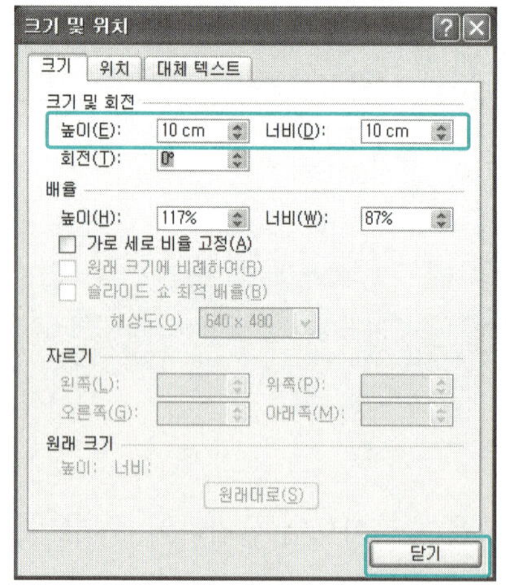

2 도형이 선택된 상태에서 [그리기 도구]-[서식] 탭의 [도형 스타일] 그룹에서 [자세히] 단추를 클릭하고 '강한 효과-강조3' 스타일을 선택한다.

3 [그리기 도구]-[서식] 탭의 [도형 스타일] 그룹에서 [도형 채우기]-[그라데이션]을 클릭하고 '가운데에서'를 선택한다.

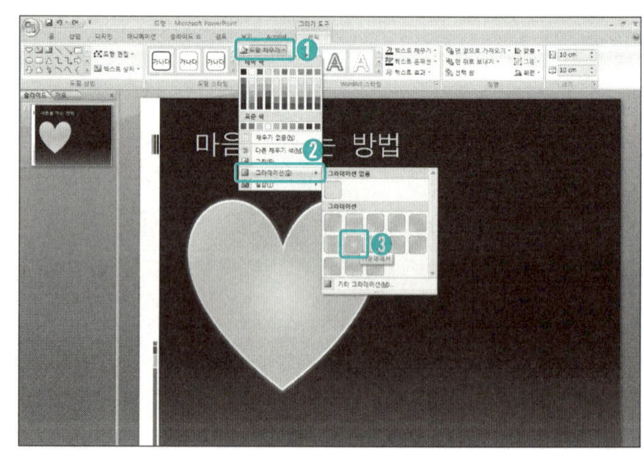

4 [홈] 탭의 [그리기] 그룹에서 [도형]을 클릭하고 '블록 화살표' 중 '왼쪽 화살표' 도형을 선택하여 하트 이미지의 오른쪽에 삽입한다.

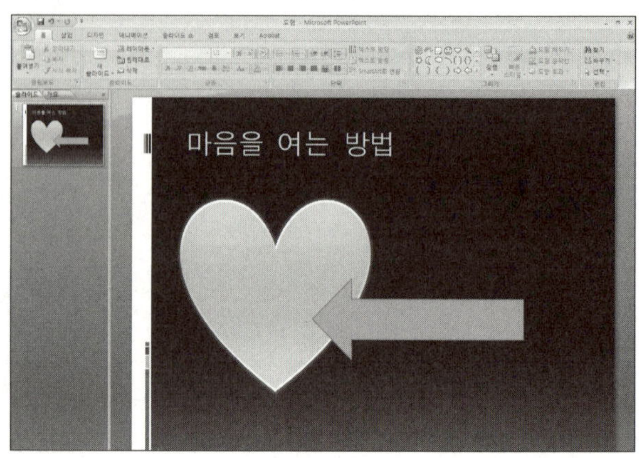

5 화살표 도형을 선택하고 [그리기 도구]-[서식] 탭의 [도형 스타일] 그룹에서 [도형 채우기]-[다른 채우기 색]을 클릭한다.

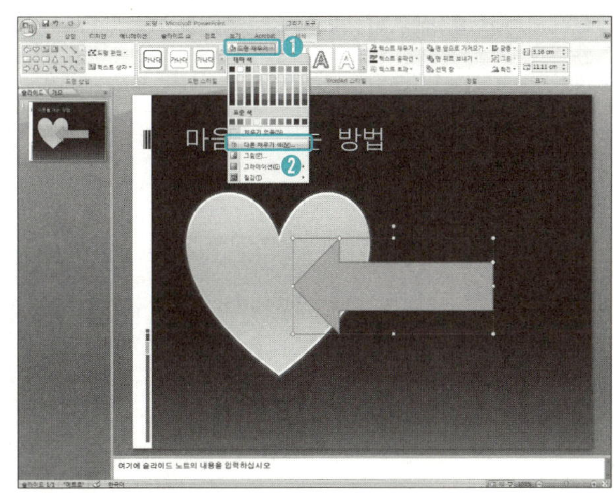

6 [색] 대화상자의 [표준] 탭에서 분홍색 계열을 선택한 후 투명도 '80%'로 설정하고 [확인] 단추를 클릭한다.

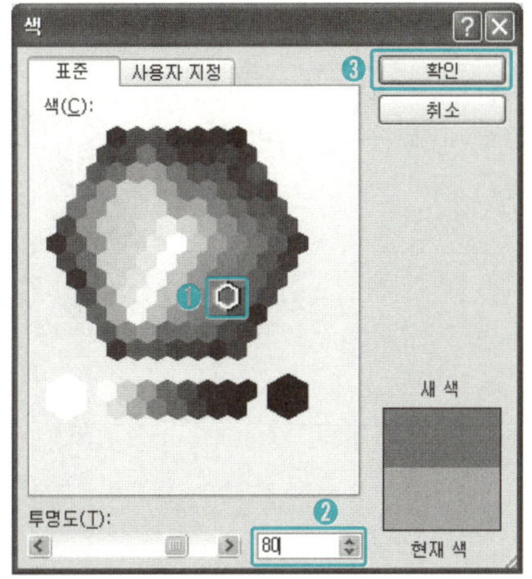

7 화살표 도형에 그라데이션 효과를 지정하기 위해 [그리기 도구]-[서식] 탭의 [도형 스타일] 그룹에서 [도형 채우기]-[그라데이션]-[어두운 그라데이션]의 '선형 오른쪽'을 선택한다.

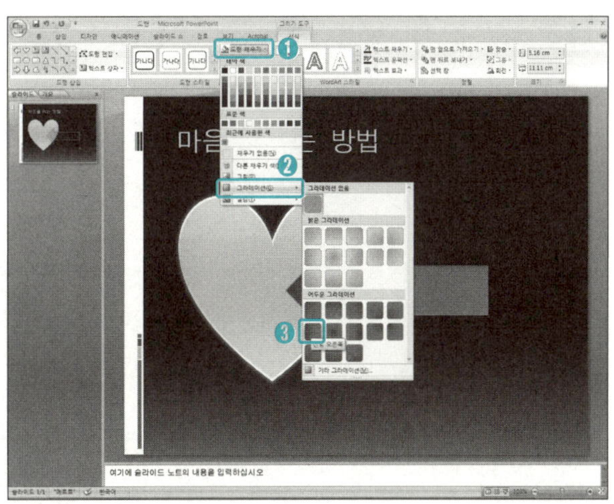

8 화살표의 테두리 색을 변경하기 위해 [도형 윤곽선]을 클릭하고 '분홍, 강조 2, 80% 더 밝게'를 선택한다.

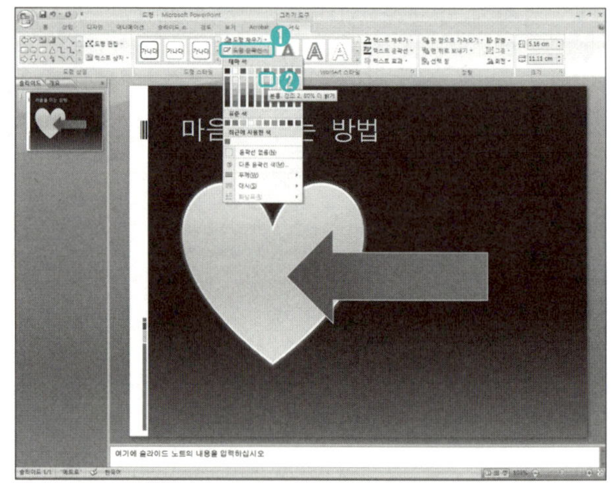

9 화살표 도형에 입체 효과를 주기 위해 [그리기 도구]-[서식] 탭의 [도형 스타일] 그룹에서 [도형 효과]-[반사]- '근접반사, 8pt 오프셋'을 선택한다.

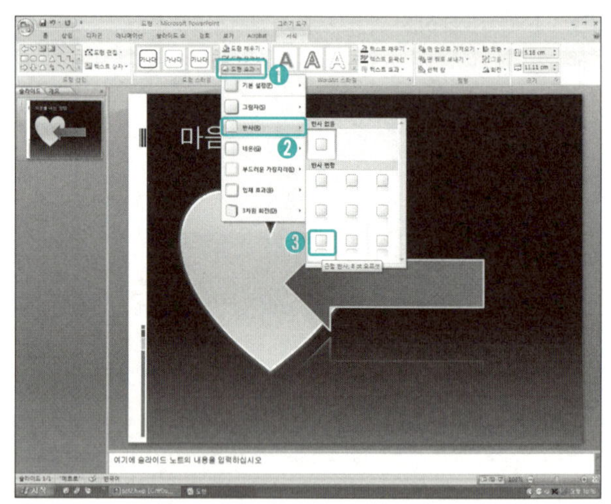

10 [도형 효과]-[입체 효과]- '각지게'를 선택한다.

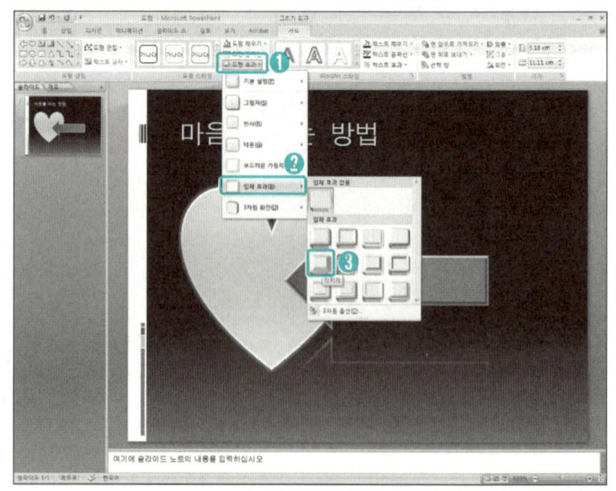

1   화살표 도형을 클릭한 후 "Considerate" 텍스트를 입력한다. 미니 서식 메뉴를 사용하여 글꼴은 'HY헤드라인M', 글꼴 크기는 '36pt' 로 설정한다.

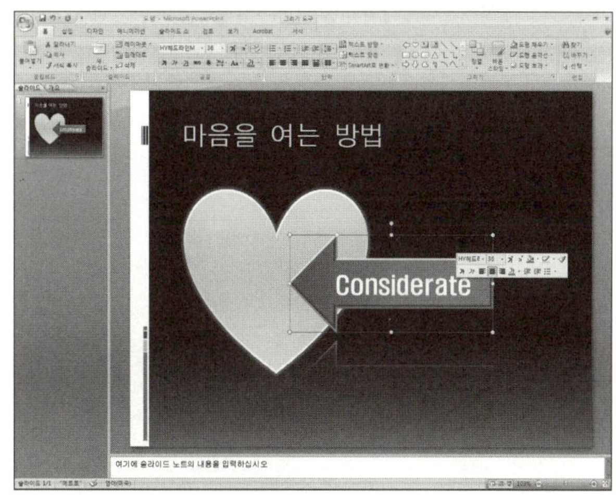

2   텍스트의 위치를 조절하기 위해 왼쪽 화살표 도형을 마우스 오른쪽 단추로 클릭하고 [도형 서식]을 선택한다.

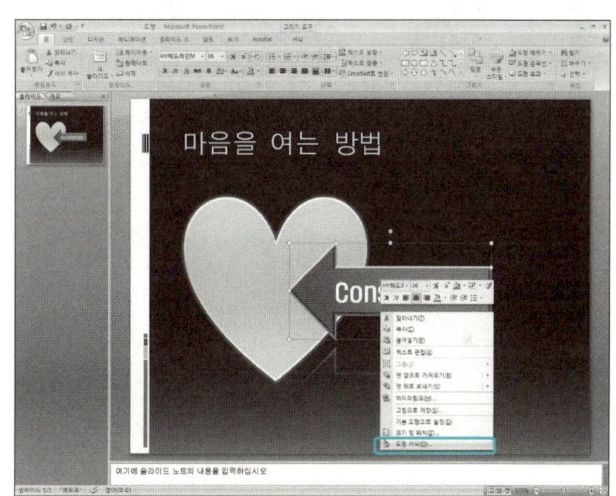

3   [도형 서식] 대화상자에서 [텍스트 상자] 탭에서 세로 맞춤을 '위쪽 가운데' 로 선택하고 [닫기] 단추를 클릭한다.

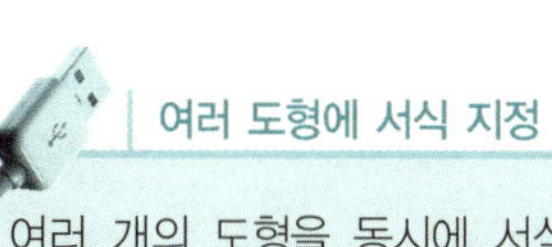

여러 도형에 서식 지정

여러 개의 도형을 동시에 서식을 지정할 경우에는 Shift 를 누른채 나머지 도형을 차례로 클릭하여 선택하고 마우스 오른쪽 단추를 클릭하여 개체 서식을 지정한다.

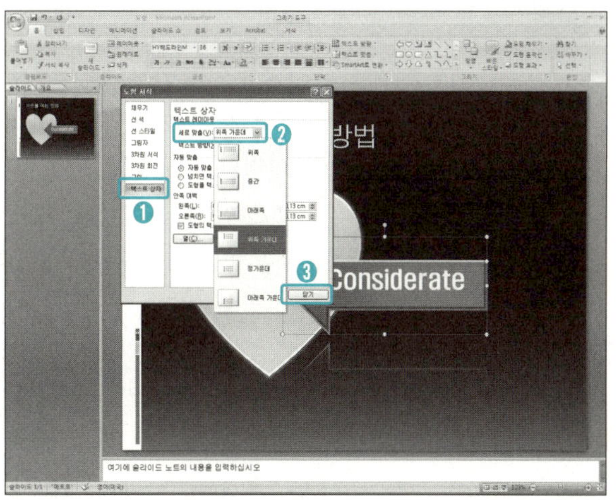

도형을 회전시키거나 대칭되게 하는 등 간단히 도형을 돌리려면 [그리기 도구]–[서식] 탭의 [정렬] 그룹에서 [회전]–[오른쪽으로 90도 회전] 또는 [왼쪽으로 90도 회전]을 선택한다.

1 도형을 선택했을 때 상단에 표시되는 초록색 회전 핸들을 드래그하면 도형을 자유 각도로 회전시킬 수 있다.

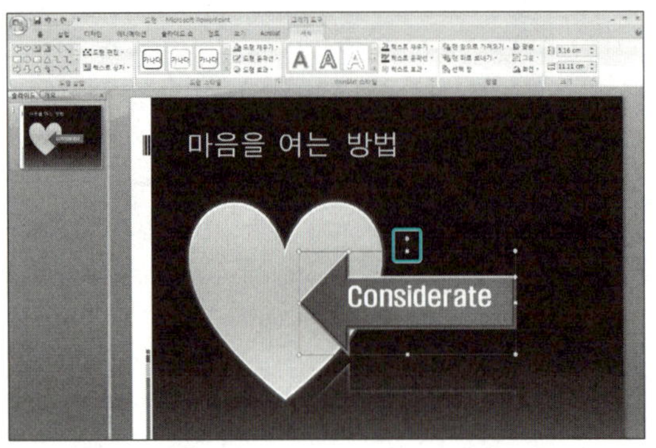
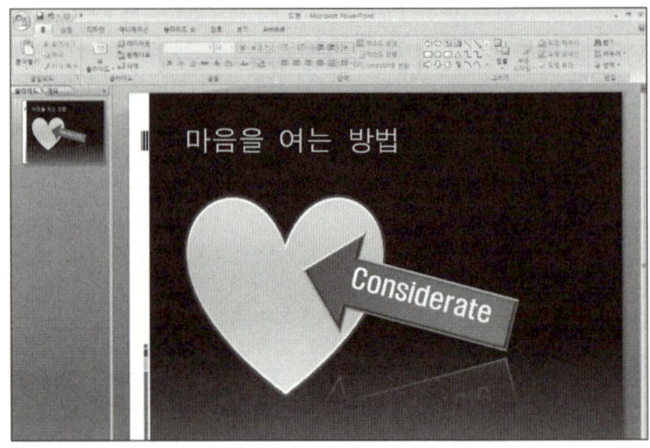

초록색 핸들

회전 핸들로 도형을 자유 각도로 회전시킬 때 이용한다. 이때 Shift 를 누르며 그래그하면 150° 간격으로 일정하게 각도를 유지하며 회전시킬 수 있다.

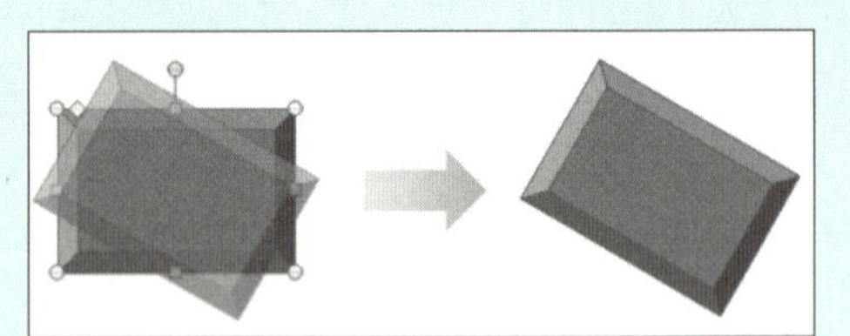

5 맞춤 및 배분

1 '본문예제02-02-2' 파일을 열고 3개의 직사각형 도형을 동시에 선택한 후 [그리기 도구]–[서식] 탭의 [정렬] 그룹에서 [맞춤]–[중간 맞춤]을 클릭한다.

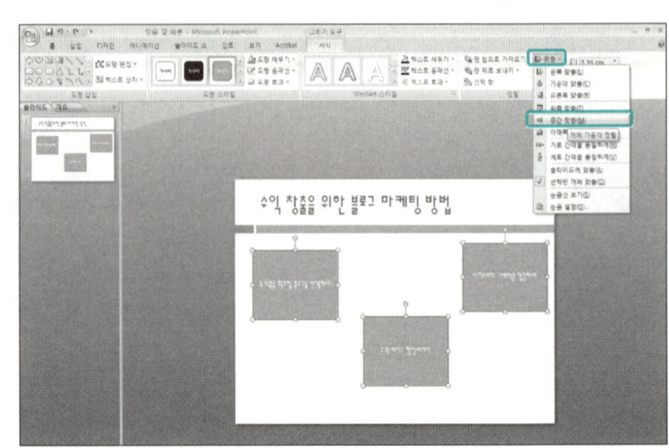

2 3개의 도형이 나란하게 맞추어졌다. 이번에는 도형이 선택된 상태에서 [그리기 도구]-[서식] 탭의 [정렬] 그룹에서 [맞춤]-[가로 간격을 동일하게]를 클릭한다.

> **여러 개의 도형 선택하기**
>
> 여러 개의 도형을 동시에 선택할 때는 Shift를 누른 채 클릭해도 되며, 개체 주위를 넓게 드래그하여 한꺼번에 선택할 수도 있다.

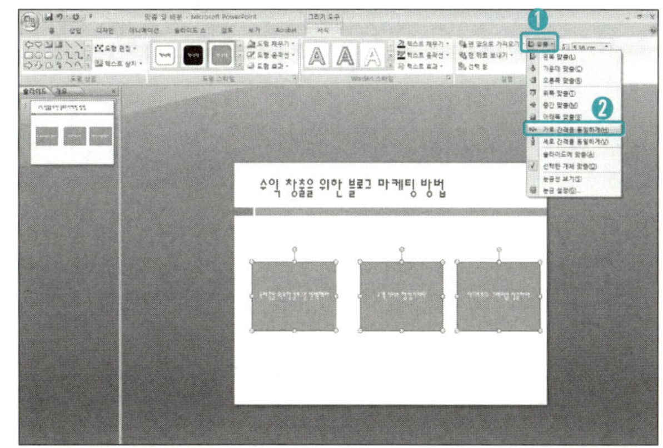

6 그룹 및 그룹 해제

1 도형이 전부 선택된 상태에서 [그리기 도구]-[서식] 탭의 [정렬] 그룹에서 [그룹]-[그룹]을 클릭한다. 여러 도형을 그룹으로 묶어놓으면 하나의 도형처럼 움직이게 된다.

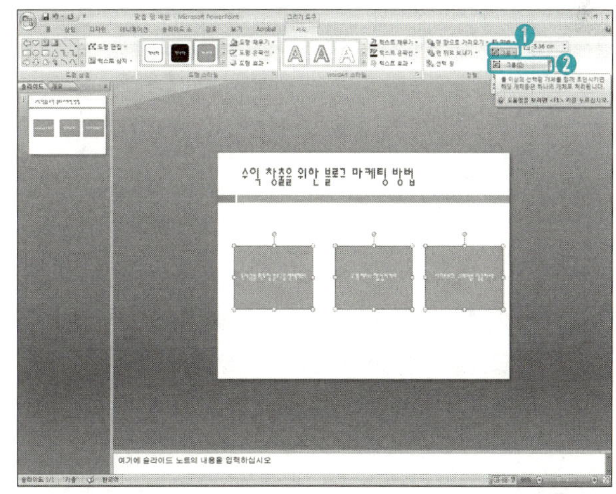

2 그룹을 해제하려면 [그리기 도구]-[서식] 탭의 [정렬] 그룹에서 [그룹]-[그룹 해제]를 클릭한다.

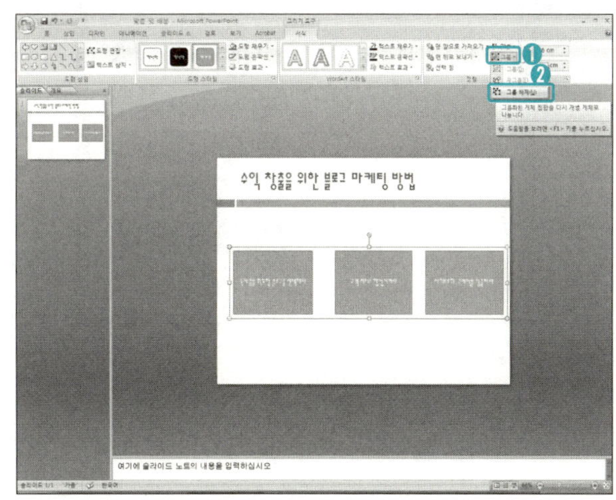

확인학습문제

● **준비파일** : Chapter02/확인학습02-02　　　　● **완성파일** : Chapter02/완성파일/학습완성02-02

[문제 1] 2번 슬라이드의 도형 위에 '오른쪽 화살표' 도형을 삽입하고 '보통 효과 – 강조 1' 도형 스타일을 적용하시오.

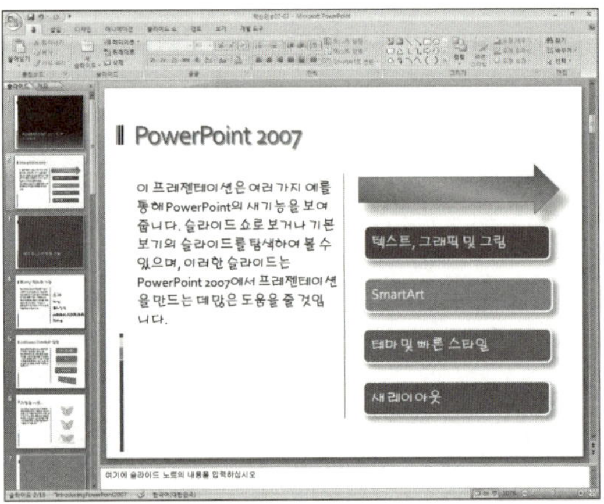

1 2번 슬라이드를 선택하고 [홈] 탭의 [그리기] 그룹에서 [도형]을 클릭하고 블록 화살표에 있는 '오른쪽 화살표' 도형을 선택한다.

2 슬라이드에 있는 도형의 위쪽에 화살표 도형을 드래그하여 그리고, [그리기 도구]–[서식] 탭의 [도형 스타일] 그룹에서 [자세히] 단추를 클릭한다.

3 '보통 효과–강조 1'을 선택하여 적용한다.

[문제 2] 2번 슬라이드에 삽입한 오른쪽 화살표 도형에 "살펴보기"를 입력한 후 텍스트를 정가운데로 배치하고 글꼴을 '굴림체'로 변경하시오.

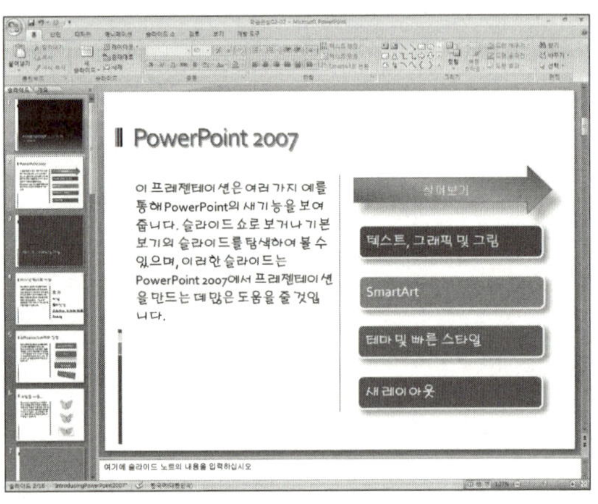

1 도형을 선택하고 "살펴보기"를 입력한다.

2 [홈] 탭의 [단락] 그룹에서 [가운데 맞춤]을 클릭하고, [텍스트 맞춤]–[중간]을 클릭한다.

3 [홈] 탭의 [글꼴] 그룹에서 글꼴을 '굴림체'로 선택한다.

3 워드아트

출제포인트

워드아트를 삽입하고 스타일을 변경하는 방법을 묻는 문제

⦿ **준비파일** : Chapter02/본문예제02-03   ⦿ **완성파일** : Chapter02/완성파일/본문완성02-03

워드아트는 글꼴만으로는 표현하기 힘든 디자인적인 느낌을 낼 수 있는 기능으로, 강조하고 싶은 문구에 사용된다. 워드아트의 스타일은 쉽게 적용할 수 있으며 이미 입력되어 있는 텍스트를 워드아트로 변환하거나 새 워드아트를 바로 삽입할 수 있다.

1 1번 슬라이드에서 제목 개체 틀의 테두리를 클릭한 후 [그리기 도구]-[서식] 탭의 [WordArt 스타일] 그룹에서 [자세히] 단추를 클릭하고 '채우기 – 강조 2, 무광택 입체'를 선택한다.

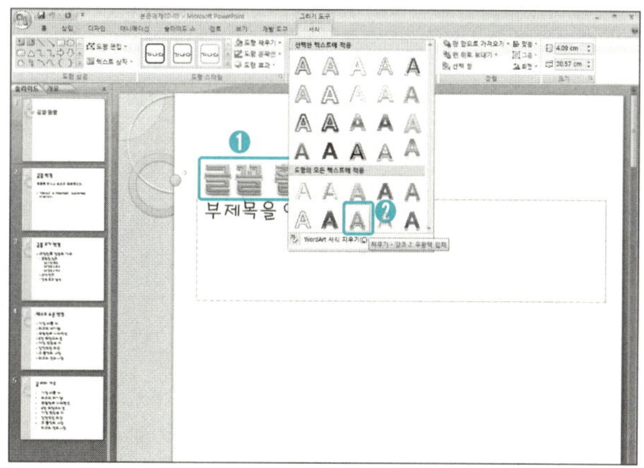

2 부제목 텍스트 상자를 선택한 후 [그리기 도구]-[서식] 탭의 [WordArt 스타일] 그룹에서 [자세히] 단추를 클릭하고 '채우기 – 텍스트 2, 윤곽선 – 배경 2'를 선택한다.

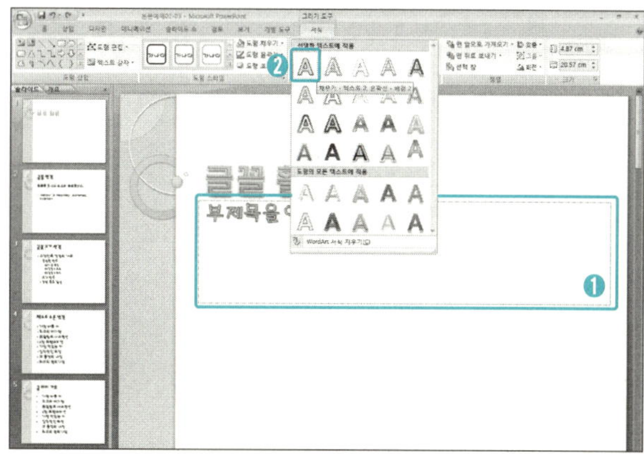

3 워드아트가 적용된 부제목 텍스트란에 "파워포인트 글꼴의 다양한 기법"을 입력한다.

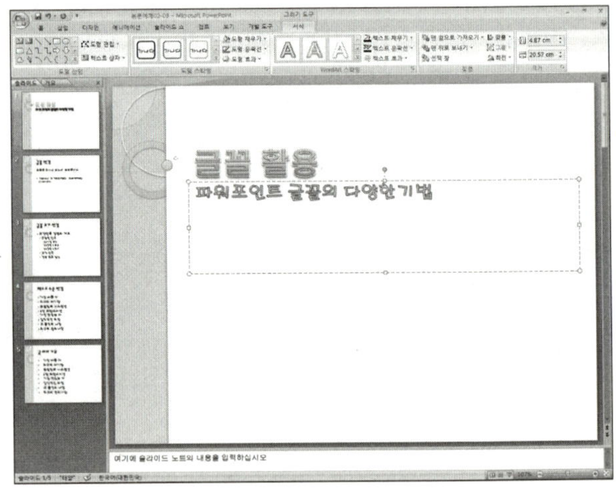

4 [그리기 도구]–[서식] 탭의 [WordArt 스타일] 그룹에서 [텍스트 효과]를 클릭하고 [변환]–'위쪽 수축'을 선택하여 워드아트의 형태를 변경한다.

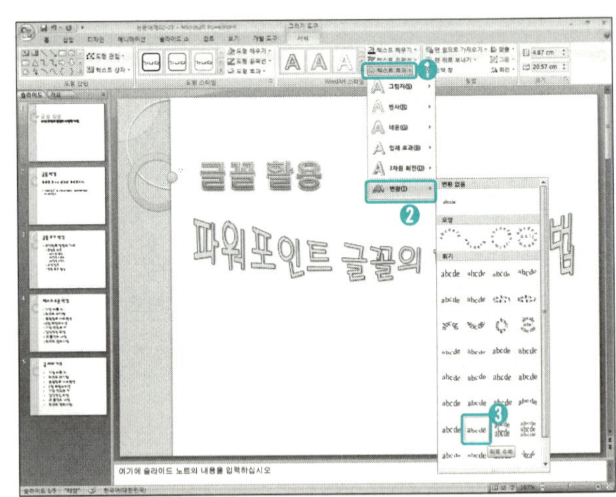

WordArt 서식 삭제

WordArt 서식을 없애고자 할 경우에는 WordArt가 지정된 텍스트 상자를 더블클릭하고 [그리기 도구]–[서식] 탭의 [WordArt 스타일] 그룹에서 스타일을 선택한 후 하단의 [WordArt 서식 지우기]를 클릭하면 된다.

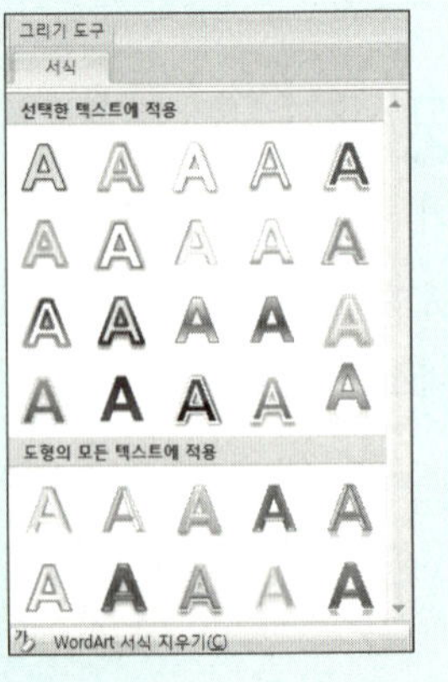

확인학습문제

◎ 준비파일 : Chapter02/확인학습02-03   ◎ 완성파일 : Chapter02/완성파일/학습완성02-03

[문제 1] '13번 슬라이드'의 왼쪽 하단에 "MS 호환성" 텍스트를 입력하고 글꼴 크기는 '54'pt로 설정한 후 '채우기 - 강조 2, 부드러운 무광택 입체' WordArt 스타일을 적용하시오.

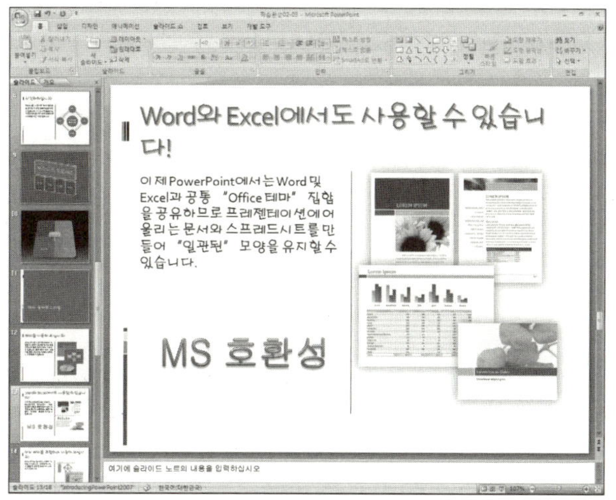

1 13번 슬라이드를 선택하고 [삽입] 탭의 [텍스트] 그룹에서 [텍스트 상자]-[가로 텍스트 상자]를 클릭한다.

2 슬라이드 왼쪽 하단에 클릭하여 텍스트 상자를 만들고 "MS 호환성"이라고 입력한다.

3 텍스트 상자가 선택된 채로 [홈] 탭의 [글꼴] 그룹에서 글꼴 크기를 '54' pt로 설정한다.

4 텍스트 상자가 선택된 채로 [그리기 도구]-[서식] 탭의 [WordArt 스타일] 그룹에서 [자세히] 단추를 클릭하고 '채우기-강조 2, 부드러운 무광택 입체'를 선택한다.

4 SmartArt 다이어그램 작성 및 편집

출제포인트

워크시트를 관리하고 이동 복사하는 방법

◎ **준비파일** : Chapter02/본문예제02-04   ◎ **완성파일** : Chapter02/완성파일/본문완성02-04

파워포인트 2007부터 업그레이드된 SmartArt 그래픽은 따로 디자인을 공부하지 않은 많은 이용자들의 고민인 고급스런 다이어그램을 해결해주는 기능으로, 누구나 빠르고 전문적으로 간단히 멋진 서식을 만들 수 있다. SmartArt에는 목록형, 주기형, 피라미드형 등의 다양한 종류로 구분되어 있다.

1 SmartArt 작성

1 글머리 목록 텍스트 상자를 클릭하고 [홈] 탭의 [단락] 그룹에서 [SmartArt로 변환]-[기타 SmartArt 그래픽]을 클릭한다.

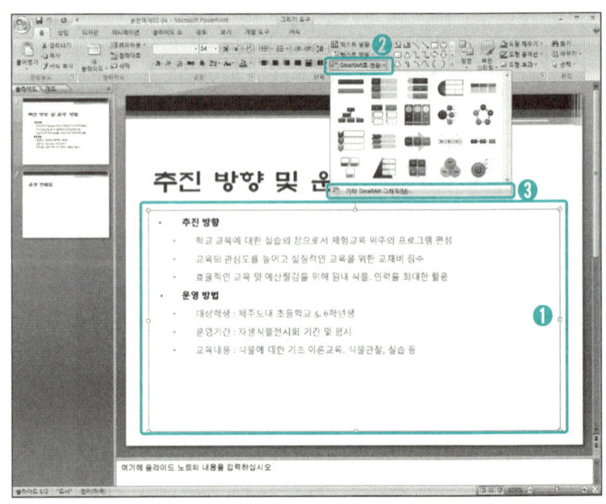

2 [SmartArt 그래픽 선택] 대화상자의 [목록형]에서 '세그먼트 프로세스형'을 선택하고 [확인] 단추를 클릭한다.

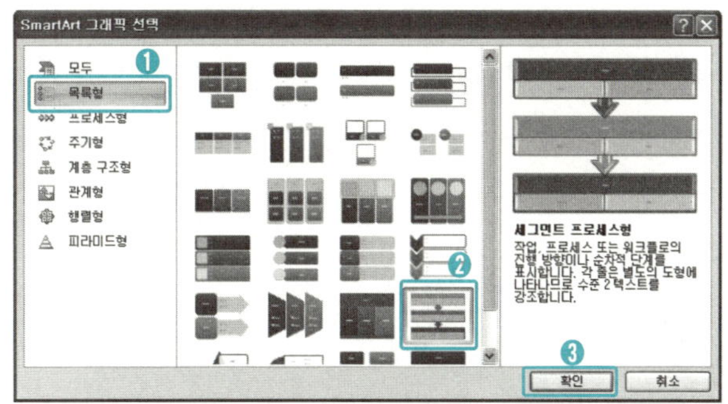

3 텍스트 목록이 SmartArt로 변환되면 텍스트 창에서 원하는 항목에 텍스트를 추가하거나 편집할 수 있다.

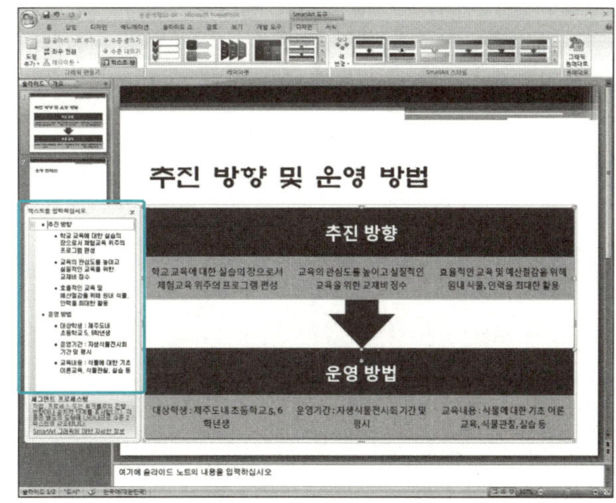

4 2번 슬라이드의 내용 개체에서 [Smart Art 그래픽 삽입]을 클릭하고 [SmartArt 그래픽 선택] 대화상자에서 [주기형]의 '기본 원형'을 선택하고 [확인] 단추를 클릭한다.

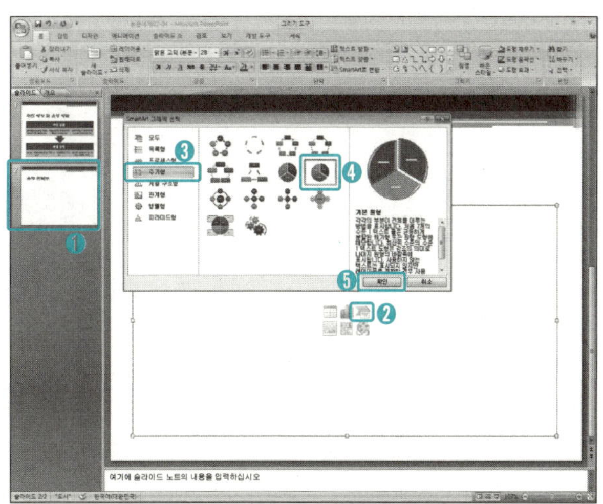

5 '기본 원형' 다이어그램이 삽입되면 텍스트 창에 "식물관찰 [40%], 식물에 대한 기초 이론교육 [30%], 실습 등 [30%]"를 입력한다.

- 새 항목 추가 : Enter 를 누른 후 입력한다.
- 수준 내리기 : Tab 을 누른다.
- 수준 올리기 : Shift + Tab 을 누른다.
- 항목 제거 : Delete 를 누른다.

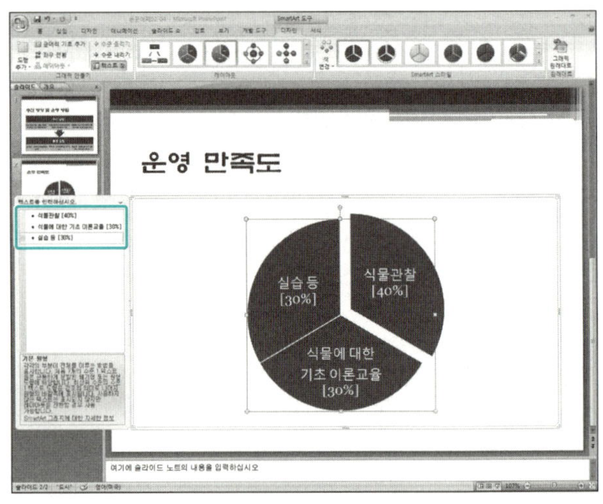

2 SmartArt 편집

1 변경할 SmartArt을 선택한 후 [SmartArt 도구]–[디자인] 탭의 [레이아웃] 그룹에서 [자세히] 단추를 클릭하고 '기타 레이아웃'을 선택한다.

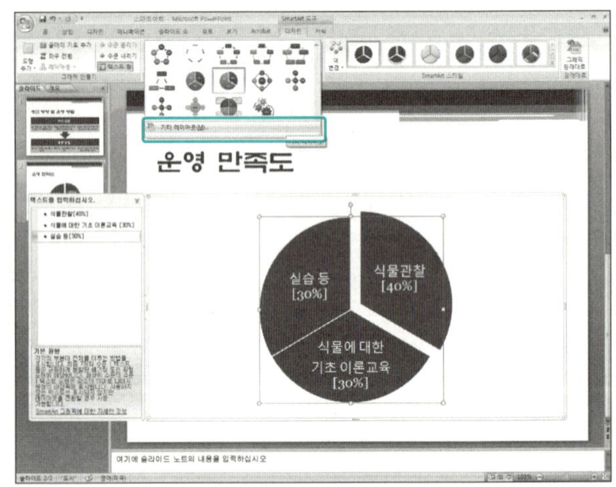

2 [SmartArt 그래픽 선택] 대화상자의 [관계형]에서 '누적 벤형'을 선택한 후 [확인] 단추를 클릭한다.

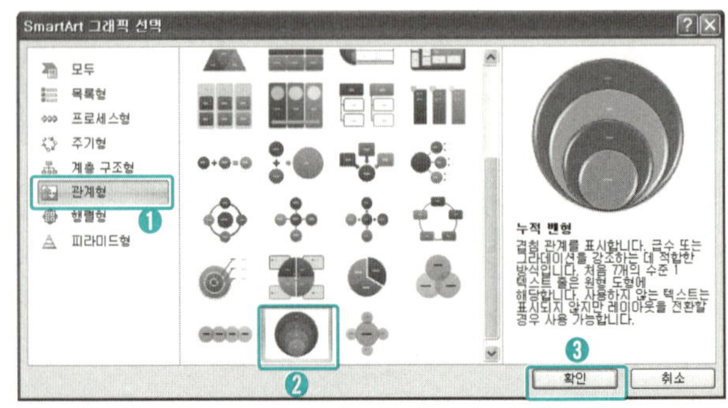

3 SmartArt 그래픽의 색을 변경하기 위해 [SmartArt 도구]-[디자인] 탭의 [SmartArt 스타일] 그룹에서 [색 변경]을 클릭하고 '색상형 범위 – 강조색 2 또는 3'을 선택한다.

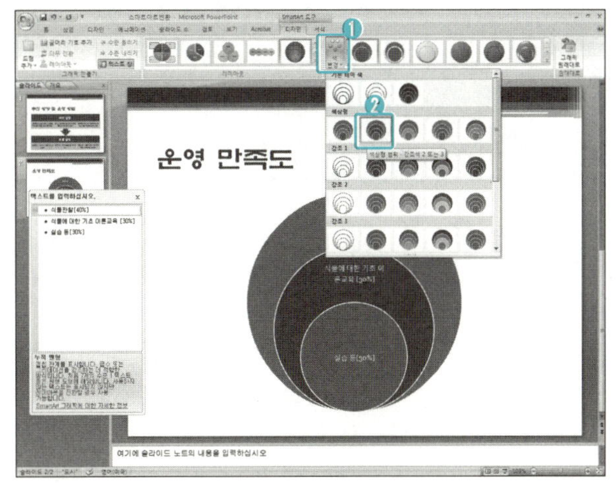

4 [SmartArt 도구]-[디자인] 탭의 [SmartArt 스타일] 그룹에서 [자세히] 단추를 클릭하고 '3차원' – '광택처리'를 선택한다.

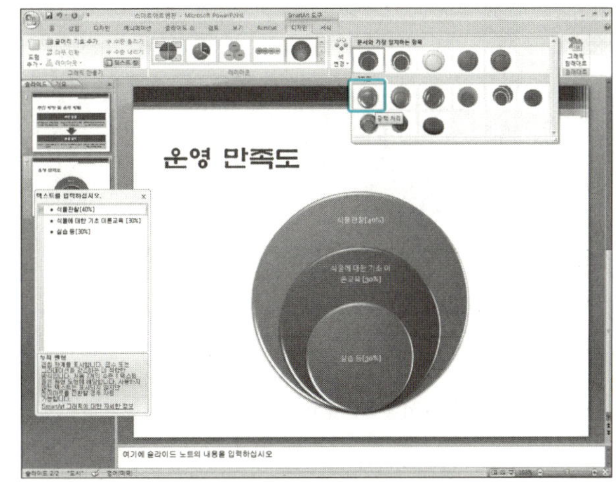

5 [SmartArt 도구]-[서식] 탭의 [도형 스타일] 그룹에서 [도형 채우기]를 클릭하고 '연한 녹색'을 선택하여 배경색을 채운다.

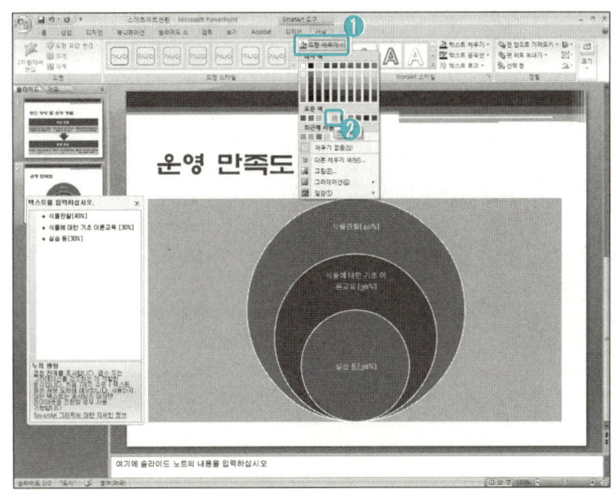

⊙ **준비파일** : Chapter02/확인학습02-04   ⊙ **완성파일** : Chapter02/완성파일/학습완성02-04

[문제 1] 6번 슬라이드의 '비즈니스 프로세스 모델' 의 글머리 기호 목록을 '기본 행렬형' SmartArt로 변환하시오.

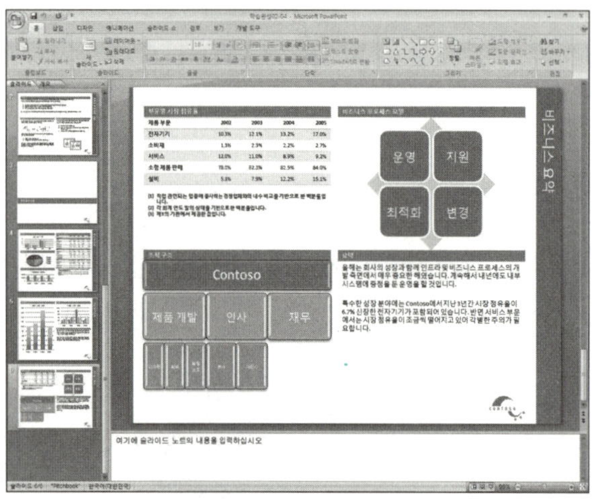

1 6번 슬라이드를 클릭하고 '비즈니스 프로세스 모델' 의 글머리 기호 목록을 선택한다.

2 [홈] 탭의 [단락] 그룹에서 [SmartArt로 변환]-[기타 SmartArt 그래픽]을 클릭한다.

3 [SmartArt 그래픽 선택] 대화상자의 [행렬형]에서 '기본 행렬형' 을 선택하고 [확인] 단추를 클릭한다.

[문제 2] 6번 슬라이드의 '조직 구조' 를 SmartArt 스타일을 '만화' 로 변경하시오.

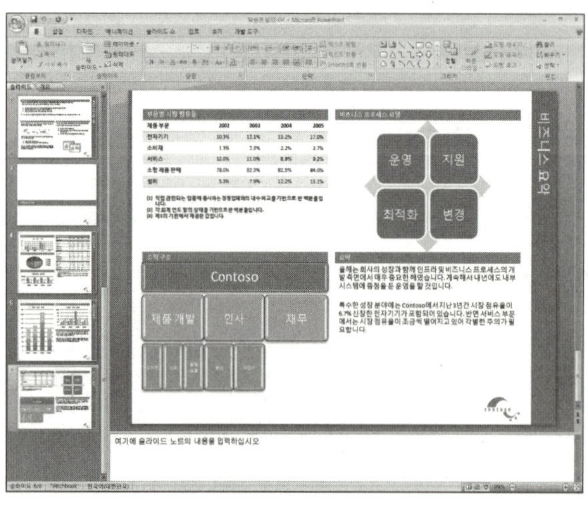

1 '조직 구조' SmartArt를 선택하고 [SmartArt 도구]-[디자인] 탭의 [SmartArt 스타일] 그룹에서 [자세히] 단추를 클릭한다.

2 3차원의 '만화' 를 선택한다.

5 차트

기본 차트를 작성하고 차트 종류를 수정하는 문제

◉ **준비파일** : Chapter02/본문예제02-05 　　　　　◉ **완성파일** : Chapter02/완성파일/본문완성02-05

차트는 숫자 데이터와 값들을 보다 쉽게 전달하는 데 사용되며, 수치 데이터의 시각적인 이미지로 표현된다. Excel 프로그램에서 데이터를 집계하여 슬라이드에 활용할 수도 있다.

1 차트 삽입

1 1번 슬라이드를 선택하고 [삽입] 탭의 [일러스트레이션] 그룹에서 [차트]를 클릭한다.

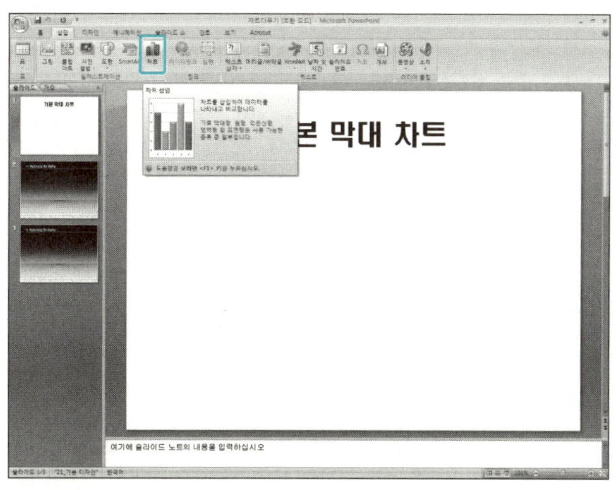

2 [차트 삽입] 대화상자에서 [세로 막대형]의 '묶은 세로 막대형'을 선택한 후 [확인] 단추를 클릭한다.

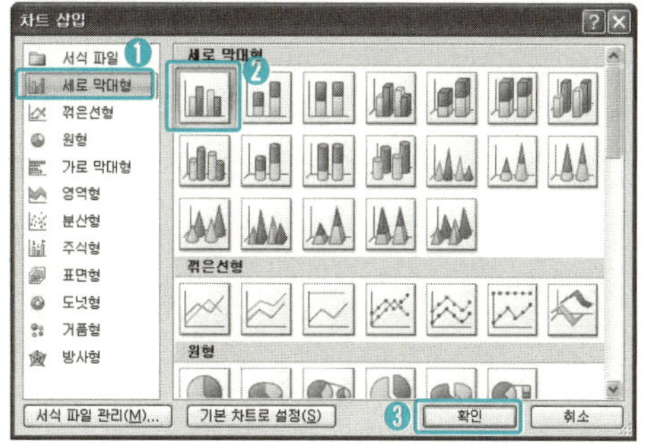

3 Excel 2007 프로그램이 오른쪽 창에실행된다. 엑셀 창에서 차트 기본 데이터를 수정 및 편집할 수 있다. 차트 데이터의 범위는 파란 실선 영역이며, 데이터 범위의 오른쪽 하단 모서리에 마우스 포인터를 가져가 화살표 모양으로 변경되면 드래그하여 영역을 확장할 수 있다. 또는 해당 셀에 데이터를 입력하면 자동으로 범위 영역이 변경된다.

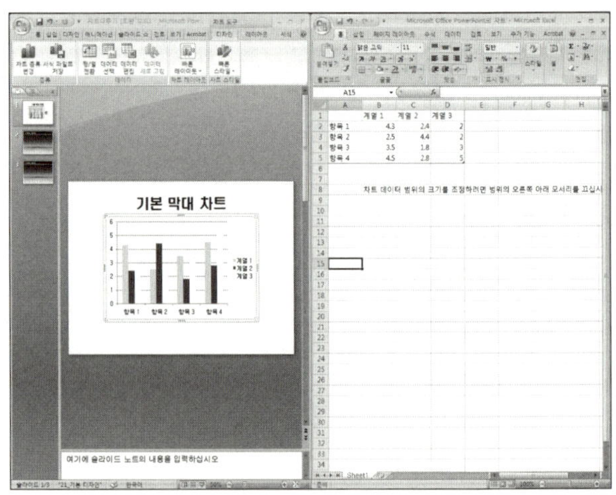

4 Excel 2007의 [닫기]를 클릭하여 엑셀을 종료한다.

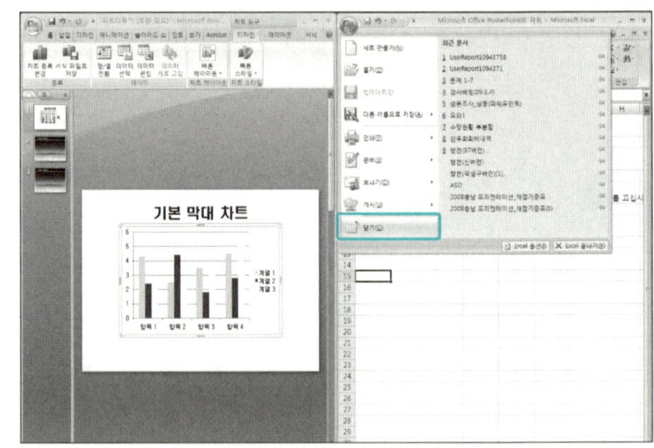

2   **차트 편집**

1 차트 종류를 변경하려면 [차트 도구]–[디자인] 탭의 [종류] 그룹에서 [차트 종류 변경]을 클릭한다.

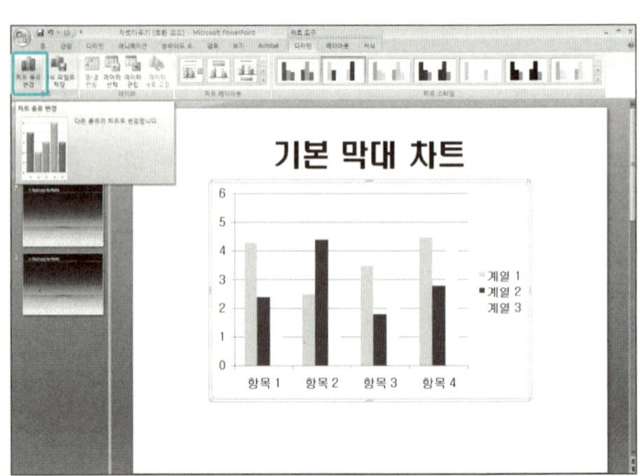

2 [차트 종류 변경] 대화상자에서 '가로 막대형'의 '누적 가로 막대형'을 선택하고 [확인] 단추를 클릭한다.

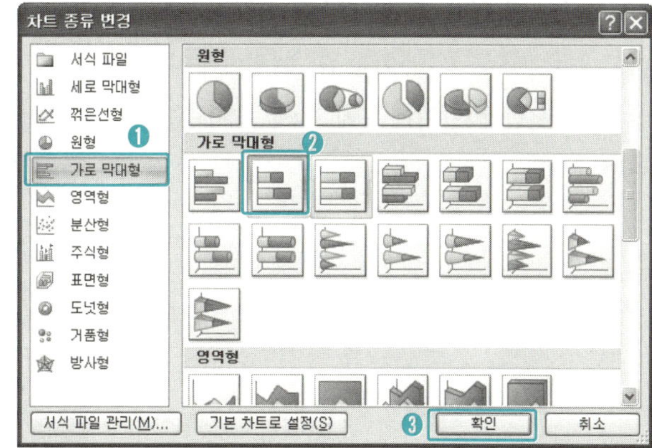

3 차트를 클릭하고 [차트 도구]–[디자인] 탭의 [차트 스타일] 그룹에서 [자세히] 단추를 클릭하고 '스타일44'를 선택한다.

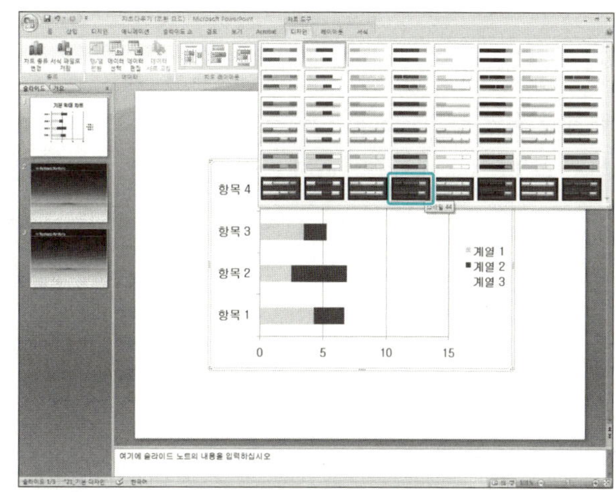

4 차트를 클릭하고 [차트 도구]–[디자인] 탭의 [차트 레이아웃] 그룹에서 [자세히] 단추를 클릭하고 '레이아웃1'을 선택한다.

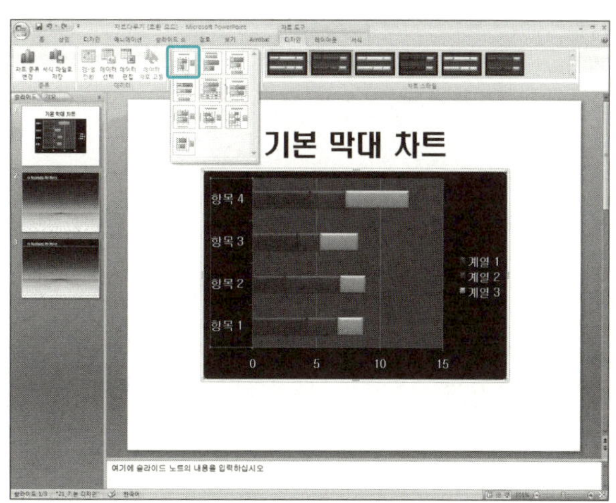

5 범례 위치를 변경하려면 차트를 클릭하고 [차트 도구]–[레이아웃] 탭의 [레이블] 그룹에서 [범례]–[아래쪽에 범례 표시]를 클릭한다.

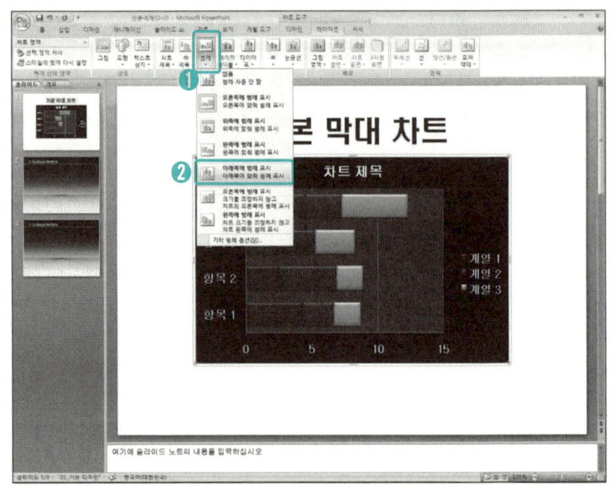

6 범례의 서식을 변경하려면 차트의 범례를 선택한 후 [차트 도구]–[서식] 탭의 [도형 스타일] 그룹에서 [자세히] 단추를 클릭하고 '강한 효과 – 강조 2'를 선택한다.

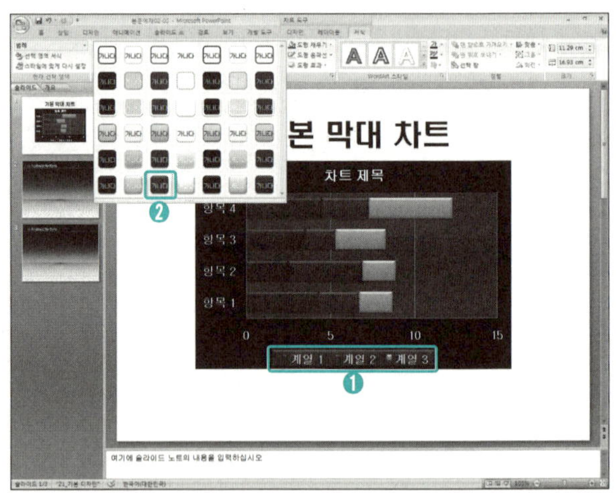

확인학습문제

준비파일 : Chapter02/확인학습02-05   완성파일 : Chapter02/완성파일/학습완성02-05

[문제 1] 5번 슬라이드에서 '시장분표'의 레이아웃에 '묶은 세로 막대형' 차트를 삽입하시오.

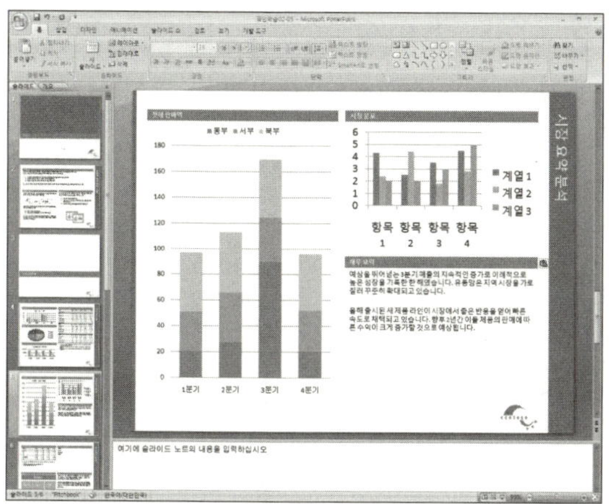

1   5번 슬라이드를 선택하고 '시장분표'의 레이아웃에서 [차트 삽입] 단추를 클릭한다.

2   [세로 막대형]-[묶은 세로 막대형]을 선택하고 [확인] 단추를 클릭한다.

3   실행된 엑셀 창을 닫는다.

[문제 2] 5번 슬라이드에서 '첫해 판매액' 차트에 '스타일 42' 차트 스타일을 적용하시오.

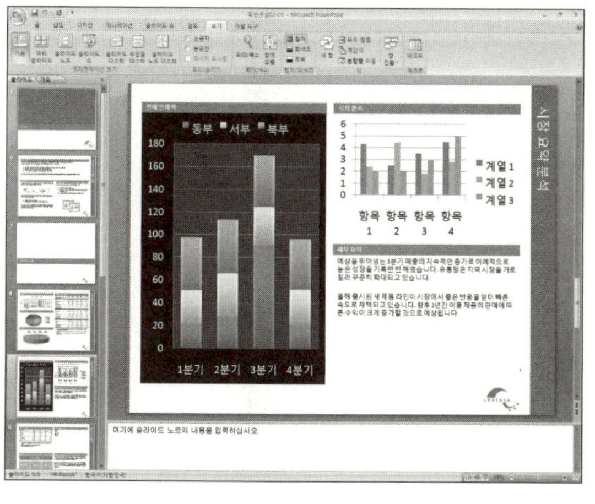

1   5번 슬라이드의 '첫해 판매액' 차트를 선택하고 [차트 도구]-[디자인] 탭의 [차트 스타일] 그룹에서 [자세히] 단추를 클릭한다.

2   '스타일 42'를 선택한다.

[문제 **3**] '4번 슬라이드'에서 '매출 총이익'의 세로 막대형 그래프를 '3차원 원형'으로 변경하시오.

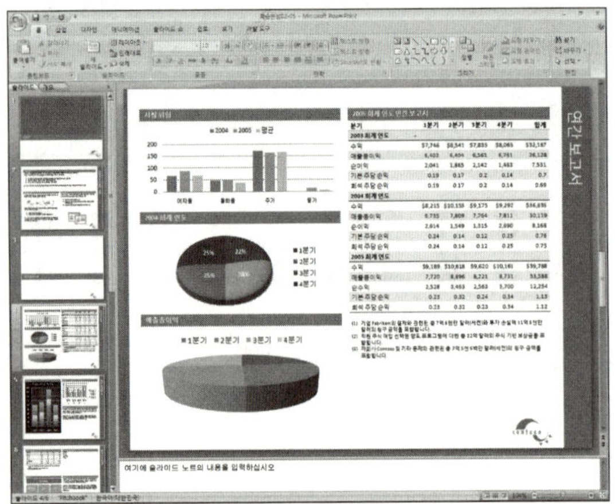

1 4번 슬라이드의 '매출총이익' 그래프를 선택하고 [차트 종류]–[디자인] 탭의 [종류] 그룹에서 [차트 종류 변경]을 클릭한다.

2 [차트 종류 변경] 대화상자에서 [원형]–[3차원 원형]을 선택하고 [확인] 단추를 클릭한다.

6 표

출제포인트

슬라이드 레이아웃의 표를 삽입하고, 서식을 지정하는 문제

준비파일 : Chapter02/본문예제02-06-1, 본문예제02-06-2
완성파일 : Chapter02/완성파일/본문완성02-06-1, 본문완성02-06-2

복잡한 데이터를 한눈에 알아볼 수 있도록 정리하는 표는 프레젠테이션 자료를 만들 때 자주 사용된다. 표 스타일을 활용하면 좀더 편하고 효율적으로 표를 작성할 수 있다.

1 표 삽입 및 편집

1 [삽입] 탭의 [표] 그룹에서 [표]-[표 삽입]을 클릭한다.

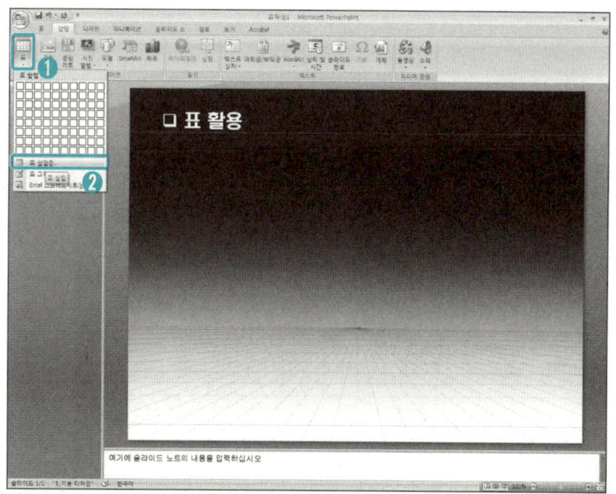

내용 슬라이드에서 표 삽입

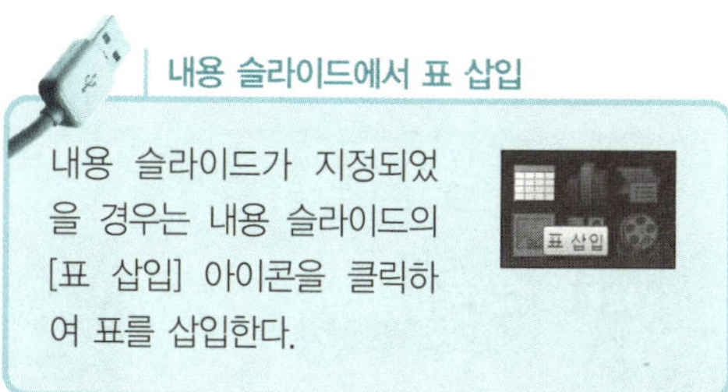

내용 슬라이드가 지정되었을 경우는 내용 슬라이드의 [표 삽입] 아이콘을 클릭하여 표를 삽입한다.

2 [표 삽입] 대화상자에서 열 개수는 '3' 행 개수는 '5'로 설정하고 [확인] 단추를 클릭한다.

3 표를 선택한 후 [표 도구]–[디자인] 탭의 [표 스타일] 그룹에서 [자세히] 단추를 클릭하고 '보통 스타일 2 – 강조 6'을 선택한다.

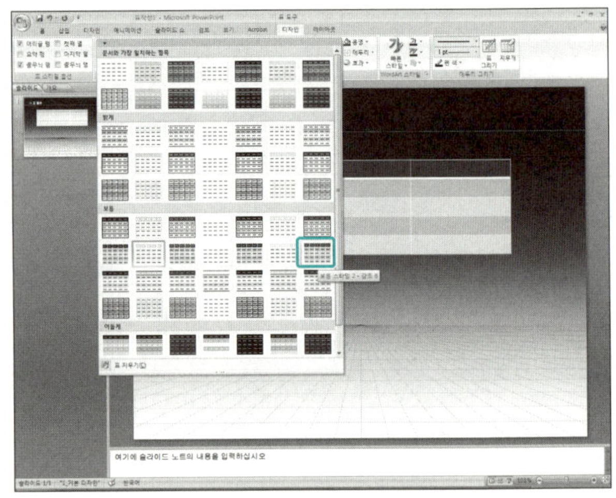

4 첫째 열에 표 스타일을 적용하려면 [표 도구]–[디자인] 탭의 [표 스타일 옵션] 그룹에서 [첫째 열]에 체크한다.

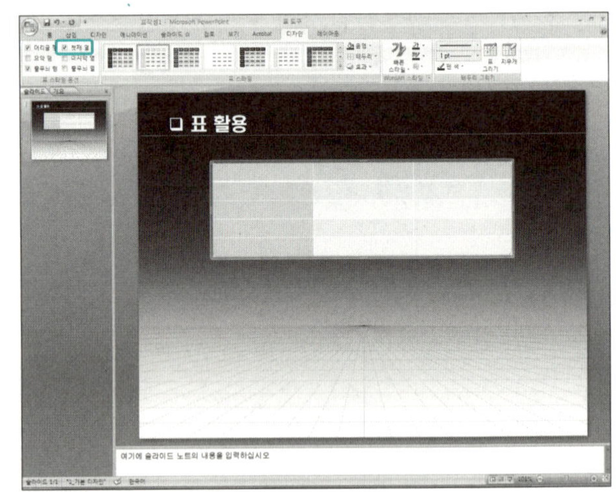

5 셀에 입체 효과를 적용하기 위해 표를 선택한 후 [표 도구]–[디자인] 탭의 [표 스타일] 그룹에서 [효과]–[셀 입체 효과]를 클릭하고 '부드럽게 둥글리기'를 선택한다.

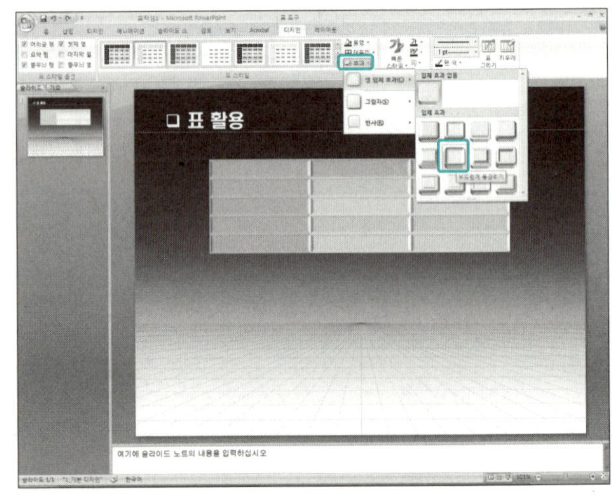

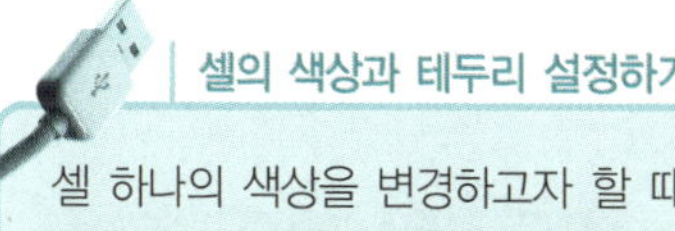

셀 하나의 색상을 변경하고자 할 때는 [표 스타일] 그룹에서 [음영]을 선택하여 원하는 색상을 선택한다. [테두리]를 선택하면 다양한 스타일의 테두리도 지정할 수가 있다.

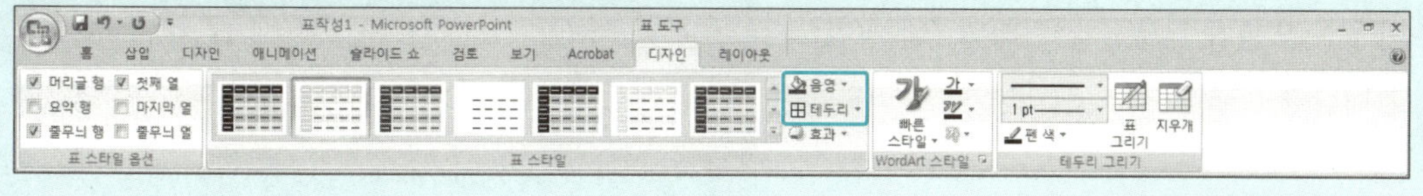

2 표의 레이아웃

1 '본문예제02-06-2' 파일을 연다. 마지막 열에 합계열을 삽입하기 위해 커서를 맨 오른쪽 열 중 임의의 셀에 두고 [표 도구]-[레이아웃] 탭의 [행 및 열] 그룹에서 [오른쪽에 삽입]을 클릭한다.

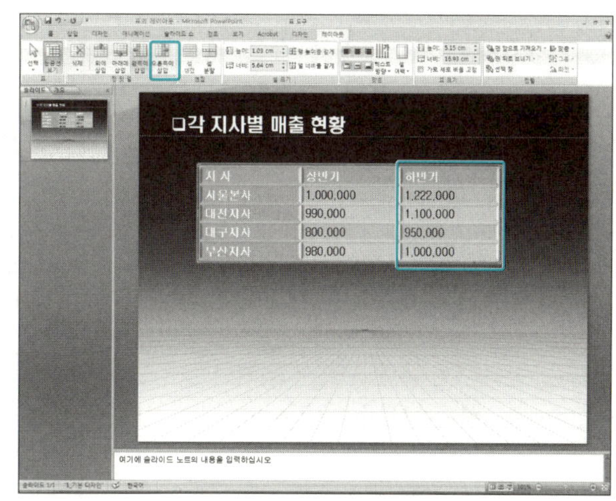

2 오른쪽 열이 삽입되면 삽입된 열에 "합계"를 입력한다.

3 맨 아래에 행을 한 줄 추가하기 위해 부산지사 행 중 임의의 셀에 커서를 두고 [표 도구]-[레이아웃] 탭의 [행 및 열] 그룹에서 [아래에 삽입]을 클릭한다.

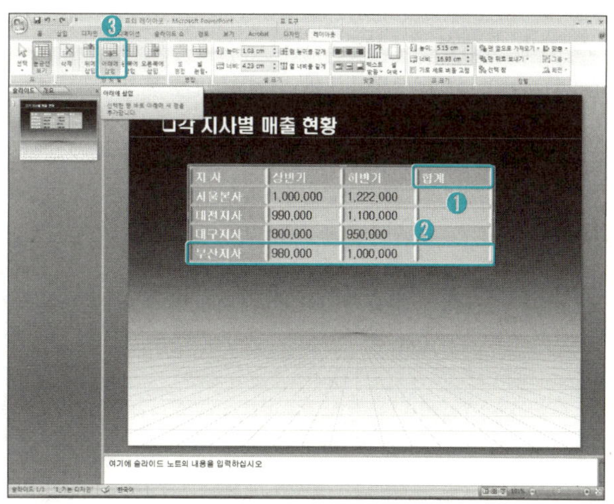

4 삽입된 행의 앞쪽 3칸을 드래그하여 블록으로 지정하고 [표 도구]-[레이아웃] 탭의 [병합] 그룹에서 [셀 병합]을 클릭한다. 또는 마우스 오른쪽 단추를 클릭하고 [셀 병합]을 선택한다.

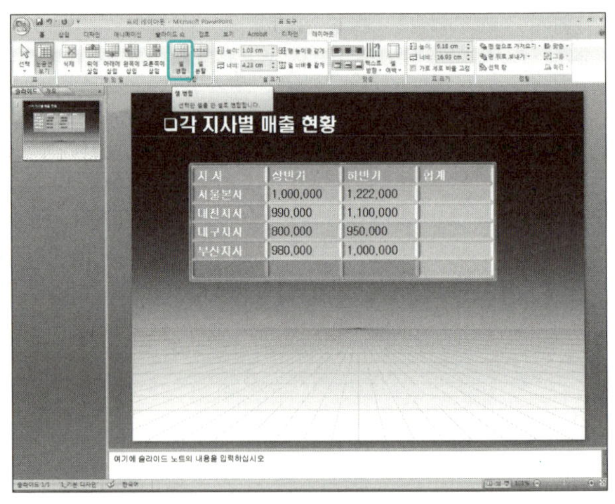

5 병합된 셀에 "총합계"라는 텍스트를 입력한다.

6 텍스트 정렬을 하기 위해 표의 테두리를 클릭하여 전체 선택하고 [표 도구]-[레이아웃] 탭의 [맞춤] 그룹에서 [가운데 맞춤]과 [세로 가운데 맞춤]을 클릭한다.

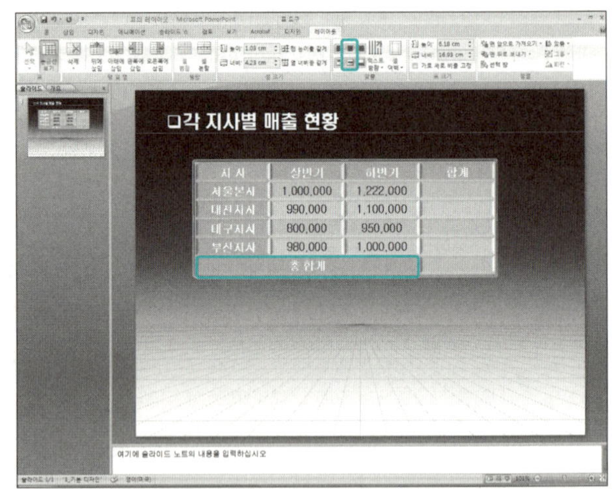

7 표 전체가 선택되어 있는 상태에서 [표 도구]-[레이아웃] 탭의 [셀 크기] 그룹에서 행 높이를 '2cm'로 설정한다.

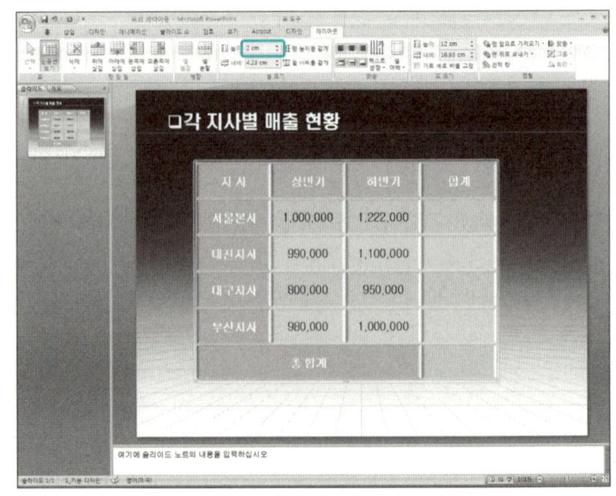

[문제 1] 6번 슬라이드의 '부분별 시장 점유율'에 '4행 5열'의 표를 삽입하시오.

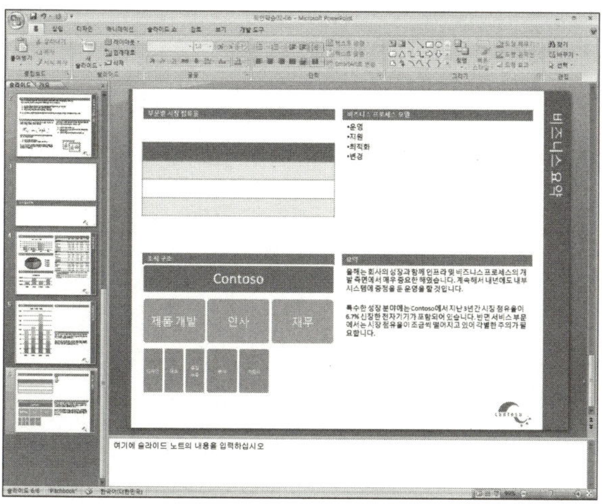

1   내용 슬라이드에서 [표 삽입] 아이콘을 클릭한다.

2   [표 삽입] 대화상자에서 [열 개수]를 '5', [행 개수]를 '4'로 설정하고 [확인] 단추를 클릭한다.

3   표를 선택하고 드래그하여 적정한 위치로 옮긴다.

[문제 2] '6번 슬라이드'에 삽입한 표에 '밝은 스타일 1 – 강조 2' 스타일을 적용하시오.

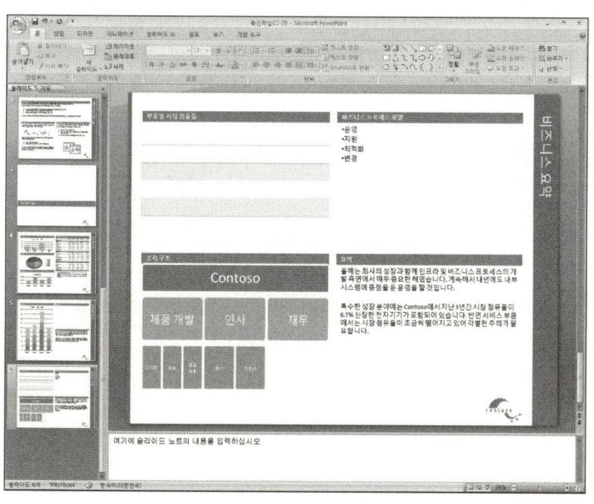

1   표를 선택하고 [표 도구]–[디자인] 탭의 [표 스타일] 그룹에서 [자세히] 단추를 클릭하고 '밝게' – '밝은 스타일 1 – 강조 2'를 선택한다.

7 소리 및 동영상 삽입

출제포인트

슬라이드에 동영상 및 소리를 삽입하는 문제

⊚ **준비파일** : Chapter02/본문예제02-07, 손씻기 동영상.png ⊚ **완성파일** : Chapter02/완성파일/본문완성02-07

슬라이드에 배경 음악이나 효과음으로 외부 음악을 삽입하면 프레젠테이션 발표 효과를 높일 수 있다. 또한 동영상 등의 멀티미디어 파일을 슬라이드에 삽입하여 재생할 수도 있다. *.wav, *.mid, *.mp3 등의 파일 형식이 지원된다.

1 소리 파일 삽입

1 1번 슬라이드를 선택하고 [삽입] 탭의 [미디어 클립] 그룹에서 [소리]-[소리 파일]을 클릭한다.

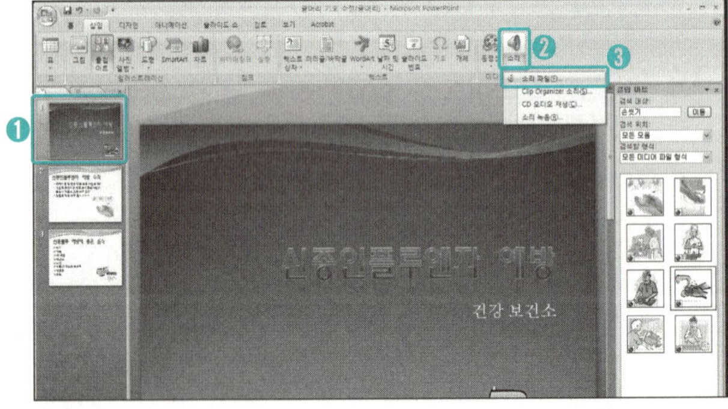

2 [소리 삽입] 대화상자의 [내 문서]-[내 음악]-[음악 샘플] 폴더에서 'New Stories (Highway Blues)' 파일을 선택하고 [확인] 단추를 클릭한다.

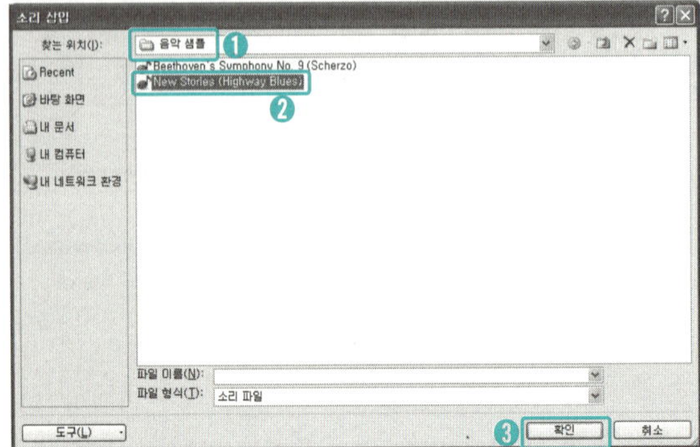

3 소리를 어떻게 시작할지 묻는 대화상자가 나타나면 [자동 실행] 단추를 클릭한다.

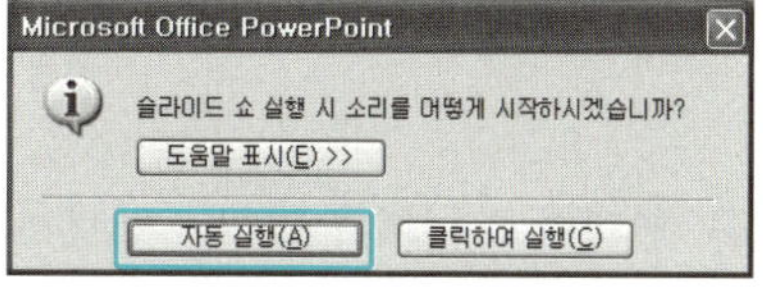

소리 파일 수동 재생

사용자가 필요에 따라 수동으로 파일을 재생하려면 [클릭하여 실행] 단추를 클릭한다.

4 슬라이드에 삽입된 소리 아이콘을 더블클릭하거나 [소리 도구]-[옵션] 탭의 [재생] 그룹에서 [미리보기] 명령을 클릭하여 미리 소리 파일을 재생하여 들어 볼 수 있다.

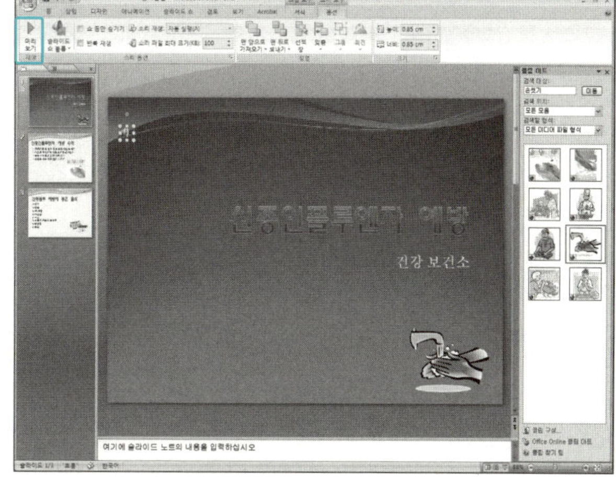

소리 아이콘 숨기기

슬라이드 자동 재생 시 소리 아이콘을 숨기고 싶다면 아이콘을 슬라이드 화면 창 밖으로 드래그한다.

소리 옵션

[소리 도구]-[옵션] 탭의 [소리 옵션] 그룹에서 쇼 동안 숨기기, 반복 재생, 소리 재생을 각각 선택하여 실행 여부를 설정할 수 있으며, [소리 파일 최대 크기]에서 크기 조절도 가능하다.

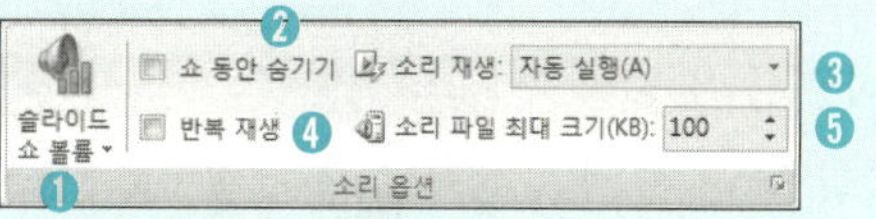

❶ 슬라이드 쇼 볼륨 : 삽입한 소리 파일의 볼륨을 조절한다.

❷ 쇼 동안 숨기기 : 슬라이드 쇼가 진행되는 동안 스피커 아이콘을 표시하지 않는다.

❸ 소리 재생 : 자동 실행, 클릭하여 실행, 모든 슬라이드에서 실행 등 삽입된 사운드 파일의 재생 방법을 지정한다.

❹ 반복 재생 : 반복 재생을 선택하면 중지될 때까지 파일이 재생된다.

❺ 소리 파일 최대 크기(KB) : 기본적으로는 100KB 미만의 'WAV' 소리 파일만 프레젠테이션에 포함되는데, 50,000KB 까지 지정할 수 있다.

1 2번 슬라이드를 선택하고 [삽입] 탭의 [미디어 클립] 그룹에서 [동영상]–[동영상 파일]을 클릭한다.

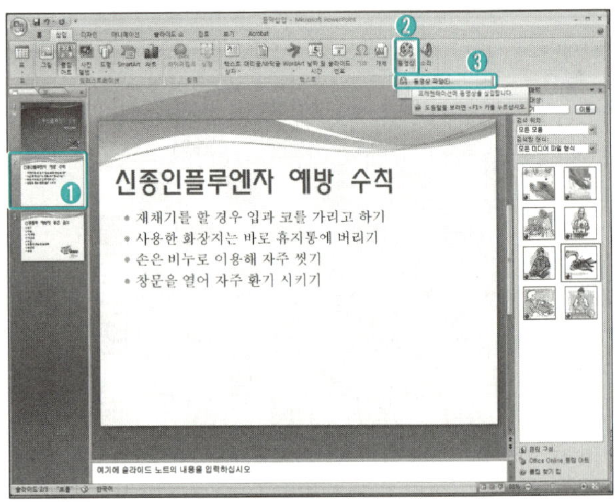

2 [동영상 삽입] 대화상자가 열리면 [Chapter02] 폴더에 예제로 제공되는 '손씻기 동영상.mpg' 파일을 찾아 선택하고 [확인] 단추를 클릭한다.

3 동영상을 자동으로 실행하려면 [자동 실행] 단추를 클릭하고 필요에 따라 실행하려면 [클릭하여 실행]을 클릭한다.

4 슬라이드 동영상 개체를 오른쪽으로 이동하고 [동영상 도구]–[옵션] 탭의 [재생] 그룹에서 [미리 보기]를 클릭하여 동영상을 미리 본다. 또는 슬라이드 쇼 실행 시 동영상 개체를 클릭하면 동영상이 재생된다.

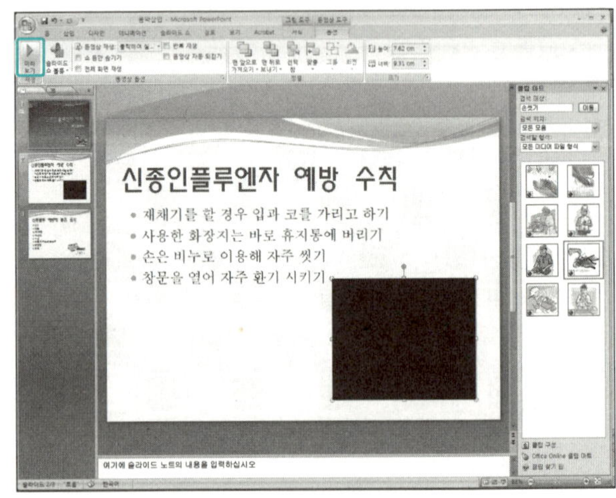

확인학습문제

⊙ **준비파일** : Chapter02/확인학습02-07, 영상.wmv, 클래식.mp3　⊙ **완성파일** : Chapter02/완성파일/학습완성02-07

[문제 1] 1번 슬라이드에 '영상.wmv' 동영상 파일을 수동으로 재생되도록 삽입하시오.

1 1번 슬라이드를 선택하고 [삽입] 탭의 [미디어 클립] 그룹에서 [동영상]-[동영상 파일]을 클릭한다.

2 [Chapter02] 폴더에 제공되는 '영상.wmv' 파일을 선택하고 [확인] 단추를 클릭한 후 [클릭하여 실행]을 선택한다.

3 삽입된 동영상 개체의 크기와 위치를 적절히 조절한다.

[문제 2] 2번 슬라이드에 '클래식.mp3' 파일을 자동으로 재생되도록 삽입한 후, 모든 슬라이드에서 재생되도록 하고 아이콘은 표시되지 않도록 설정하시오.

1 2번 슬라이드를 선택하고 [삽입] 탭의 [미디어 클립] 그룹에서 [소리]-[소리 파일]을 클릭한다.

2 [Chapter02] 폴더에 제공되는 '클래식.mp3' 파일을 선택하고 [확인] 단추를 클릭한 후 [자동 실행]을 선택한다.

3 삽입된 소리 아이콘을 선택하고 [소리 도구]-[옵션] 탭의 [소리 옵션] 그룹에서 [소리 재생]-[모든 슬라이드에서 실행]을 선택한다.

4 소리 아이콘을 슬라이드 바깥으로 드래그한다.

8 하이퍼링크

출제포인트

텍스트 및 그래픽에 하이퍼링크를 삽입하고 수정하는 문제

◉ **준비파일** : Chapter02/본문예제02-08   ◉ **완성파일** : Chapter02/완성파일/본문완성02-08

하이퍼링크는 한 프레젠테이션에서 다른 슬라이드 또는 다른 파일, 웹 사이트, 전자 메일 주소와 같은 다른 대상으로 이동하는 것을 말한다. 텍스트나 그래픽과 같은 개체에 하이퍼링크를 설정할 수 있으며, 슬라이드 쇼를 진행하는 동안에 클릭하여 연결 대상으로 바로 이동할 수 있다.

1 웹페이지 하이퍼링크하기

1 2번 슬라이드 오른쪽 하단의 '질병 관리 본부 홈페이지로 이동' 텍스트 상자를 클릭하고 [삽입] 탭의 [링크] 그룹에서 [하이퍼링크]를 클릭한다.

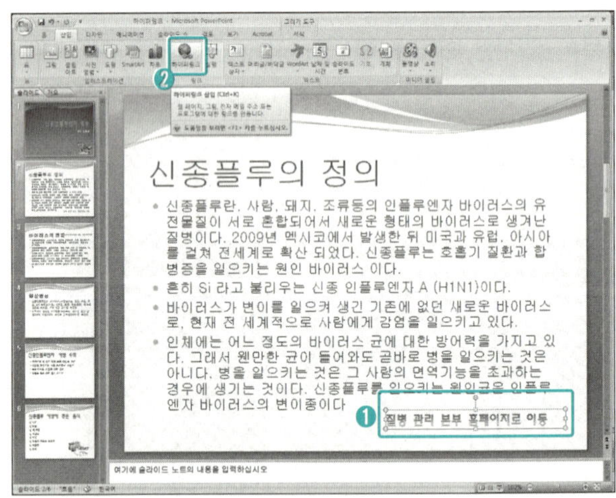

2 [하이퍼링크 삽입] 대화상자에서 [스크린 팁] 단추를 클릭하여 "신종플루에 대한 자세한 설명"을 입력하고 [확인] 단추를 클릭한다.

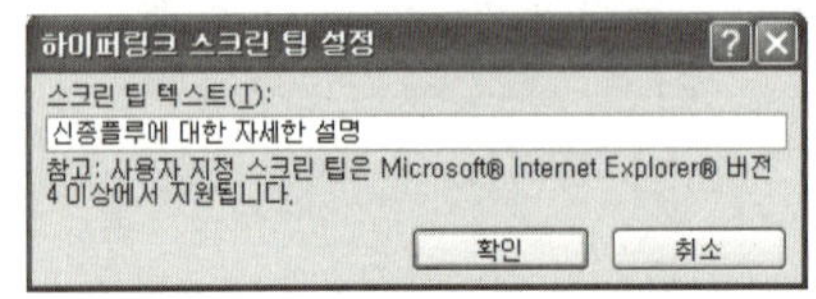

3 [연결 대상]은 [기존 파일/웹페이지]를 클릭하고 주소란에 "http://www.cdc.go. kr/"를 입력한 후 [확인] 단추를 클릭한다.

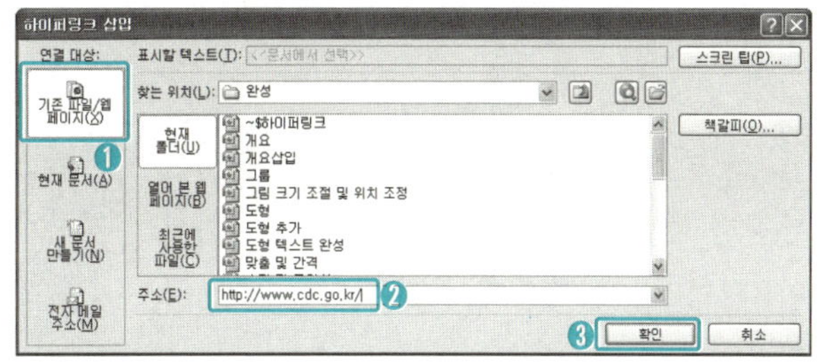

연결 대상

❶ 기존 파일/웹 페이지 : 다른 파일이나 웹 페이지에 하이퍼링크를 연결할 수 있다.
❷ 현재 문서 : 현재 작성 중인 프레젠테이션 목록과 연결한다.
❸ 새 문서 만들기 : 연결된 파일명으로 새 문서를 만든다.
❹ 전자 메일 주소 : 사용자의 전자 메일 주소를 입력하여 바로 메일로 보낼 수 있다.

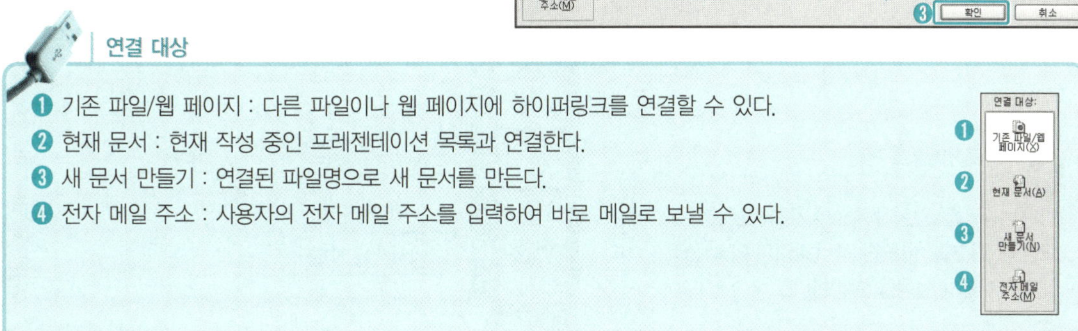

4 [슬라이드 쇼] 탭의 [슬라이드 쇼 시작] 그룹에서 [현재 슬라이드부터]를 클릭하고 마우스 포인트를 하이퍼링크를 적용한 텍스트에 놓으면 스크린 팁이 나타난다.

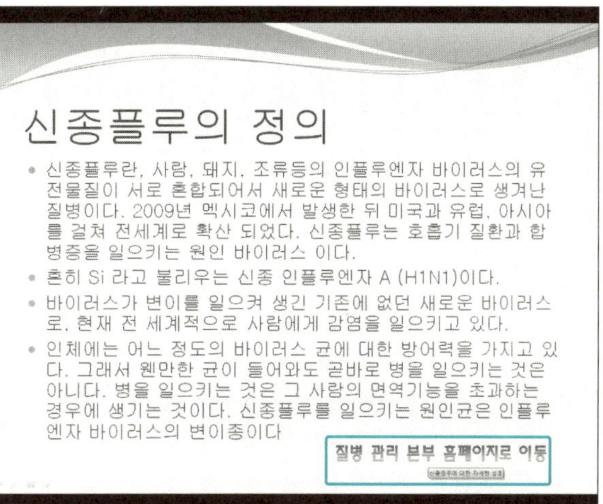

5 하이퍼링크를 적용한 텍스트를 클릭하면 링크된 웹 페이지가 열린다.

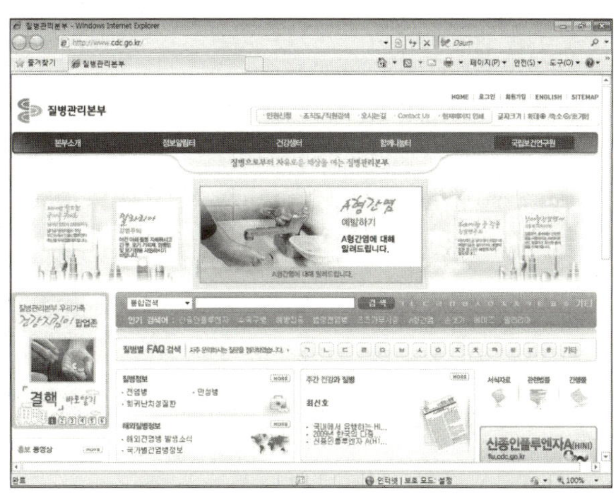

1 3번 슬라이드 왼쪽 하단의 '신종인플루엔자 예방' 텍스트 상자를 클릭한 후 [삽입] 탭의 [링크] 그룹에서 [하이퍼링크]를 클릭한다.

하이퍼링크 편집

하이퍼링크를 편집하거나 삭제하려면 마우스 오른쪽 단추를 클릭한 후 [하이퍼링크 편집] 대화상자에서 설정을 변경한다.

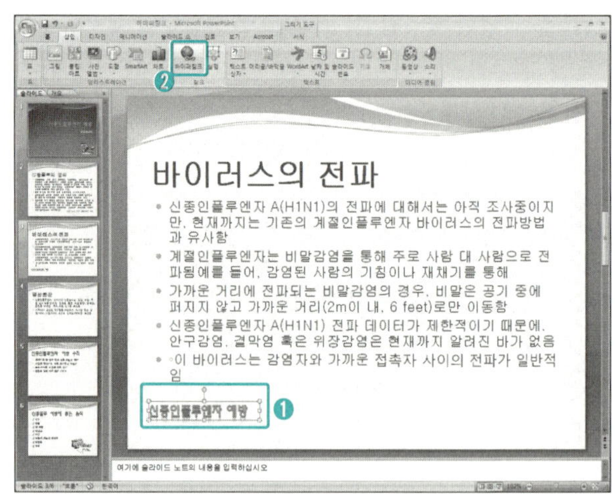

2 [하이퍼링크 삽입] 대화상자에서 [연결 대상]을 [현재 문서]로 설정하고 슬라이드 제목의 '5.신종인플루엔자 예방 수칙'을 선택한 후 [확인] 단추를 클릭한다.

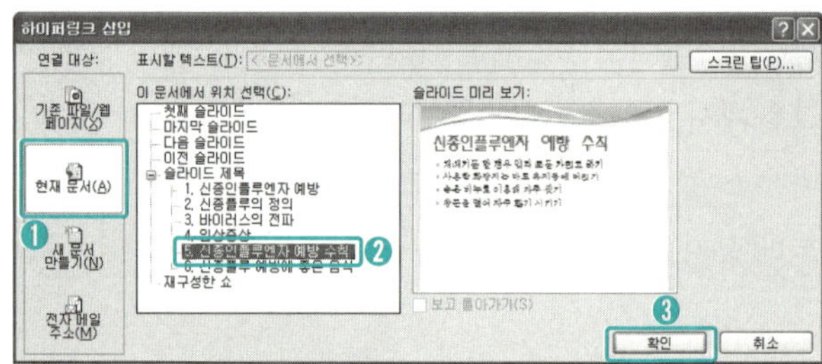

1 6번 슬라이드의 '관리자 메일 전송' 텍스트 상자를 클릭하고 [삽입] 탭의 [링크] 그룹에서 [하이퍼링크]를 클릭한다.

2 [연결 대상]을 [전자 메일 주소]로 설정하고 [전자 메일 주소]에 "hi_love4361@naver.com"를 입력한 후 [확인] 단추를 클릭한다.

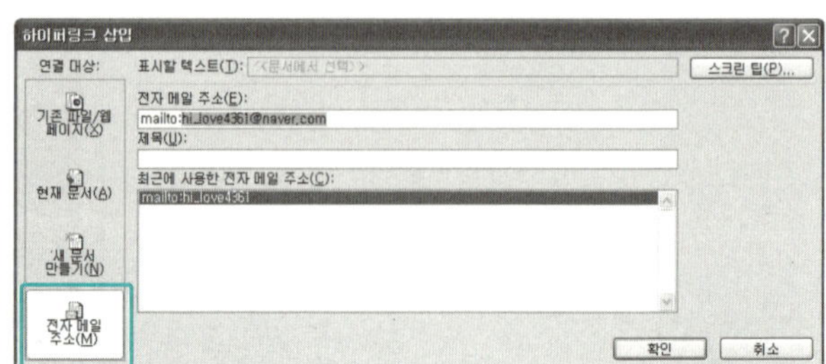

확인학습문제

[문제 1] 2번 슬라이드의 '와이드스크린' 텍스트에 5번 슬라이드로 이동하는 하이퍼링크를 설정하시오.

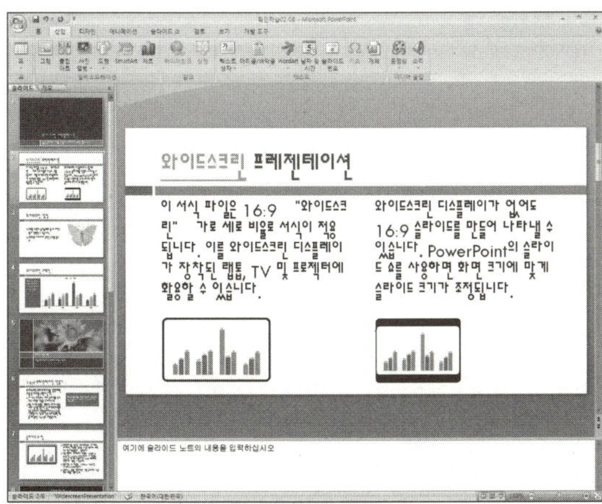

1 2번 슬라이드를 선택하고 '와이드스크린' 텍스트를 드래그하여 블록으로 지정한다.

2 [삽입] 탭의 [링크] 그룹에서 [하이퍼링크]를 클릭한다.

3 [연결 대상]에서 [현재 문서]를 클릭하고 5번 슬라이드인 '5.와이드스크린 그림'을 선택한 후 [확인] 단추를 클릭한다.

[문제 2] 8번 슬라이드의 원형 도형에 'www.screen.com' 웹 사이트를 하이퍼링크로 설정하고 "사이트로 이동" 스크린 팁을 입력하시오.

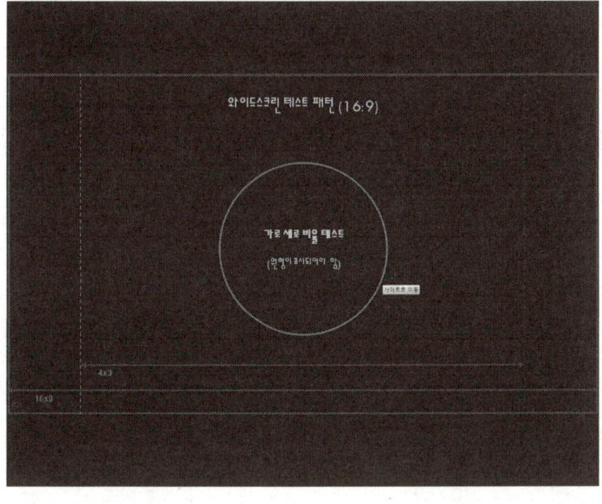

1 8번 슬라이드를 선택하고 원형 도형을 클릭한 후 [삽입] 탭의 [링크] 그룹에서 [하이퍼링크]를 클릭한다.

2 [연결 대상]에서 [기존 파일/웹 페이지]를 클릭하고 주소란에 "www.screen.com"을 입력한 후 [스크린 팁] 단추를 클릭한다.

3 [하이퍼링크 스크린 팁 설정] 대화상자에 "사이트로 이동"이라고 입력하고 [확인]-[확인] 단추를 클릭한다.

9 실행 단추

출제포인트
슬라이드에 실행 단추를 삽입하는 문제

준비파일 : Chapter02/본문예제02-09   완성파일 : Chapter02/완성파일/본문완성02-09

앞에서 배운 것처럼 하이퍼링크는 텍스트나 그래픽 개체에 설정할 수 있지만, 실행 단추를 이용하여 다른 슬라이드나 다른 파일로 이동하는 하이퍼링크를 만들 수도 있다. 실행 단추는 도형에 하이퍼링크를 설정하는 것으로, 슬라이드 쇼를 좀더 매끄럽고 세련되게 진행하는 데 도움이 된다.

1 4번 슬라이드를 선택하고 [홈] 탭의 [그리기] 그룹에서 [도형]의 [자세히] 단추를 클릭한 후 '실행 단추'의 '실행 단추 : 홈'을 선택한다.

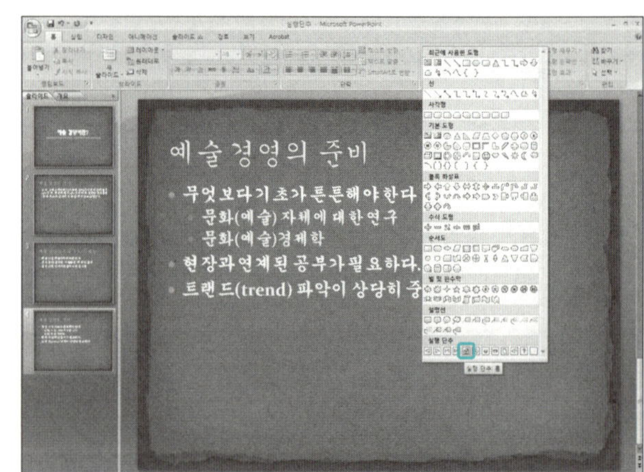

2 슬라이드 위에 드래그하면 [실행 설정] 대화상자가 나타난다. [하이퍼링크]에서 '첫째 슬라이드'를 선택하고 [확인] 단추를 클릭한다.

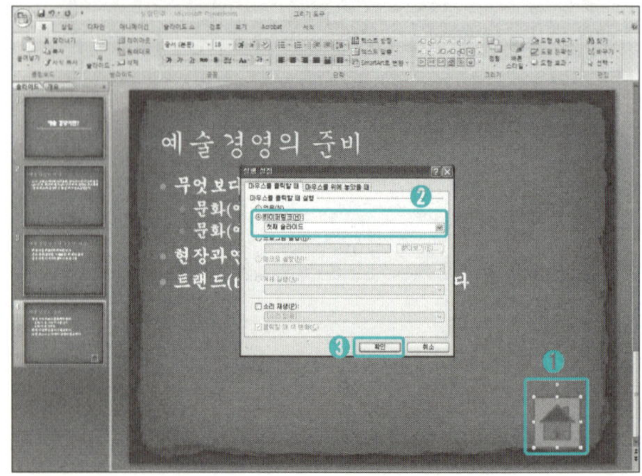

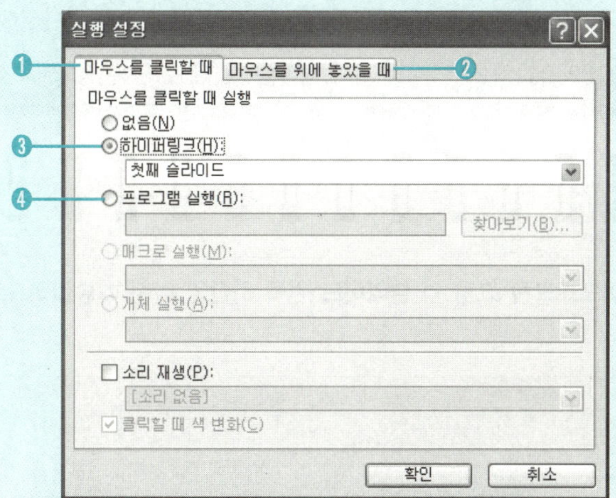

❶ 마우스를 클릭할 때 : 슬라이드 쇼 진행시 실행 단추를 마우스로 클릭하면 하이퍼링크에 지정된 슬라이드로 이동한다.

❷ 마우스 위에 올렸을 때 : 슬라이드 쇼 진행시 실행 단추에 마우스 포인터를 가져만 가도 하이퍼링크에 지정된 슬라이드로 이동한다.

❸ 하이퍼링크 : 다른 슬라이드나 다른 파일 등 연결 대상을 선택한다.

❹ 프로그램 실행 : [찾아보기] 단추를 클릭하여 외부 프로그램이나 파일을 찾아 연결하여 실행되도록 설정한다.

3 슬라이드 쇼를 실행하다 실행 단추를 클릭하면 첫 번째 슬라이드로 이동된다.

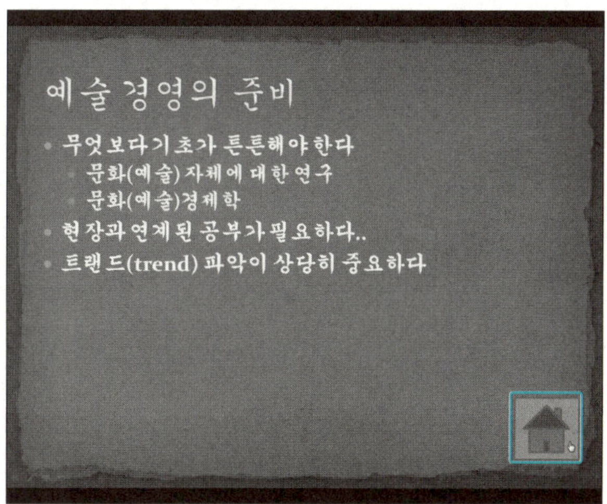

⚙ **준비파일** : Chapter02/확인학습02-09   ⚙ **완성파일** : Chapter02/완성파일/학습완성02-09

[문제 1] 5번 슬라이드인 '와이드스크린 그림'의 슬라이드 왼쪽 하단에 마지막 슬라이드로 연결되는 '실행 단추 : 끝'을 삽입하시오.

1 5번 슬라이드를 선택하고 [홈] 탭의 [그리기] 그룹에서 [도형]의 [자세히] 단추를 클릭한 후 '실행 단추'의 '실행 단추 : 끝'을 선택한다.

2 슬라이드 왼쪽 하단에 드래그하여 실행 단추를 삽입한다.

3 [실행 설정] 대화상자가 열리면 [하이퍼링크]에서 '마지막 슬라이드'를 선택하고 [확인] 단추를 클릭한다.

디자인 탭/ 애니메이션 탭/ 슬라이드

1 페이지 설정

출제포인트
슬라이드의 페이지 및 방향을 수정하는 문제

◎ **준비파일** : Chapter03/본문예제03-01   ◎ **완성파일** : Chapter03/완성파일/본문완성03-01

슬라이드, 슬라이드 노트, 유인물, 개요 등을 인쇄할 때 사용할 종이의 크기나 비율, 인쇄 방향 등을 설정할 수 있다. 기본적으로 슬라이드 크기는 화면 슬라이드로 설정되어 있으며, 그 밖에 35mm 슬라이드, 오버헤드, A4, A3 용지 등으로 설정할 수 있다. 또 슬라이드는 가로 방향으로 출력되고, 유인물과 슬라이드 노트 및 개요는 세로 방향으로 출력되도록 설정되어 있으며, 사용자의 편의에 따라 변경할 수 있다.

1 [디자인] 탭의 [페이지 설정] 그룹에서 [페이지 설정]을 클릭하여 슬라이드 크기를 '화면 슬라이드 쇼(16:10)'으로 설정하고 [확인] 단추를 클릭한다.

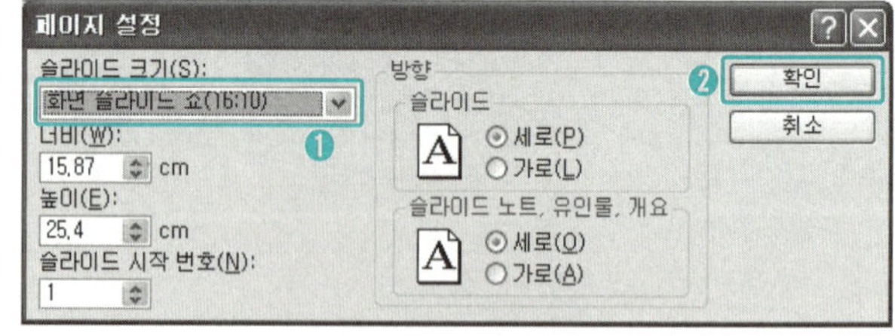

2 [디자인] 탭의 [페이지 설정] 그룹에서 [슬라이드 방향]-[세로]를 클릭한다.

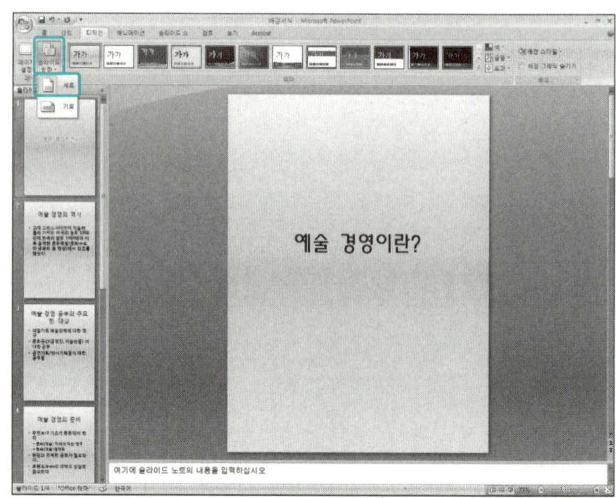

확인학습문제

◉ **준비 파일** : chapter03/학습03-01   ◉ **완성 파일** : 완성파일/학습완성03-01

[문제 1] 슬라이드의 크기를 '화면 슬라이드 쇼(16:9)'로 변경하시오.

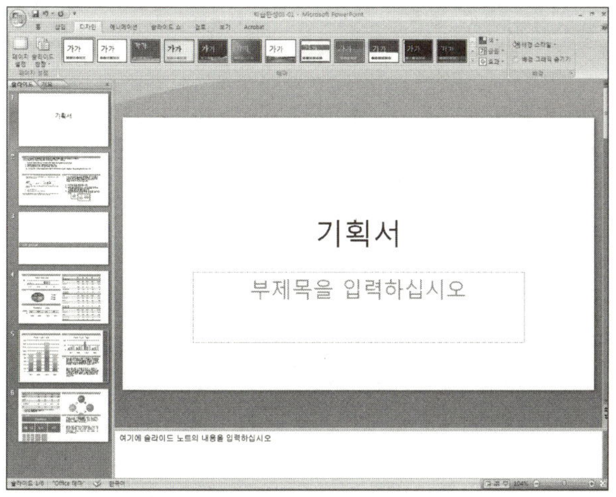

1 [디자인] 탭의 [페이지 설정] 그룹에서 [페이지 설정]을 클릭한다.

2 슬라이드 크기를 '화면 슬라이드 쇼(16:9)'로 선택하고 [확인] 단추를 클릭한다.

[문제 2] 슬라이드 방향을 '세로'로 지정하시오.

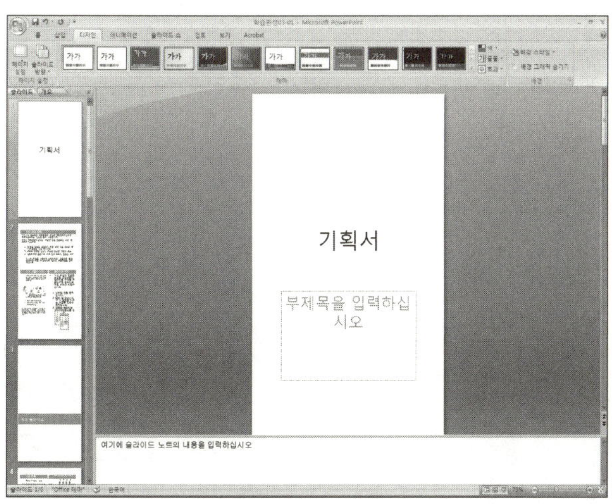

1 [디자인] 탭의 [페이지 설정] 그룹에서 [슬라이드 방향]-[세로]를 클릭한다.

2 슬라이드 배경색

슬라이드 배경을 다른 색상, 그라데이션, 질감, 이미지 등으로 채울 수 있으며, 슬라이드마다 다른 배경색을 지정할 수 있다.

1 배경 스타일 지정하기

1 1번 슬라이드를 선택하고 [디자인] 탭의 [배경] 그룹에서 [배경 스타일]을 클릭한 뒤 '스타일 10'을 마우스 오른쪽 단추로 클릭하고 [선택한 슬라이드에 적용]을 선택한다.

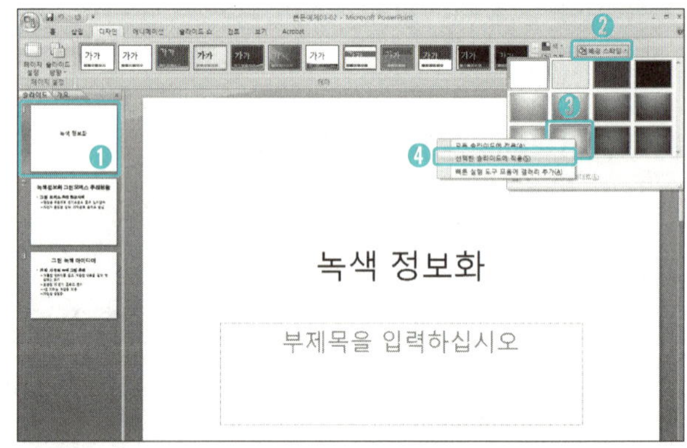

2 2번 슬라이드를 선택한 후 [디자인] 탭의 [배경] 그룹에서 [배경 스타일]-[배경 서식]을 클릭한다.

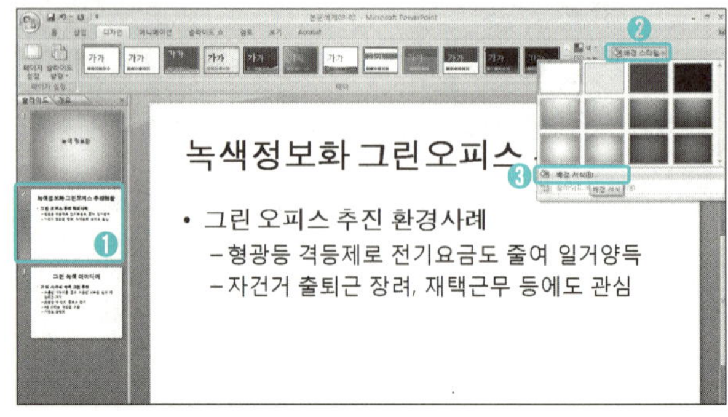

3 [배경 서식] 대화상자에서 '그림 또는 질감 채우기'를 선택하고 [파일] 단추를 클릭한다.

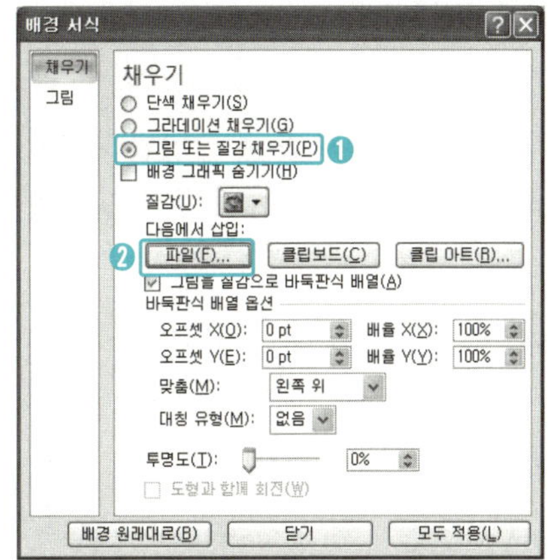

4 예제 파일로 제공되는 '녹색.jpg' 파일을 선택하고 [삽입] 단추를 클릭한다. [배경 서식] 대화상자에서 투명도를 '50%'로 설정하고 [닫기] 단추를 클릭한다.

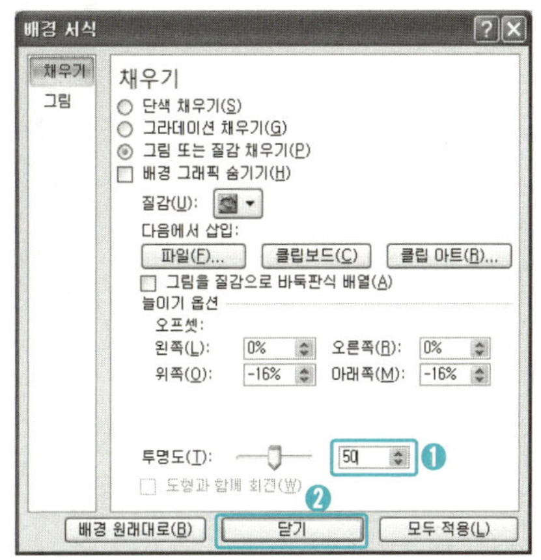

[배경 서식] 대화상자

[배경 서식] 대화상자에서는 원하는 색상을 선택하거나, 단색, 그라데이션, 그림, 질감 등의 다양한 형식으로 채우기를 할 수 있다. 또한 '배경 그래픽 숨기기' 항목을 체크하면 마스터를 편집하지 않고도 마스터에 적용된 배경 그림이 화면에 표시되지 않도록 설정할 수 있다.

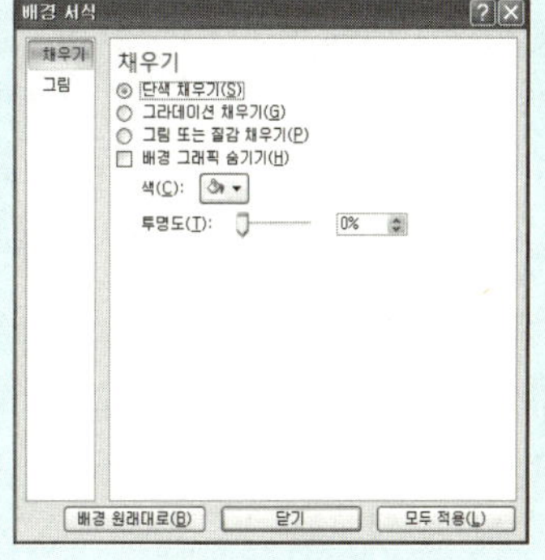

테마는 슬라이드의 배경과 슬라이드에 삽입될 도형과 텍스트 등 개체의 색상을 미리 지정해둔 목록이다. 테마를 사용하면 모든 슬라이드의 색 조합을 일관성 있게 구성할 수 있다.

1 Ctrl을 사용하여 2번, 3번 슬라이드를 동시에 선택하고 [디자인] 탭의 [테마] 그룹에서 [자세히] 단추를 클릭한다.

2 '대장간' 테마를 마우스 오른쪽 단추로 클릭한 후 '선택한 슬라이드에 적용'을 클릭한다.

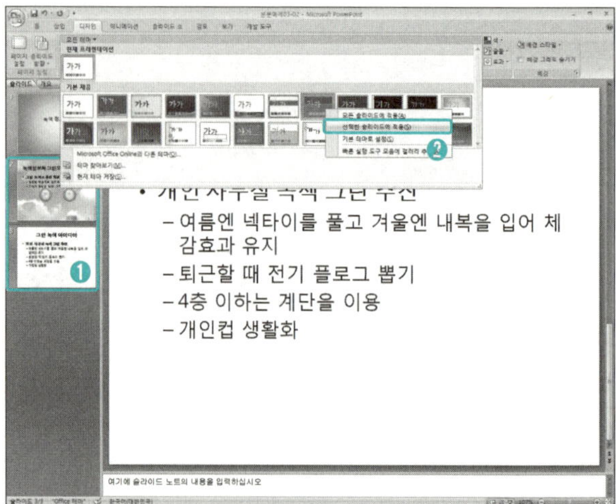

3 [디자인] 탭의 [테마] 그룹에서 [색]을 클릭하고 '보자기'를 선택한다.

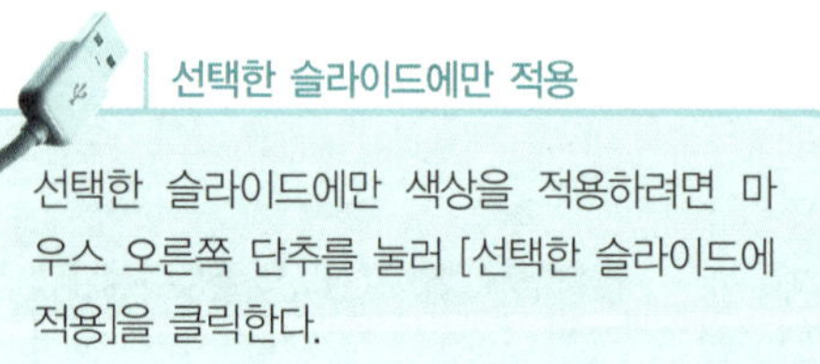

선택한 슬라이드에만 적용

선택한 슬라이드에만 색상을 적용하려면 마우스 오른쪽 단추를 눌러 [선택한 슬라이드에 적용]을 클릭한다.

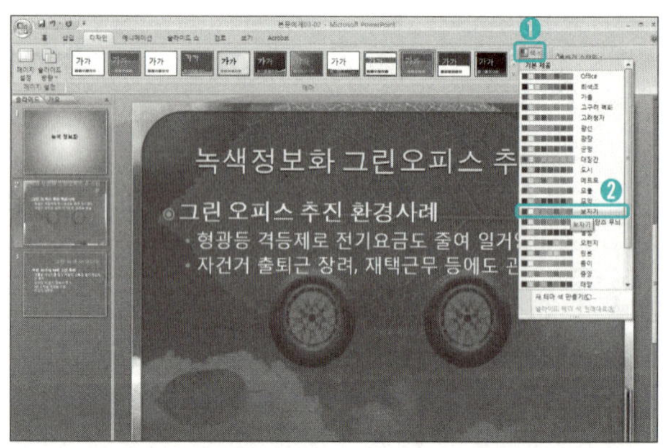

4 [디자인] 탭의 [배경] 그룹에서 [배경 그래픽 숨기기]를 클릭하면 테마의 배경 이미지를 숨기고 색상만 사용할 수 있다.

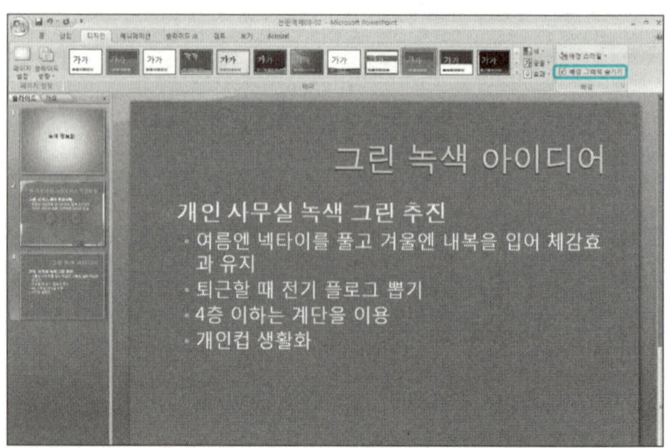

확인학습문제

◉ 준비파일 : Chapter03/확인학습03-02   ◉ 완성파일 : Chapter03/완성파일/학습완성03-02

[문제 1] 1번 슬라이드에 '스타일 11' 배경 스타일을 지정하시오.

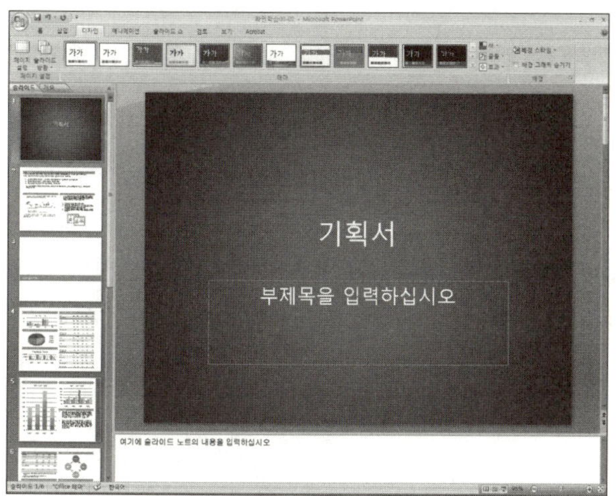

1 1번 슬라이드를 선택하고 [디자인] 탭의 [배경] 그룹에서 [배경 스타일]을 클릭한다.

2 '스타일 11'을 마우스 오른쪽 단추로 클릭하고 [선택한 슬라이드에 적용]을 클릭한다.

[문제 2] 1번 슬라이드를 제외한 나머지 슬라이드에 '도시' 테마를 지정하시오.

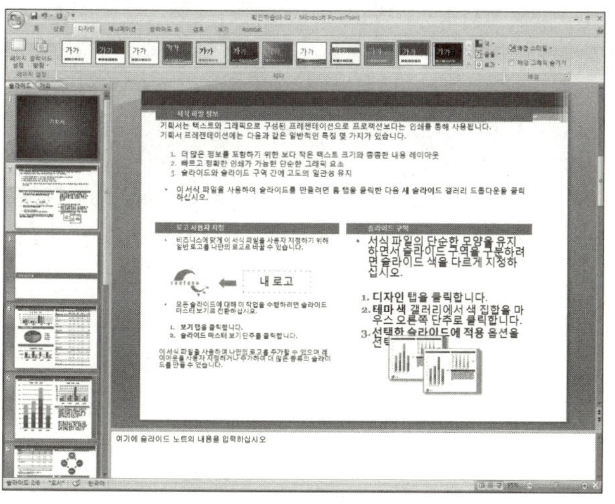

1 2번 슬라이드를 선택하고 Shift 를 누른 채 6번 슬라이드를 선택한다.

2 [디자인] 탭의 [테마] 그룹에서 [자세히] 단추를 클릭하고 '도시'를 선택한다.

3 애니메이션

출제포인트
슬라이드의 애니메이션을 설정하는 문제

◉ **준비파일** : Chapter03/본문예제03-03   ◉ **완성파일** : Chapter03/완성파일/본문완성03-03

1 사용자 지정 애니메이션

사용자 지정 애니메이션이란 슬라이드에 포함된 개체에 각각 다른 애니메이션 효과를 주는 방식이다. 사용자 지정 애니메이션을 적절히 이용하면 생동감 있는 프레젠테이션을 구성할 수 있다. 하지만 너무 과도하게 사용하면 자칫 산만해질 수 있으니 주의한다.

1 [애니메이션] 탭의 [애니메이션] 그룹에서 [사용자 지정 애니메이션]을 클릭한다.

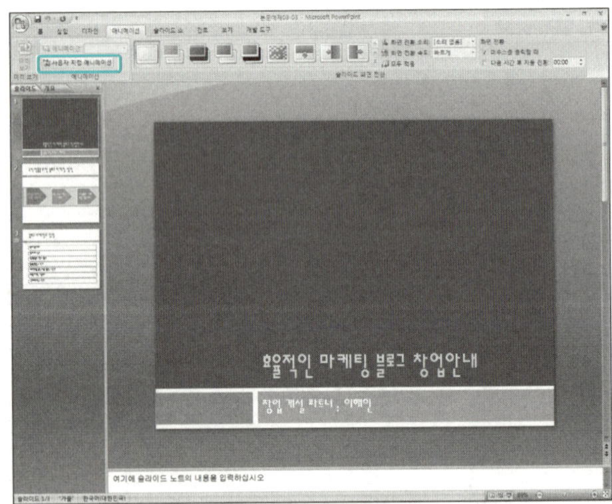

2   오른쪽에 [사용자 지정 애니메이션] 작업창이 열린다. 2번 슬라이드의 바닥에 깔려 있는 사각형 도형을 선택하고 [사용자 지정 애니메이션] 작업창에서 [효과 적용]-[나타내기]-[기타 효과]를 클릭한다.

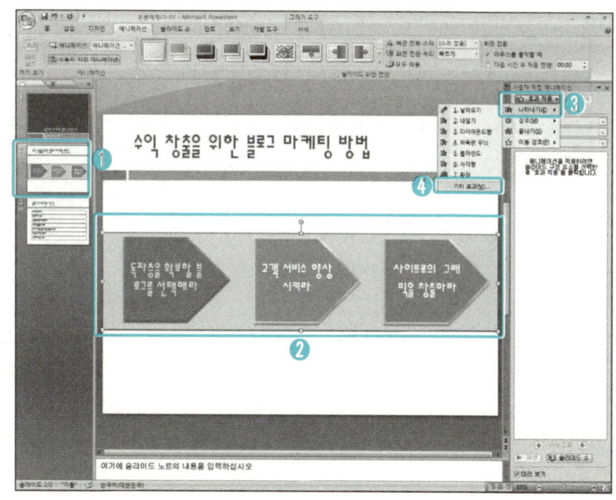

3   [나타내기 효과 추가] 대화상자에서 '내밀기' 효과를 선택하고 [확인] 단추를 클릭한다.

4   사각형 도형에 애니메이션이 적용되고 작업창에 효과가 추가되면 시작은 '클릭할 때', 방향은 '왼쪽에서', 속도는 '빠르게'로 설정한다.

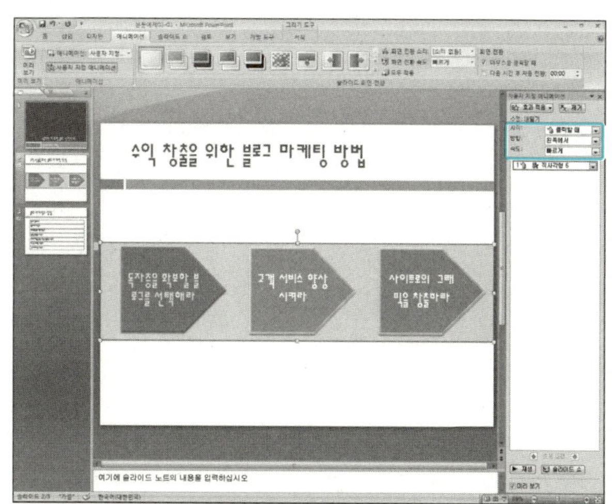

5 '3번 슬라이드'에 이미 지정된 애니메이션 목록의 순서를 변경해 보자. 작업창에서 '제목 1 : 블로그 마케팅의 장점'을 클릭하고 작업창 하단의 순서 조정 단추 중 위쪽 화살표를 클릭한다.

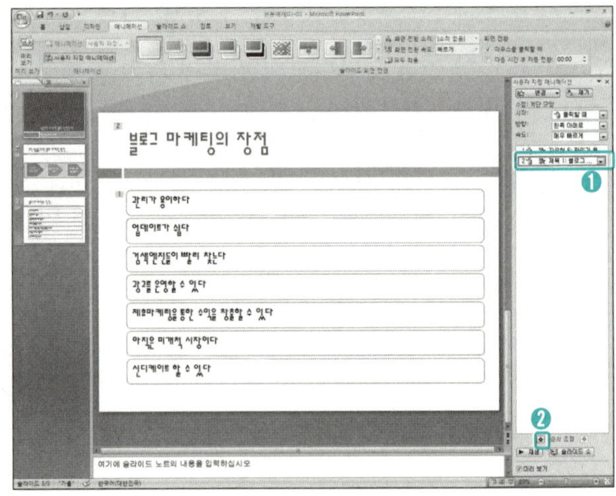

6 이번에는 작업창에서 '자유형 5 : 관리가~' 목록을 선택하고 [제거] 단추를 클릭하여 애니메이션을 삭제한다.

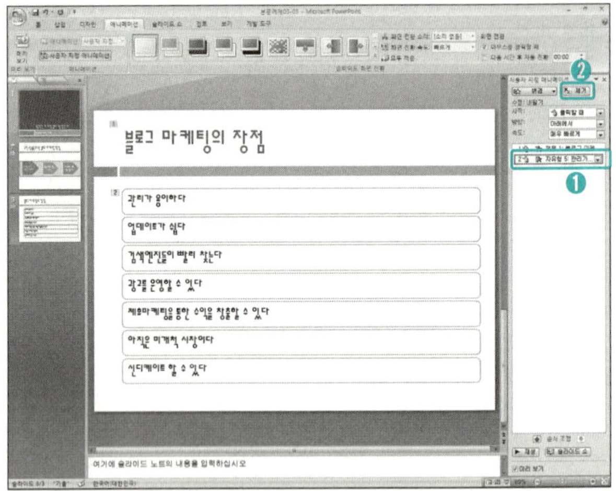

확인학습문제

[문제 1] 3번 슬라이드의 가운데 이미지 3개에 동일하게 애니메이션을 지정하시오. 효과는 '나타내기'의 '흩어 뿌리기'로 설정하고 시작 옵션은 '이전 효과 다음에', 속도는 '빠르게'로 지정하시오.

1 3번 슬라이드를 선택하고 이미지 3개를 동시에 선택한다.

2 [사용자 지정 애니메이션] 작업창에서 [효과 적용]-[나타내기]-[기타 효과]-[흩어 뿌리기]-[확인]을 차례로 선택한다.

3 작업창에서 애니메이션 3개가 선택되어 있는 채로 시작은 '이전 효과 다음에', 속도는 '빠르게'로 설정한다.

[문제 2] '5번 슬라이드'의 도형에 설정되어 있는 애니메이션을 제거하고, 텍스트 상자에 이동 경로가 '오른쪽으로'인 효과 애니메이션을 지정하시오.

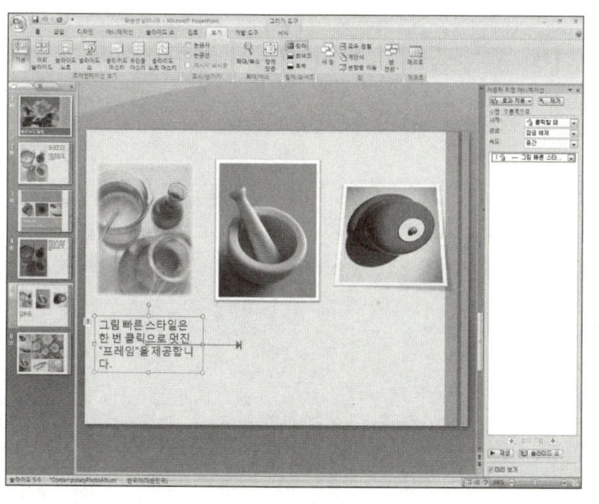

1 5번 슬라이드를 선택하고 [사용자 지정 애니메이션] 작업창에서 애니메이션 개체를 클릭한 후 [제거] 단추를 클릭한다.

2 텍스트 상자를 클릭하고 작업창에서 [효과 적용]-[이동 경로]-[오른쪽으로]를 선택한다.

4 화면 전환 효과

출제포인트
슬라이드에 화면 전환 효과를 지정하고 자동 시간을 지정하는 문제

⊙ **준비파일** : Chapter03/본문예제03-04   ⊘ **완성파일** : Chapter03/완성파일/본문완성03-04

이전 슬라이드에서 다음 슬라이드로 넘어갈 때 특정한 시각적 효과를 표현할 수 있다. 이를 화면 전환 효과라 하며, 다양한 효과와 함께 전환 속도, 소리 등을 추가로 설정할 수 있다. 기본적으로는 사용자가 마우스를 클릭하면 슬라이드가 전환되지만, 지정한 시간이 되면 자동으로 슬라이드가 전환되도록 설정할 수 있는 옵션도 있다.

1 화면 전화 효과를 주기 위해 [애니메이션] 탭의 [슬라이드 화면 전환] 그룹에서 [화면 전환 구성표]의 [자세히] 단추를 클릭하고 '수직으로 나누어 나가기' 화면 전환 효과를 선택한다.

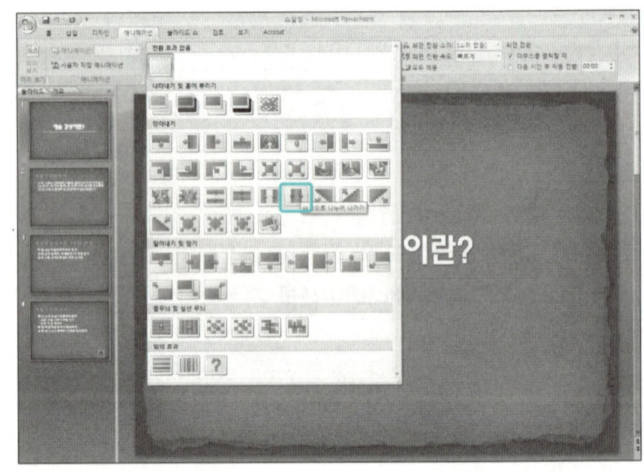

2 화면 전환 소리는 '바람'으로, 화면 전환 속도는 '중간'으로 지정한다.

3 화면이 자동으로 전환되도록 [다음 시간 후 자동 전환]에 체크하고 '00:10초'로 설정한다.

4 [애니메이션] 탭의 [미리 보기] 그룹에서 [미리 보기]를 클릭하여 화면 전환 효과를 확인한다.

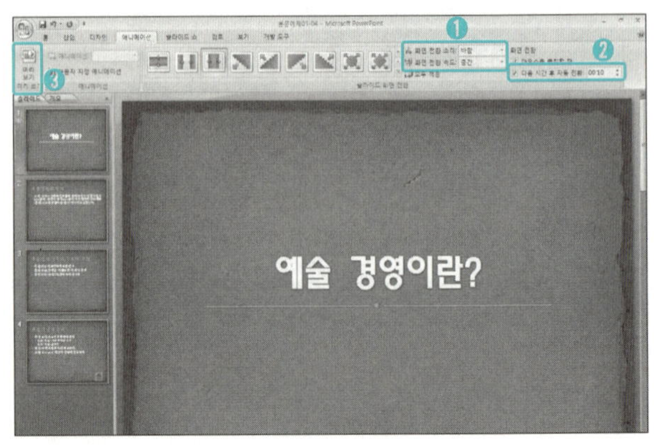

확인학습문제

[문제 **1**] 모든 슬라이드에 '검정에서 나타내기' 화면 전환 효과를 지정하고, 화면 전환 소리는 '미풍'으로, '5초' 마다 자동으로 전환되도록 설정하시오.

1 전체 슬라이드를 선택하고 [애니메이션] 탭의 [슬라이드 화면 전환] 그룹에서 [화면 전환 구성표]의 [자세히] 단추를 클릭한다.

2 '검정에서 나타내기' 화면 전환 효과를 선택한다.

3 [애니메이션] 탭의 [슬라이드 화면 전환] 그룹에서 화면 전환 소리는 '미풍'을 선택하고, [다음 시간 후 자동 전환]에 체크하고 '00:05'로 설정한다.

4 [애니메이션] 탭의 [미리 보기] 그룹에서 [미리 보기]를 클릭하여 화면 전환 효과를 확인한다.

5 슬라이드 쇼

출제포인트

특정 슬라이드부터 쇼를 시작하는 방법, 쇼 진행시 잉크 주석을 다는 방법을 묻는 문제

⊙ **준비파일** : Chapter03/본문예제03-05   ⊙ **완성파일** : Chapter03/완성파일/본문완성03-05

슬라이드 쇼 보기는 슬라이드를 전체 화면으로 채워 프레젠테이션을 진행하는 것을 의미한다. 실제 발표를 진행하기 전, 화면상에서 어떻게 보이는지 슬라이드 쇼 보기를 통해 반드시 살펴보도록 한다.

1 첫 번째 슬라이드부터 시작

현재 슬라이드의 위치에 상관없이 무조건 첫 번째 슬라이드부터 쇼를 시작하는 방법이다.

1 처음부터 슬라이드 쇼를 시작하기 위해 [슬라이드 쇼] 탭의 [슬라이드 쇼 시작] 그룹에서 [처음부터]를 클릭한다.

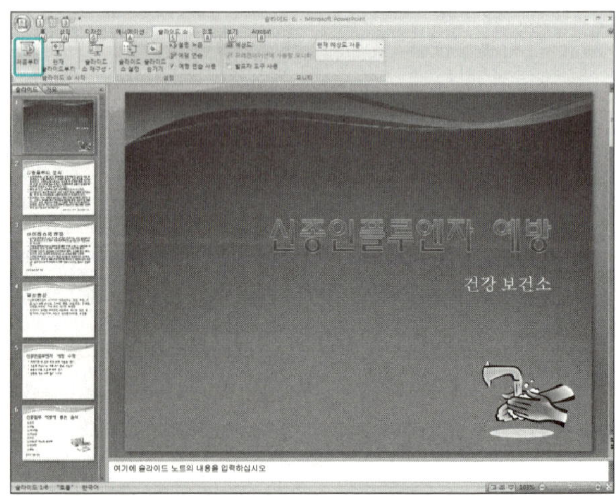

2 화면 왼쪽 하단의 이동 단추 중 [다음 슬라이드]를 클릭하거나, 마우스로 슬라이드를 클릭하여 다음 슬라이드로 이동한다.

3 중간에 쇼를 중단하려면 Esc 를 누르거나, 마우스 오른쪽 단추를 눌러 [쇼 마침]을 클릭한다.

2   특정 슬라이드부터 쇼 시작

슬라이드 중간의 특정한 위치부터 슬라이드 쇼를 실행하는 방법이다. 프레젠테이션을 도중에 중단했다가 다시 시작하는 경우 등에 유용하다. 우선 슬라이드 쇼를 시작할 슬라이드로 이동한 후 명령을 실행한다.

1 [슬라이드 쇼] 탭의 [슬라이드 쇼 시작] 그룹에서 [현재 슬라이드부터]를 클릭한다.

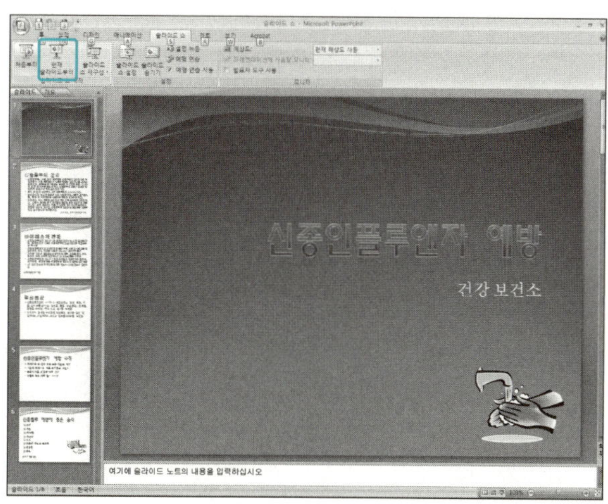

슬라이드 쇼를 하는 중간에 볼펜, 사인펜, 형광펜을 이용하여 중요한 항목에 표시하거나 판서를 덧붙일 수 있다. 이를 잉크 주석이라 하며, 슬라이드 쇼 중간에 기록하여 저장할 수 있다. 나중에 잉크 주석의 일부 또는 전체를 삭제할 수도 있다.

1 슬라이드 쇼를 처음부터 진행한 후 2번 슬라이드의 슬라이드 쇼가 진행될 때 마우스 오른쪽 단추를 눌러 [포인터 옵션]-[사인펜]을 클릭한다.

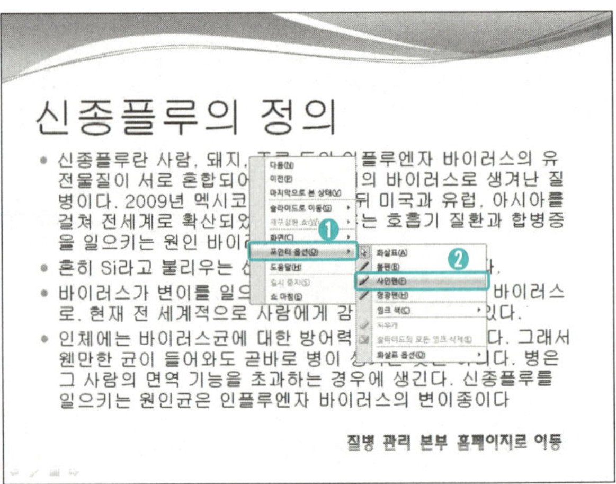

2 잉크색을 변경하기 위해 마우스 오른쪽 단추를 눌러 [포인터 옵션]-[잉크 색]에서 '자주'를 선택한다.

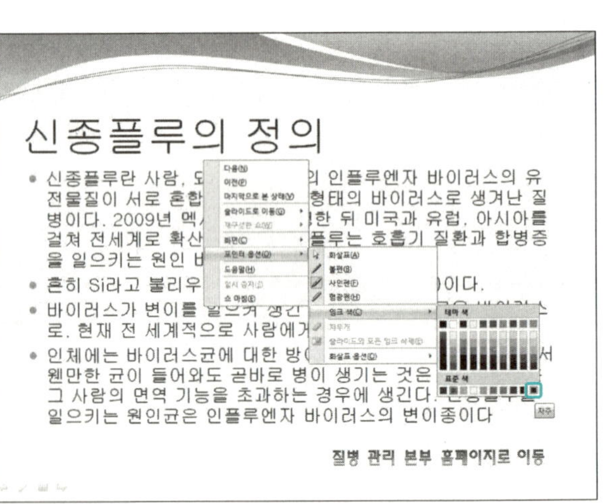

3 첫 번째 글머리 기호의 '신종플루란' 텍스트에 밑줄을 긋는다.

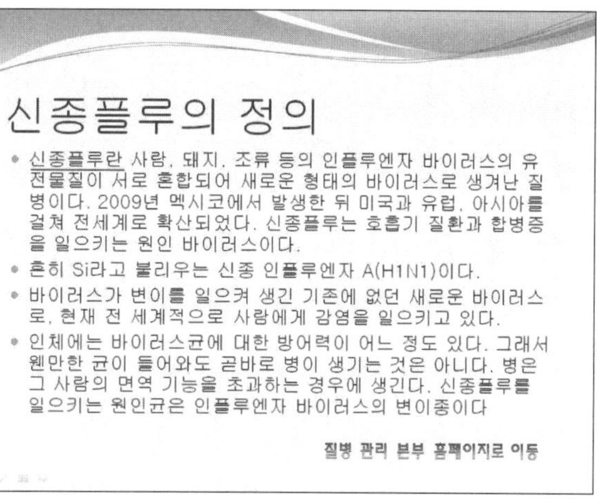

4 슬라이드 쇼를 끝까지 진행하면 잉크 주석이 기록된 상태에서 저장할 것인지를 묻는 창이 실행된다. 주석을 유지하기 위해 [예] 단추를 눌러 저장한다.

5 슬라이드에 펜으로 지정한 잉크 주석이 그래픽 개체로 슬라이드에 삽입된다.

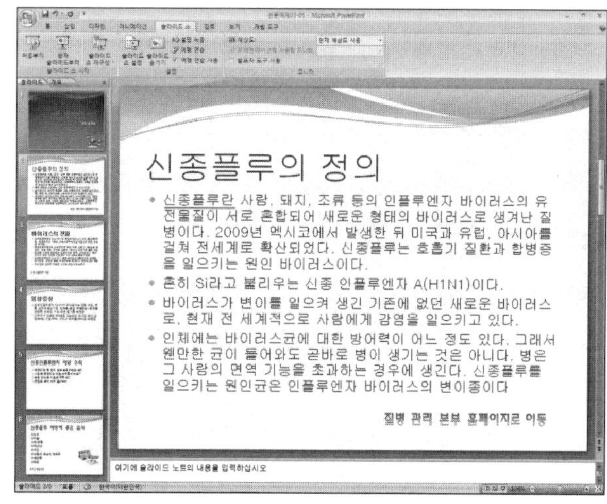

준비파일 : Chapter03/확인학습03-05　　　　완성파일 : Chapter03/완성파일/학습완성03-05

[문제 1] 처음부터 슬라이드 쇼를 시작하고 2번 슬라이드의 '서식 파일 정보' 제목 텍스트에 파란색 사인펜으로 '밑줄'을 표시한 후 잉크 주석을 저장하시오.

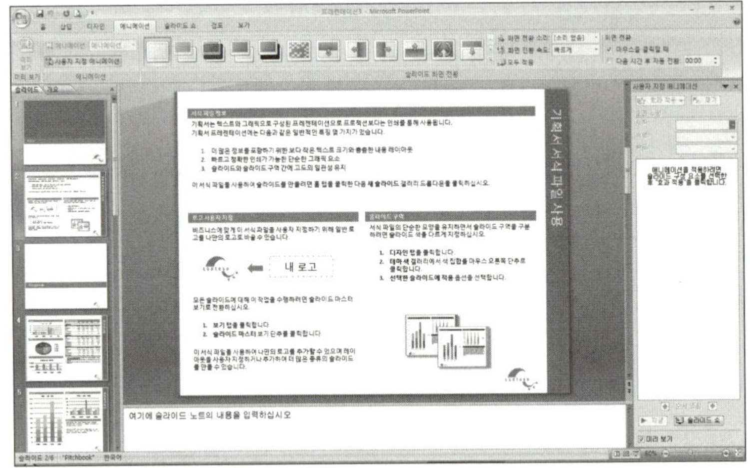

1 [슬라이드 쇼] 탭의 [슬라이드 쇼 시작] 그룹에서 [처음부터]를 클릭하여 슬라이드 쇼를 시작한다.

2 2번 슬라이드의 슬라이드 쇼가 진행될 때 마우스 오른쪽 단추를 눌러 [포인터 옵션]-[사인펜]을 클릭한다.

3 다시 마우스 오른쪽 단추를 누르고 [포인터 옵션]-[잉크 색]에서 '파랑'을 선택한다.

4 제목 텍스트에 파란색 사인펜으로 밑줄을 표시한다.

5 화면 왼쪽 하단의 이동 단추를 눌러 슬라이드 쇼를 끝까지 진행한다.

6 잉크 주석을 유지할 것인지 묻는 대화상자가 나타나면 [예] 단추를 클릭한다.

6 쇼 재구성

특정 슬라이드를 특정 이름으로 재구성하는 문제

준비파일 : Chapter03/본문예제03-06   **완성파일** : Chapter03/완성파일/본문완성03-06

완성된 프레젠테이션 문서를 재구성하여 쇼를 만들면 하나의 프레젠테이션 문서를 여러 버전으로 활용할 수 있다.

1 [슬라이드 쇼] 탭의 [슬라이드 쇼 시작] 그룹에서 [슬라이드 쇼 재구성]–[쇼 재구성]을 클릭한다.

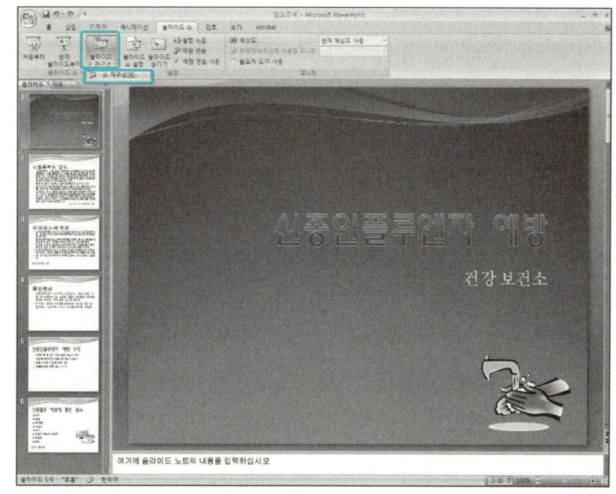

2 [쇼 재구성] 대화상자에서 [새로 만들기] 단추를 클릭한다.

3 [쇼 재구성하기] 대화상자의 '슬라이드
쇼 이름'에 "간단한 설명"이라고 입력한다.
3번 슬라이드인 '바이러스 전파'와 5번 슬라
이드인 '신종인플루엔자 예방 수칙'을 차례
로 선택하고 [추가] 단추를 클릭하여 '재구성
한 쇼에 있는 슬라이드 목록'에 추가한 후
[확인] 단추를 클릭한다.

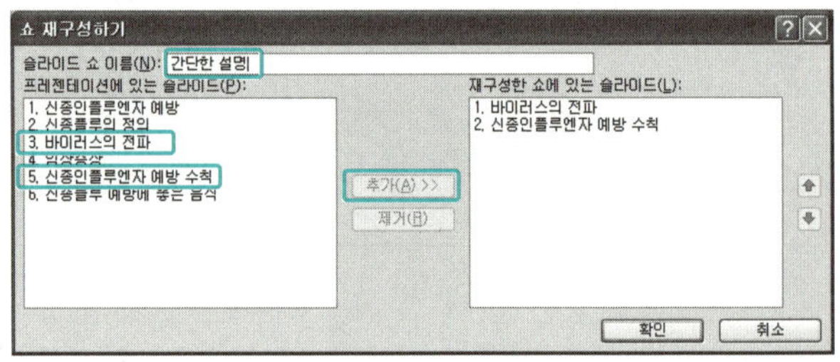

순서 바꾸기

'재구성한 쇼에 있는 슬라이드'에 추가된 목록의 순서도 변경할 수 있다. 오른쪽에 있는 화살표 단추를 이용한다.

4 [쇼 재구성] 대화상자에서 '쇼 재구성'
목록에 '간단한 설명'이 추가된 것을 확인하
고 [닫기] 단추를 클릭한다.

5 재구성한 슬라이드로 슬라이드 쇼를
진행하려면 [슬라이드 쇼] 탭의 [슬라이드 쇼
시작] 그룹에서 [슬라이드 쇼 재구성]-[간단
한 설명]을 클릭한다.

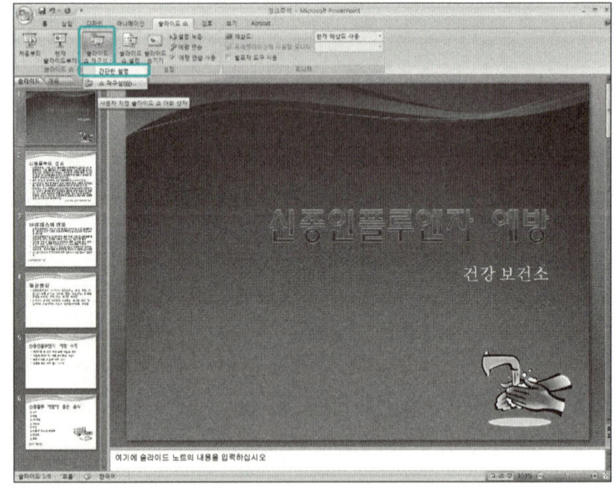

준비파일 : Chapter03/확인학습03-06   완성파일 : Chapter03/완성파일/학습완성03-06

[문제 **1**] 1번 슬라이드인 '기획서', 4번 슬라이드인 '연간 보고서', 6번 슬라이드인 '비즈니스 요약' 슬라이드를
'기획서'라는 슬라이드로 재구성하시오.

1 [슬라이드 쇼] 탭의 [슬라이드 쇼 시작] 그룹에서 [슬라이드 쇼 재구성]-[쇼 재구성]을 클릭한다.

2 [쇼 재구성] 대화상자에서 [새로 만들기] 단추를 클릭한다.

3 '슬라이드 쇼 이름'에 "기획서"라고 입력하고, 1, 4, 6번 슬라이드를 '재구성한 쇼에 있는 슬라
이드 목록'에 추가한 후 [확인]-[닫기] 단추를 클릭한다.

7 슬라이드 숨기기

출제포인트

특정 슬라이드를 숨기는 문제

⊙ **준비파일** : Chapter03/본문예제03-07　　　　⊙ **완성파일** : Chapter03/완성파일/본문완성03-07

상황에 맞지 않는 특정 슬라이드를 숨긴 채 슬라이드 쇼를 진행할 수 있다.

1 '2번 슬라이드'와 '6번 슬라이드'를 동시에 선택하고, [슬라이드 쇼] 탭의 [설정] 그룹에서 [슬라이드 숨기기]를 클릭한다.

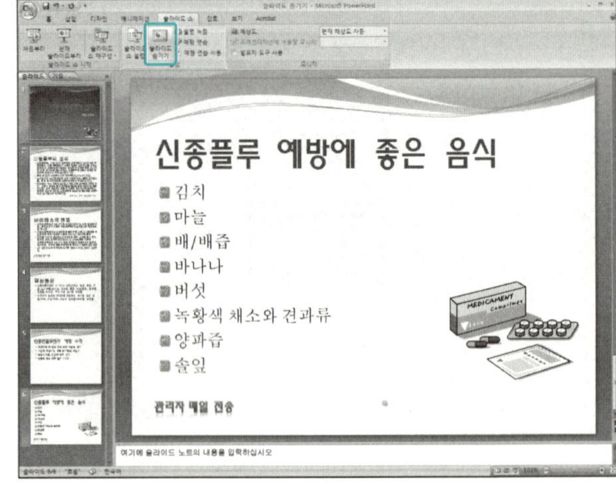

이렇게 해도 됩니다.

선택한 슬라이드에서 마우스 오른쪽 단추를 눌러 [슬라이드 숨기기]를 클릭해도 된다.

2 숨겨진 슬라이드 번호에는 네모 사선이 나타나고 슬라이드가 흐리게 표시된다.

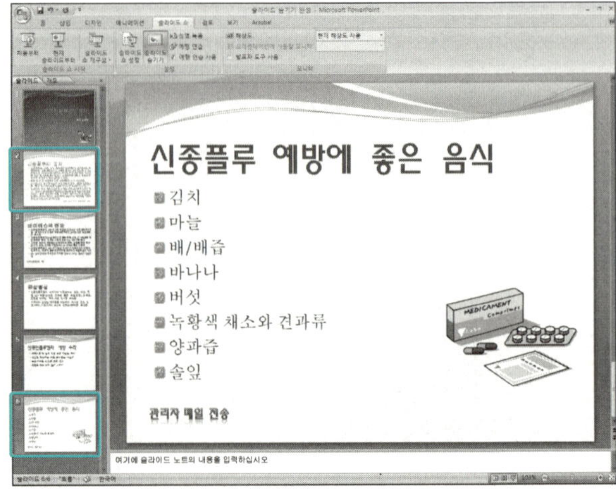

슬라이드 숨기기 해제

슬라이드 숨기기를 해제하려면 [슬라이드 숨기기] 명령을 다시 클릭한다.

준비파일 : Chapter03/확인학습03-07   완성파일 : Chapter03/완성파일/학습완성03-07

[문제 1] 슬라이드 쇼 실행시 4번, 5번 슬라이드를 숨기시오.

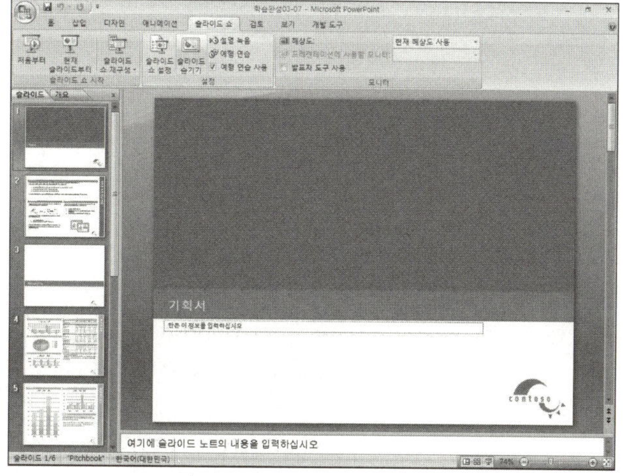

1 4번 슬라이드와 5번 슬라이드를 선택한다.

2 [슬라이드 쇼] 탭의 [설정] 그룹에서 [슬라이드 숨기기]를 클릭한다.

8 쇼 설정

◎ **준비파일** : Chapter03/본문예제03-08   ◎ **완성파일** : Chapter03/완성파일/본문완성03-08

슬라이드 진행시 필요한 특정 슬라이드의 시작과 끝을 지정할 수 있고, 재구성한 슬라이드 쇼를 시작할 위치를 설정할 수 있다.

1 [슬라이드 쇼] 탭의 [설정] 그룹에서 [슬라이드 쇼 설정]을 클릭한다.

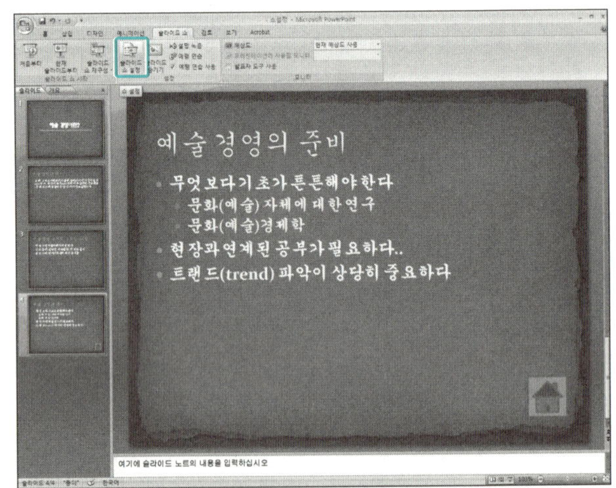

2 [쇼 설정] 대화상자에서 슬라이드 표시의 시작을 '2', 끝을 '4'로 지정한 후 [확인] 단추를 클릭한다.

3 [슬라이드 쇼] 탭의 [슬라이드 쇼 시작] 그룹에서 [처음부터]를 클릭해 보면 2번 슬라이드부터 실행된다.

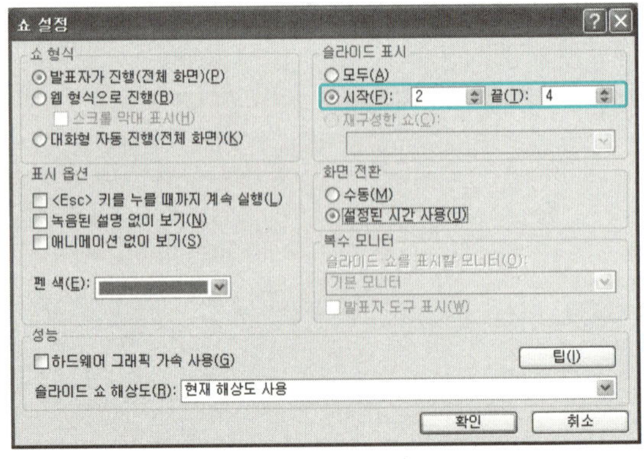

⊙ 준비파일 : Chapter03/확인학습03-08   **⊙ 완성파일** : Chapter03/완성파일/학습완성03-08

[문제 1] 슬라이드 쇼 실행 시 재구성한 '기획서'라는 슬라이드가 실행되도록 설정하시오.

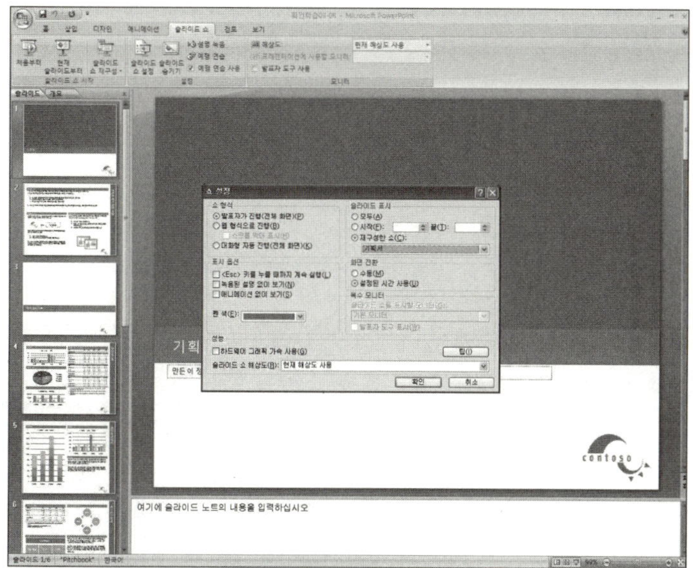

1 [슬라이드 쇼] 탭의 [설정] 그룹에서 [슬라이드 쇼 설정]을 클릭한다.

2 [쇼 설정] 대화상자에서 슬라이드 표시를 '재구성한 쇼'로 선택한 후 [확인] 단추를 클릭한다.

9 예행 연습

일정한 시간 간격으로 예행 연습을 할 수 있는지 묻는 문제

⊙ **준비파일** : Chapter03/본문예제03-09   ⊙ **완성파일** : Chapter03/완성파일/본문완성03-09

완성된 프레젠테이션은 예행 연습을 통해 프레젠테이션 발표 시간을 맞출 수 있다. 예행 연습을 하는 동안 걸린 시간이 슬라이드에 표시되며, 기록된 시간을 사용하여 자동으로 슬라이드 쇼를 진행할 수도 있다.

1 예행 연습을 실행하기 위해 첫 번째 슬라이드를 선택하고 [슬라이드 쇼] 탭의 [설정] 그룹에서 [예행 연습]을 클릭한다.

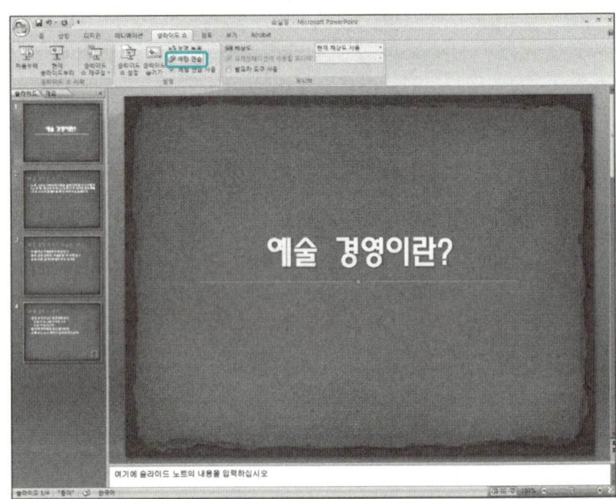

2 슬라이드 쇼가 시작됨과 동시에 [예행 연습] 도구 모음이 표시되면 '다음' 단추를 클릭하여 다음 슬라이드로 이동한다.

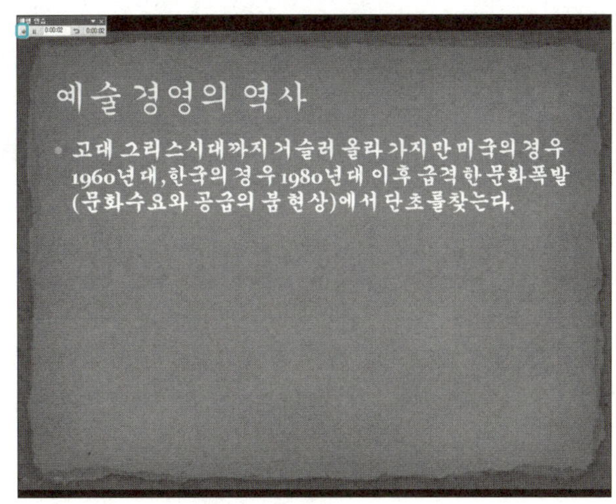

3 마지막 슬라이드까지 예행 연습을 마치면 총 슬라이드에 걸린 소요 시간이 표시되는 메시지 창이 실행된다. 슬라이드 쇼 진행 시 기록했던 시간을 저장하려면 [예] 단추를 클릭한다.

4 '여러 슬라이드 보기'로 화면으로 전환되며, 각 슬라이드 하단에 소요된 시간이 표시되고 이후 슬라이드 쇼를 진행하면 설정된 시간에 맞춰 화면이 자동으로 전환된다.

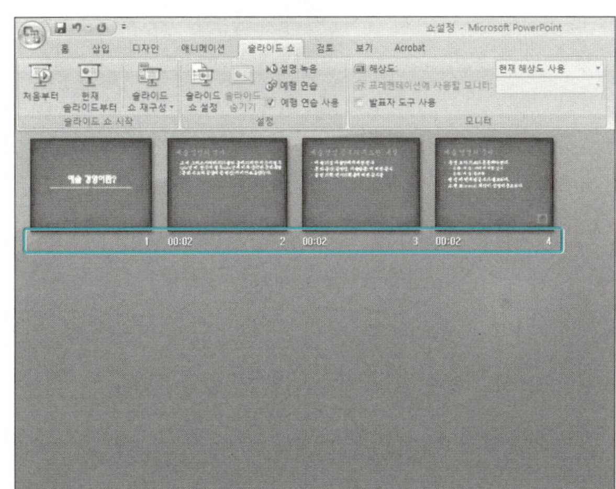

⊙ 준비파일 : Chapter03/확인학습03-09   ⊕ 완성파일 : Chapter03/완성파일/학습완성03-09

[문제 1] 예행 연습을 실행하여 슬라이드 간 간격을 '3초'로 설정하고, 새 슬라이드 시간을 저장하시오.

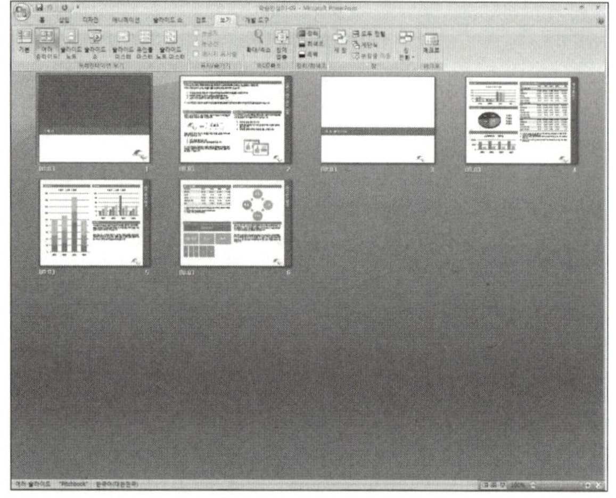

1 첫 번째 슬라이드를 선택하고 [슬라이드 쇼] 탭의 [설정] 그룹에서 [예행 연습]을 클릭한다.

2 슬라이드 쇼 화면에 표시되는 [예행 연습] 도구 모음에서 시계를 보면서 3초마다 '다음' 단추를 클릭하거나 슬라이드를 클릭하여 다음 슬라이드로 이동한다.

3 마지막 슬라이드까지 예행 연습을 마치고, 소요 시간이 표시되는 메시지 창이 나타나면 [예] 단추를 클릭한다.

검토 탭/보기 탭/오피스 단추 탭

1 메모

출제포인트
슬라이드에 메모를 삽입하는 방법과 삭제, 수정, 검토 방법 등을 묻는 문제

⊙ **준비파일** : Chapter04/본문예제04-01   ⊙ **완성파일** : Chapter04/완성파일/본문완성04-01

수정된 사항이나 특이사항 등을 나중에 참고할 수 있도록 슬라이드의 특정 위치에 메모를 삽입해 둘 수 있다. 삽입된 메모의 내용을 수정 및 변경, 또는 삭제할 수 있으며 인쇄시 포함시켜 인쇄 설정을 할 수 있다.

1 메모 삽입

1 2번 슬라이드를 선택하고 [검토] 탭의 [메모] 그룹에서 [새 메모]를 클릭한다.

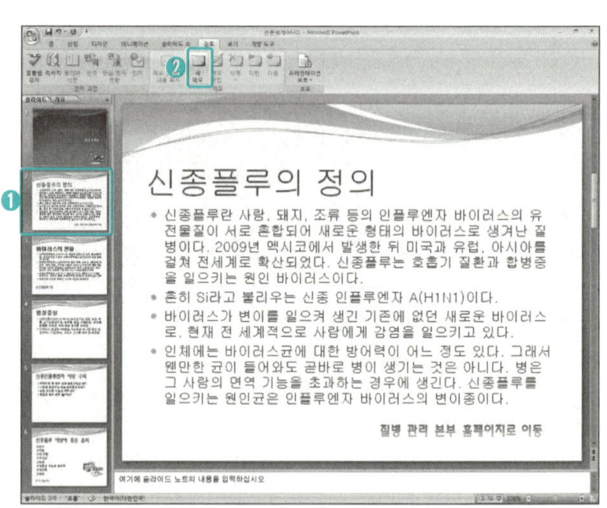

2 슬라이드에 메모 표식과 메모 상자에 사용자 이름과 날짜가 표시된다. 메모 상자 안에 커서를 두고 "개요삽입 1" 텍스트를 입력한다.

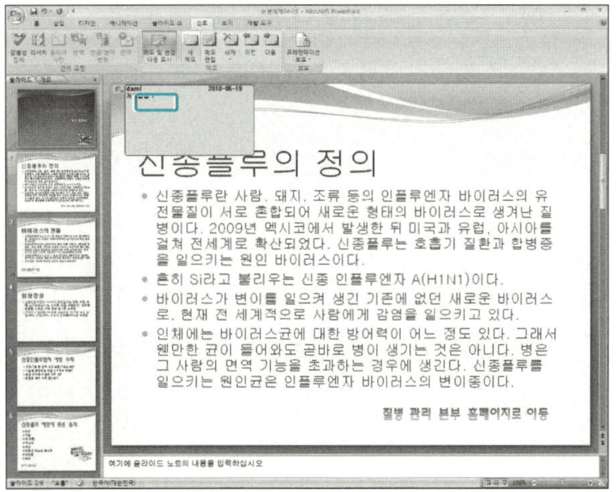

3 4번 슬라이드에도 [검토] 탭의 [메모] 그룹에서 [새 메모]를 클릭하여 메모 상자 안에 "개요삽입 2" 텍스트를 입력한다.

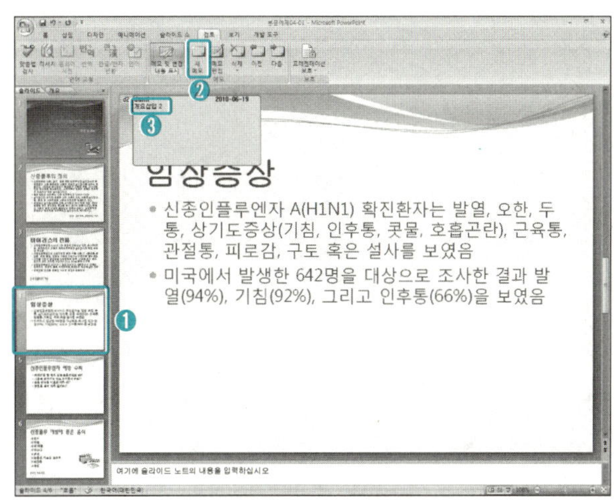

2 메모 편집

1 2번 슬라이드에 삽입한 메모의 내용을 편집하기 위해 메모 아이콘을 클릭하고 [검토] 탭의 [메모] 그룹에서 [메모 편집]을 클릭한다.

이렇게 해도 됩니다.

메모 아이콘을 마우스 오른쪽 단추로 눌러 [메모 편집]을 클릭해도 된다.

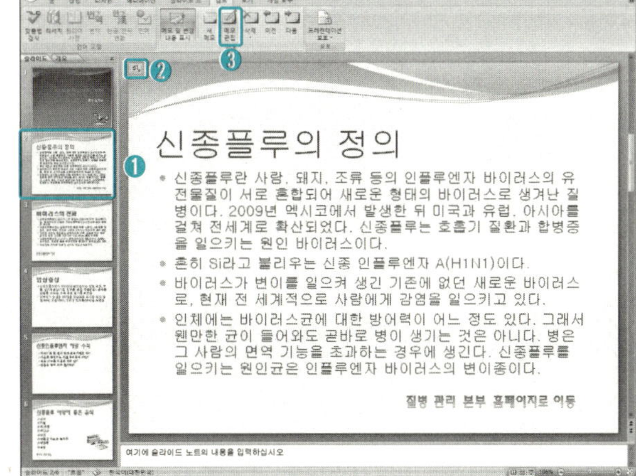

2 메모 상자에 커서가 나타나면 "내용정리" 텍스트를 추가한다.

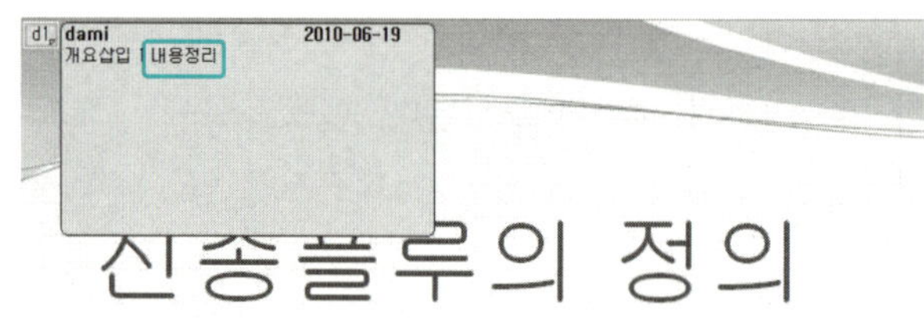

3 슬라이드에 삽입된 메모들을 확인하려면 [검토] 탭의 [메모] 그룹에서 [이전]/[다음]을 클릭하면 하나씩 찾을 수 있다.

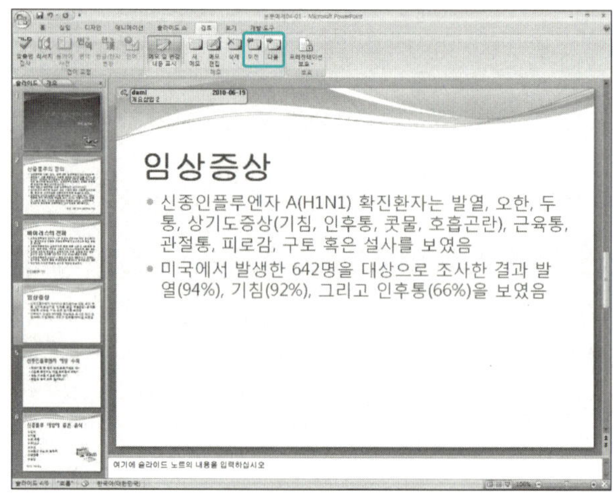

4 메모를 화면에 숨기려면 [검토] 탭의 [메모] 그룹에서 [메모 및 변경 내용 표시]를 클릭한다. 다시 클릭하면 메모가 화면에 표시된다.

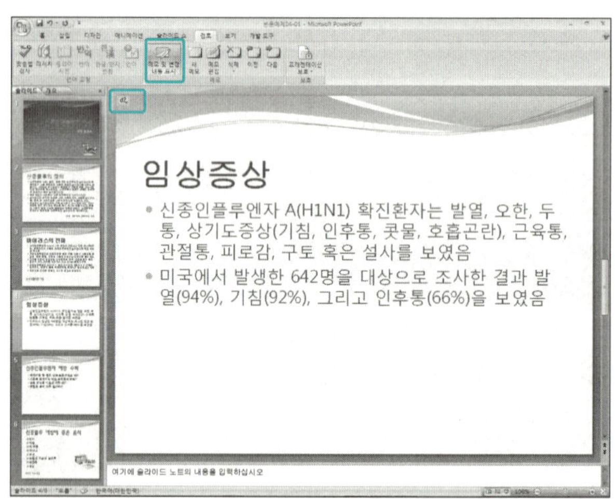

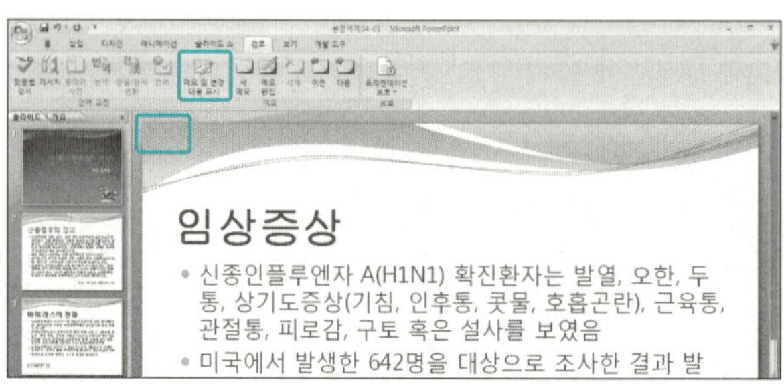

확인학습문제

준비파일 : Chapter04/확인학습04-01　　　완성파일 : Chapter04/완성파일/학습완성04-01

[문제 1] 5번 슬라이드에 "애니메이션 삽입"이라는 메모를 워드아트 아래로 삽입하시오.

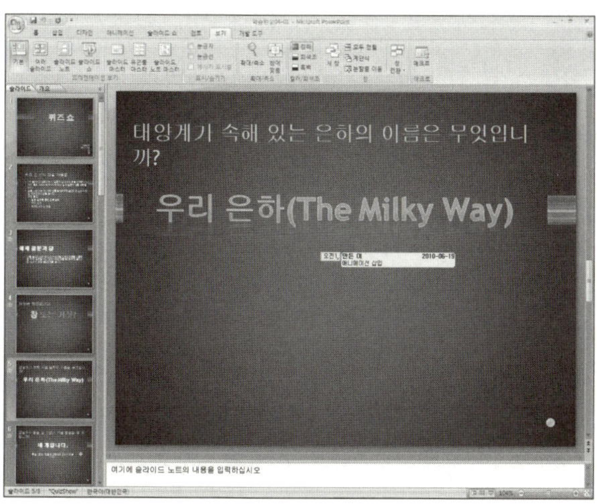

1 5번 슬라이드를 선택하고 [검토] 탭의 [메모] 그룹에서 [새 메모]를 클릭한다.

2 메모 상자 안에 커서를 두고 "애니메이션 삽입"이라고 입력한다.

3 메모 아이콘을 선택하여 워드아트 아래로 드래그한다.

[문제 2] 2번 슬라이드에 삽입된 메모의 앞에 "검토 : "라는 텍스트를 추가하시오.

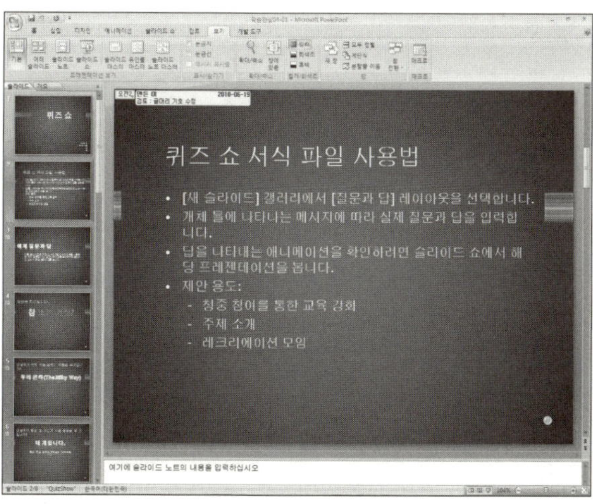

1 2번 슬라이드의 메모 아이콘을 선택하고 [검토] 탭의 [메모] 그룹에서 [메모 편집]을 클릭한다.

2 메모 내용의 앞에 "검토 : " 텍스트를 입력한다.

[문제 **3**] 메모를 검토하고 7번 슬라이드의 메모를 삭제하시오.

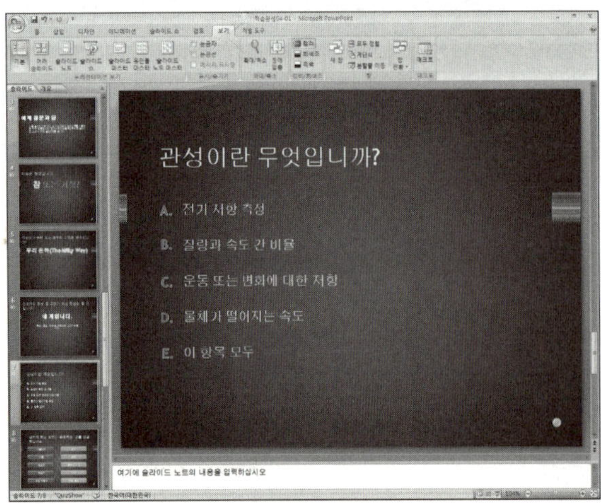

1 [검토] 탭의 [메모] 그룹에서 [다음]을 클릭하여 슬라이드에 삽입된 메모들을 검토한다.

2 7번 슬라이드에 삽입된 메모 아이콘을 선택하고 [검토] 탭의 [메모] 그룹에서 [삭제]를 클릭한다. (아이콘을 선택하고 Delete 를 눌러도 된다)

2 마스터

출제포인트
슬라이드 마스터에서 배경 서식 및 테마를 지정하는 문제

⊙ **준비파일** : Chapter04/본문예제04-02, 배경.jpg, 로그.png　　⊙ **완성파일** : Chapter04/완성파일/본문완성04-02

테마가 전체 프레젠테이션의 색을 관리한다면, 마스터는 전체 프레젠테이션의 모든 서식 속성을 제어하는 기능이라 할 수 있다.

마스터로 전체 프레젠테이션의 각종 서식을 일관성 있게 관리하는 방법에 대해 알아보도록 한다.

1 마스터의 개념

프레젠테이션에 디자인 서식을 적용하면 모든 슬라이드의 디자인이 순식간에 변경되는 것을 확인할 수 있다. 이와 같은 디자인 서식은 '마스터'라는 기능과 관련이 있다. 마스터는 모든 슬라이드의 서식 속성을 제어하는 기능으로 글꼴, 글꼴 크기, 글머리 기호의 유형, 머리글/바닥글의 글꼴 속성과 위치 등을 전체 슬라이드에 일괄적으로 적용하고 편집할 수 있는 아주 편리한 기능이다.

마스터에서 슬라이드 전체에 공통적으로 삽입해야 할 텍스트, 서식, 회사 로고나 기타 그림, 날짜와 시간 슬라이드 번호 등을 설정하거나 수정하면 모든 슬라이드에 동일하게 적용된다.

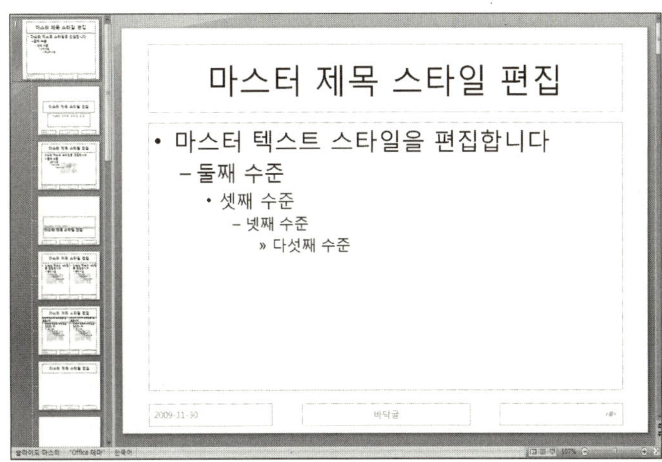

테마는 슬라이드의 배경과 슬라이드에 삽입될 도형, 텍스트 등 개체의 색상을 미리 지정해둔 목록이다. 테마를 사용하면 모든 슬라이드의 색 조합을 일관성 있게 구성할 수 있다.

1 [보기] 탭의 [프레젠테이션 보기] 그룹에서 [슬라이드 마스터]를 클릭한다.

2 [슬라이드 마스터] 탭의 [테마 편집] 그룹에서 [테마]를 클릭하고 '광장'을 선택한다.

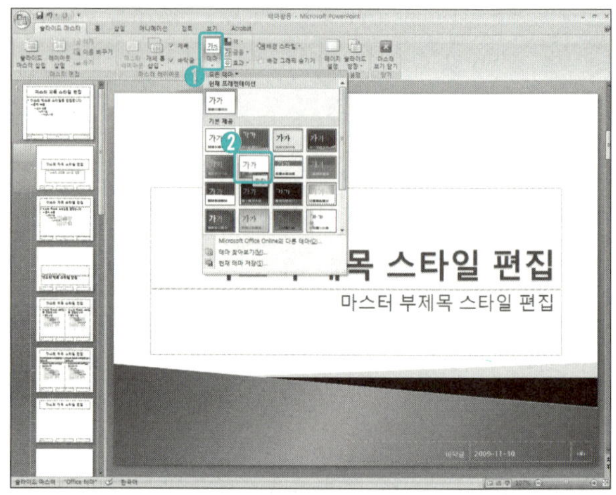

3 [슬라이드 마스터] 탭의 [테마 편집] 그룹을 보면 색, 글꼴, 효과에도 '광장' 효과가 적용되어 있다. 색, 글꼴, 효과에 다른 테마를 적용하고 싶다면 이곳에서 선택한다.

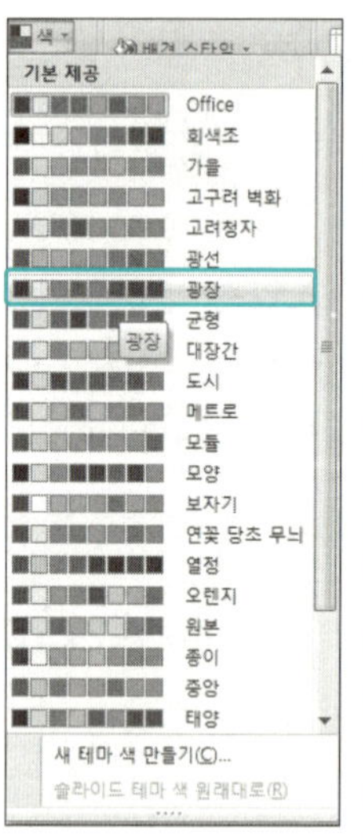
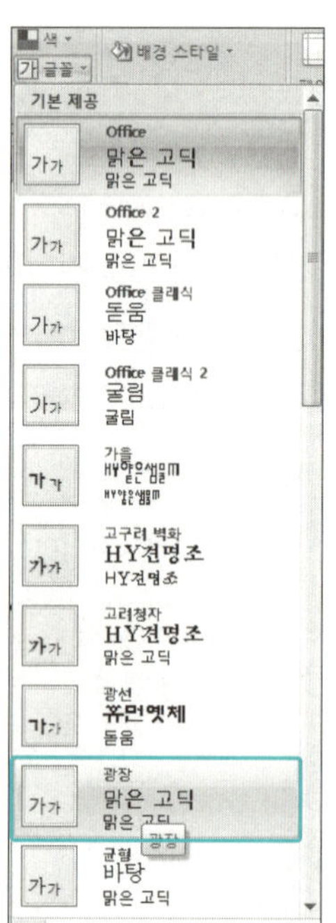
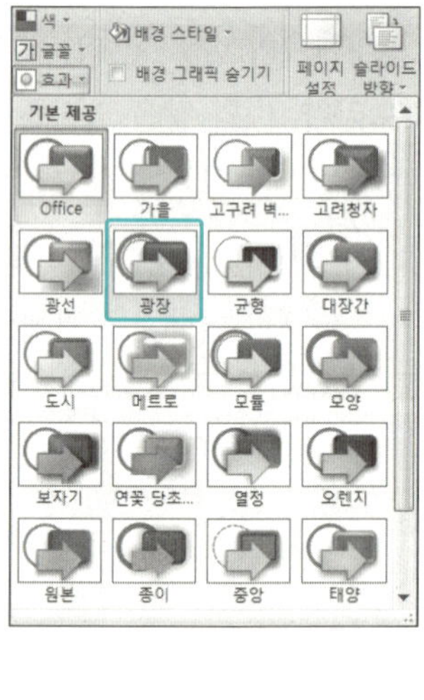

4 [슬라이드 마스터] 탭의 [닫기] 그룹에서 [마스터 보기 닫기]를 클릭한다.

3   배경 지정

슬라이드 배경을 다른 색상, 그라데이션, 질감, 이미지 등으로 채울 수 있으며, 슬라이드마다 다른 배경색을 지정할 수도 있다.

1 [보기] 탭의 [프레젠테이션 보기] 그룹에서 [슬라이드 마스터]를 클릭한 후, [슬라이드 마스터] 탭의 [배경] 그룹에서 [배경 스타일]–[배경 서식]을 클릭한다.

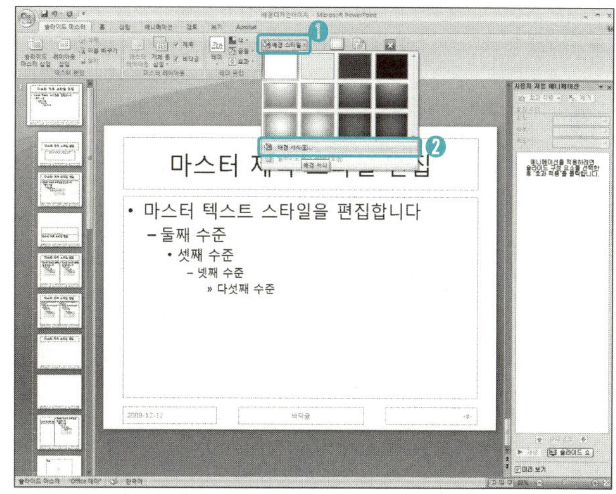

2 [배경 서식] 대화상자에서 '그라데이션 채우기'를 선택한 후 투명도를 '88%'로 설정하고, [모두 적용] 단추를 누르면 모든 슬라이드의 배경색이 바뀐다. [닫기] 단추를 클릭한다.

3 [슬라이드 마스터] 탭에서 [마스터 보기 닫기]를 클릭하여 슬라이드로 돌아간다.

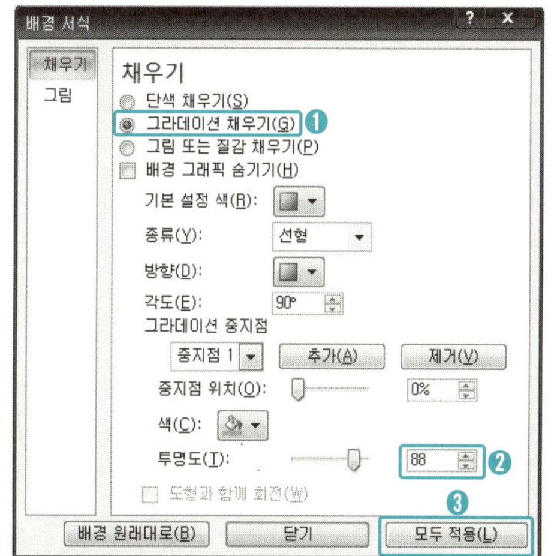

4   배경 그래픽 지정

슬라이드 배경을 다른 색상, 그라데이션, 질감, 이미지 등으로 채울 수 있으며, 슬라이드마다 다른 배경색을 지정할 수도 있다.

1 [보기] 탭의 [프레젠테이션 보기] 그룹에서 [슬라이드 마스터]를 클릭한 후, 맨 위에 있는 'office 테마 슬라이드 마스터' 슬라이드를 선택하고 [슬라이드 마스터] 탭의 [배경] 그룹에서 [배경 스타일]-[배경 서식]을 클릭한다.

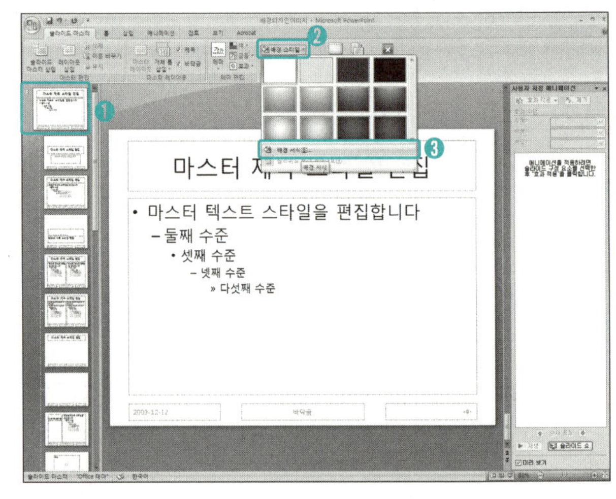

모든 슬라이드에 적용

'Office 테마 슬라이드 마스터' 슬라이드를 선택하고 서식을 설정하면 모든 슬라이드에 적용된다.

2 [배경 서식] 대화상자에서 '그림 또는 질감 채우기'를 선택한 후 [파일] 단추를 클릭하여 '배경.jpg' 파일을 선택하고 [삽입] 단추를 클릭한다.

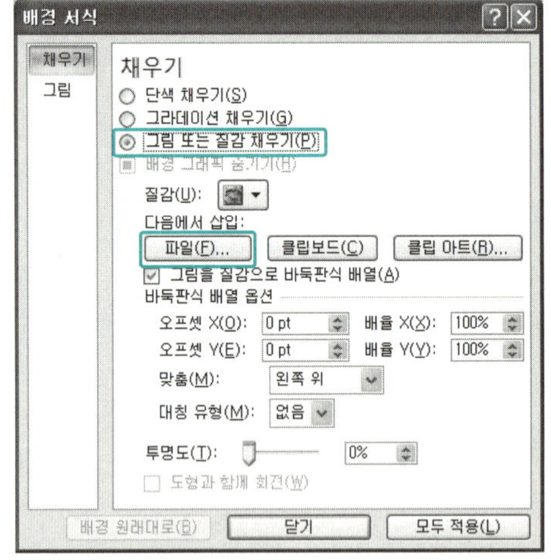

예제 파일 위치

'배경.jpg' 파일은 [Chapter04] 폴더에 있다.

3 모든 슬라이드에 배경 서식이 적용된 것을 왼쪽 슬라이드 목록에서 확인할 수 있다. [닫기] 단추를 클릭한다.

4 [슬라이드 마스터] 탭의 [마스터 보기 닫기]를 클릭한다.

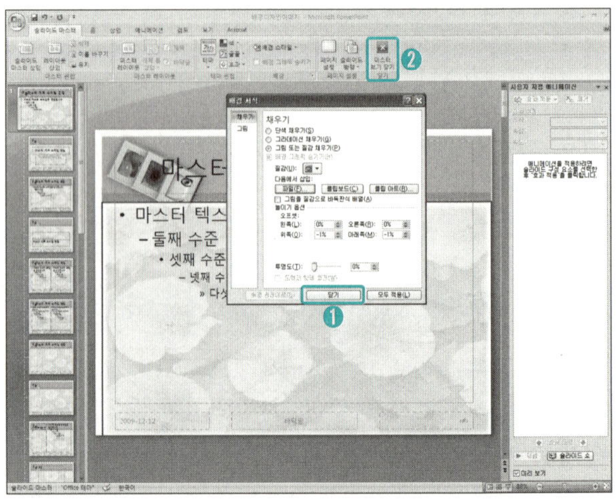

슬라이드 마스터에서 슬라이드 번호의 위치와 서식을 변경할 수 있다.

1 [보기] 탭의 [프레젠테이션 보기] 그룹에서 [슬라이드 마스터]를 클릭한다.

2 오른쪽 아래에 있는 바닥글 기호 〈#〉를 선택하여 오른쪽 위로 드래그한다.

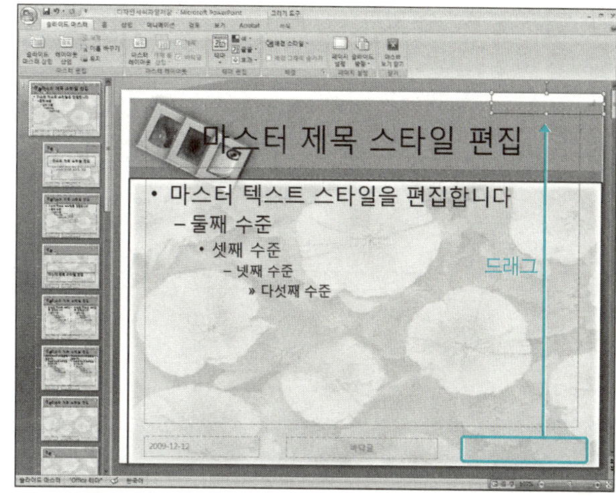

3 [삽입] 탭의 [텍스트] 그룹에서 [머리글/바닥글]을 클릭한다.

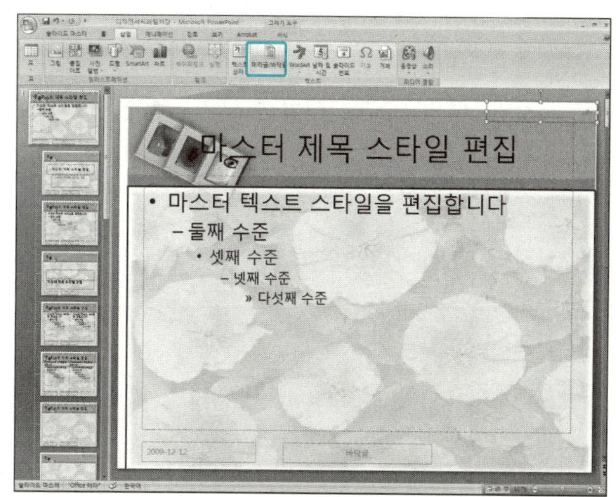

4 [머리글/바닥글] 대화상자에서 '슬라이드 번호'를 선택하고, '제목 슬라이드에는 표시 안 함(S)'에 체크한 후 [모두 적용] 단추를 클릭한다.

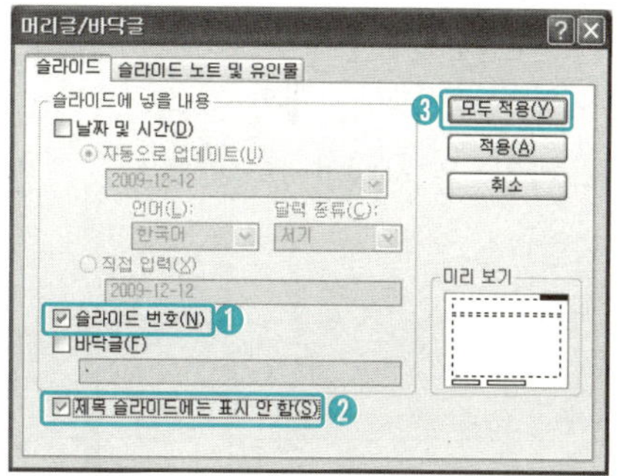

5 [슬라이드 마스터] 탭의 [마스터 보기 닫기] 단추를 클릭하여 슬라이드로 돌아간다.

6 제목 슬라이드 이외의 슬라이드를 선택해보면 오른쪽 위에 슬라이드 번호가 삽입된 것을 확인할 수 있다.

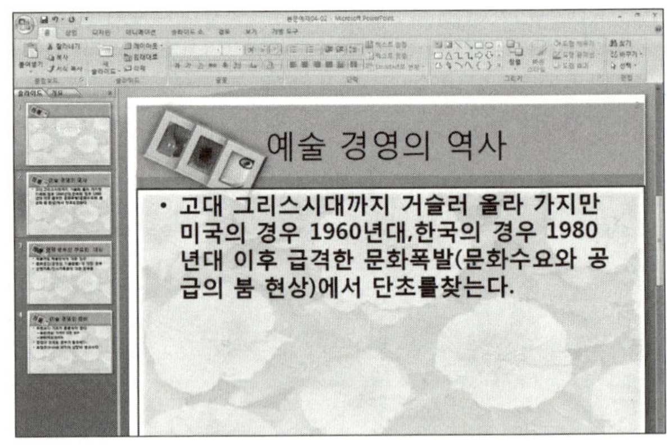

6 슬라이드 날짜 삽입

슬라이드 마스터에서 슬라이드 번호의 위치와 서식을 변경할 수 있다.

1 [보기] 탭의 [프레젠테이션 보기] 그룹에서 [슬라이드 마스터]를 클릭한다.

2 [삽입] 탭의 [텍스트] 그룹에서 [머리글/바닥글]을 클릭한다.

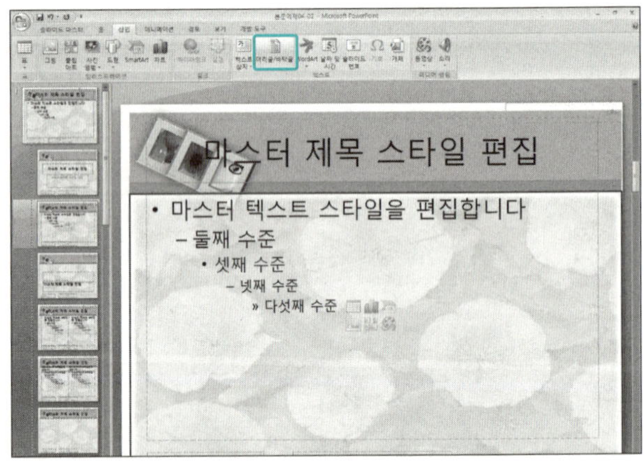

3 [머리글/바닥글] 대화상자에서 '날짜 및 시간', '자동으로 업데이트', '제목 슬라이드에는 표시 안 함(S)' 을 선택한 후 [모두 적용] 단추를 클릭한다.

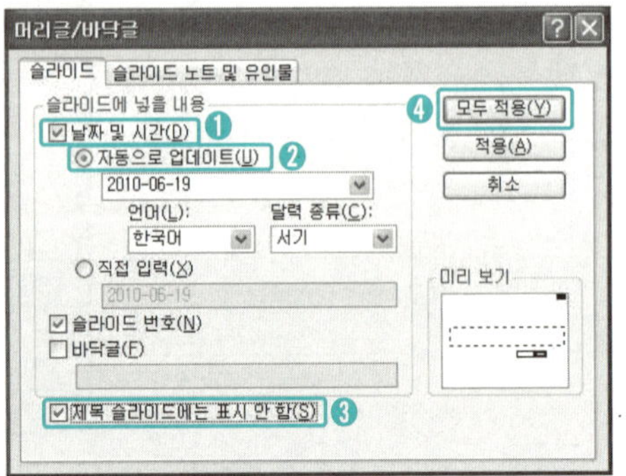

- 자동으로 업데이트 : 프레젠테이션 진행 시 윈도우에 설정된 날짜로 자동 변경된다.
- 직접 입력 : 날짜가 고정되어 표기된다.

4 [슬라이드 마스터] 탭의 [마스터 보기 닫기] 단추를 클릭하여 슬라이드로 돌아가 날짜 표기를 확인한다.

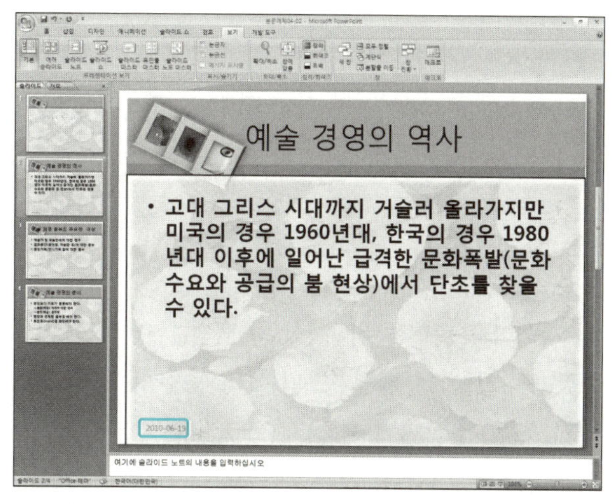

7 슬라이드 마스터에 개체 및 텍스트 삽입

슬라이드 마스터에서 그래픽을 삽입하거나 텍스트를 입력하면 모든 슬라이드에 적용된다.

1 [보기] 탭의 [프레젠테이션 보기] 그룹에서 [슬라이드 마스터]를 클릭한다.

2 'Office 테마 슬라이드 마스터' 슬라이드를 선택하고 [삽입] 탭의 [텍스트] 그룹에서 [텍스트 상자]−[가로 텍스트 상자]를 클릭한다.

3 슬라이드 아래의 오른쪽 빈 영역을 클릭한 후 "예술경영" 텍스트를 입력한다.

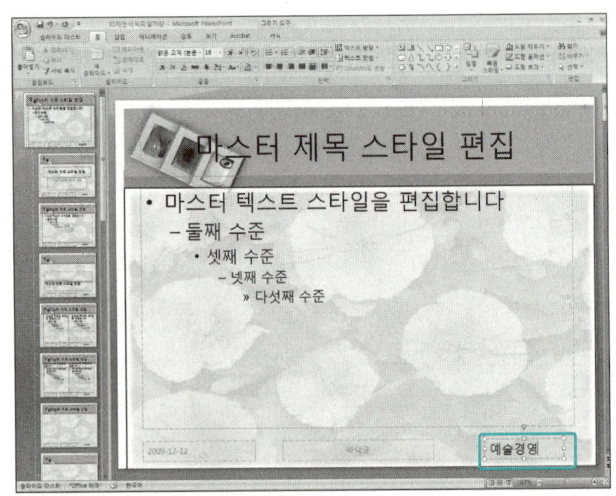

4 이미지 삽입을 위해 [삽입] 탭의 [일러스트레이션] 그룹에서 [그림]을 클릭한다. [Chapter04] 폴더에 제공된 '로그.png' 파일을 선택하고 [삽입] 단추를 클릭한다.

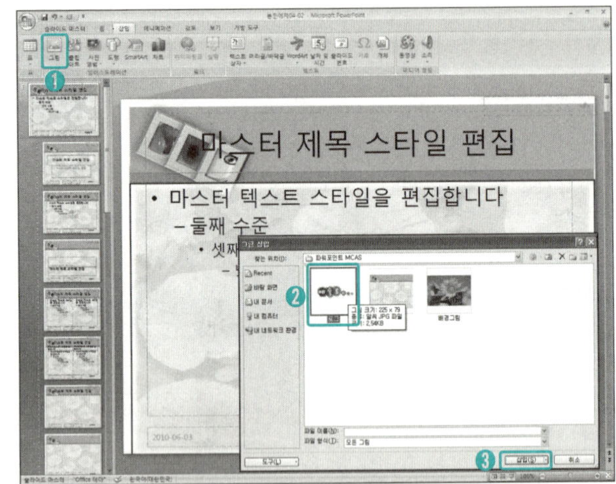

5 삽입된 로그 그래픽을 오른쪽 위로 드래그하여 위치시킨다.

6 [슬라이드 마스터] 탭의 [마스터 보기 닫기] 단추를 클릭한다.

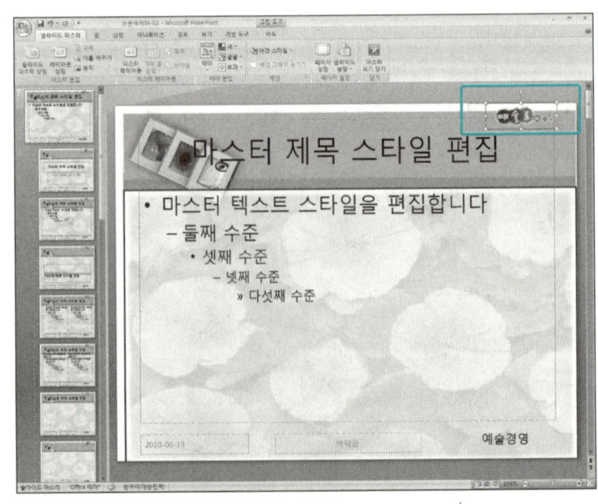

확인학습문제

⊙ 준비파일 : Chapter04/확인학습04-02, 길.jpg　　　⊙ 완성파일 : Chapter04/완성파일/학습완성04-02

[문제 1] 슬라이드 마스터를 이용하여 모든 슬라이드에 '길.jpg'를 배경 그림으로 설정하시오.

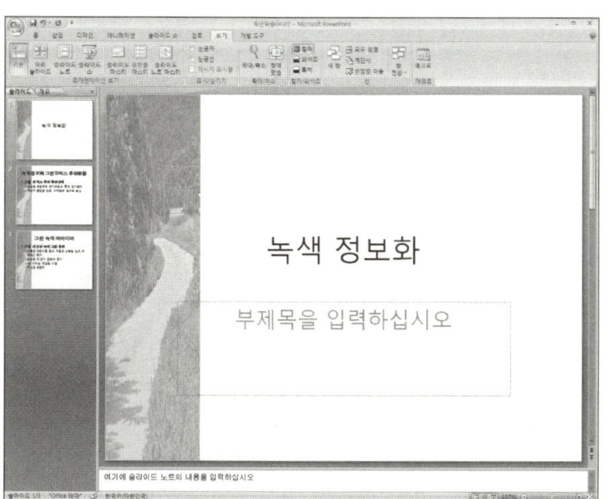

1 [보기] 탭의 [프레젠테이션] 그룹에서 [슬라이드 마스터]를 선택한 후 'Office 테마 슬라이드 마스터' 슬라이드를 선택하고 [배경] 그룹에서 [배경 스타일]-[배경 서식]을 클릭한다.

2 [배경 서식] 대화상자에서 '그림 또는 질감 채우기'를 선택한 후 [파일] 단추를 클릭한다.

3 [Chapter04] 폴더에서 '길.jpg' 파일을 선택하고 [삽입]-[닫기] 단추를 클릭한다.

4 [슬라이드 마스터] 탭에서 [마스터 보기 닫기]를 클릭한다.

[문제 2] 슬라이드 마스터를 이용하여 제목 글꼴은 'HY헤드라인M', 글꼴 크기는 '36pt', '왼쪽 맞춤'으로 설정하시오.

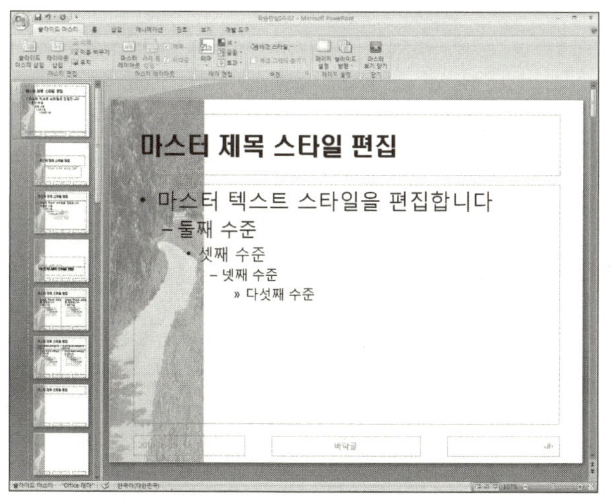

1 [보기] 탭의 [프레젠테이션] 그룹에서 [슬라이드 마스터]를 클릭하고 'Office 테마 슬라이드 마스터' 슬라이드를 선택한다.

2 제목 텍스트 상자를 선택하고 [홈] 탭의 [글꼴] 그룹에서 글꼴은 'HY헤드라인M', 글꼴 크기는 '36'을 선택하고, [단락] 그룹에서 '텍스트 왼쪽 맞춤'을 클릭한다.

[문제 3] 항상 오늘 날짜가 오른쪽 상단에 표기되도록 슬라이드 마스터를 이용하여 날짜를 삽입하시오.

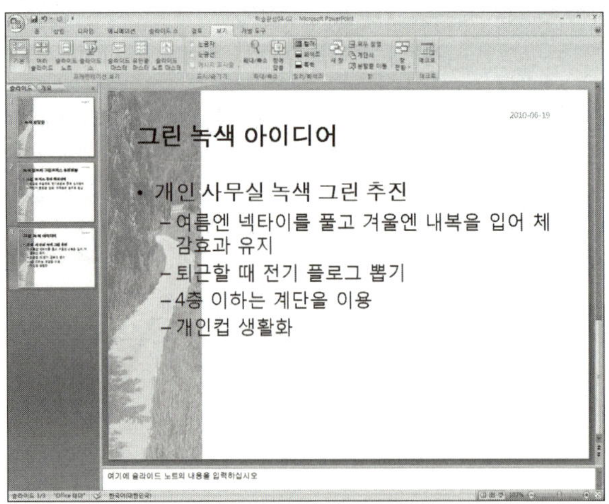

1   [보기] 탭의 [프레젠테이션] 그룹에서 [슬라이드 마스터]를 클릭하고 'Office 테마 슬라이드 마스터' 슬라이드를 선택한다.

2   [삽입] 탭의 [텍스트] 그룹에서 [날짜 및 시간]을 선택한다.

3   [머리글/바닥글] 대화상자에서 '날짜 및 시간', '자동으로 업데이트' 에 체크하고 [적용] 단추를 클릭한다.

4   왼쪽 하단에 있는 날짜 표시를 선택하여 오른쪽 상단으로 이동시킨다.

5   [슬라이드 마스터] 탭에서 [마스터 보기 닫기]를 클릭한다.

3 디자인 서식 파일로 저장

작성한 슬라이드를 디자인 서식 파일로 저장하는 문제

⊙ **준비파일** : Chapter04/본문예제04-03   ⊙ **완성파일** : Chapter04/완성파일/디자인서식파일저장

사용한 프레젠테이션의 디자인을 다시 사용하고자 한다면 디자인 서식 파일 *.potx 형식으로 저장해 두면 된다.

1 예제 파일을 열고 [Office] 단추를 클릭하여 [다른 이름으로 저장]을 클릭한다.

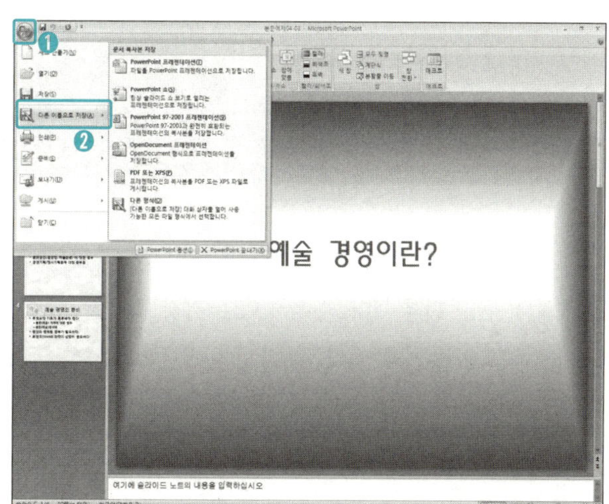

2 [다른 이름으로 저장] 대화상자에서 파일 형식을 'PowerPoint 서식 파일'로 선택한다. 서식 파일은 기본 폴더인 [Templates] 폴더에 저장된다.

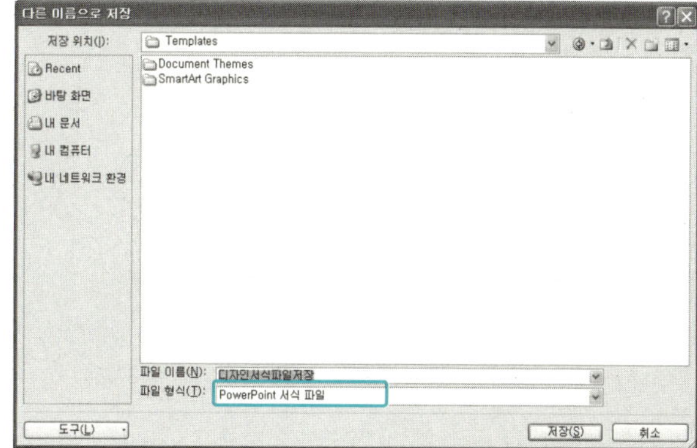

준비파일 : Chapter04/확인학습04-03 완성파일 : Chapter04/완성파일/학습완성04-03

[문제 1] 모든 슬라이드에 배경 '스타일 11'을 지정하고 디자인 서식 파일로 저장하시오.

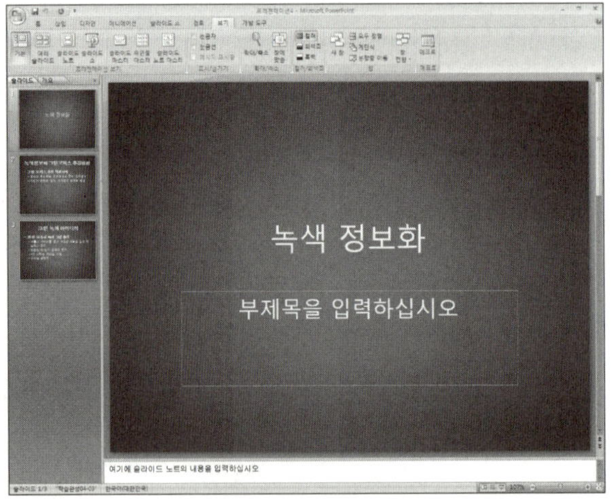

1 [디자인] 탭의 [배경] 그룹에서 [배경 스타일]을 선택하고 '스타일 11'을 클릭한다.

2 [Office] 단추-[다른 이름으로 저장]을 클릭한다.

3 [다른 이름으로 저장] 대화상자에서 파일 형식을 'PowerPoint 서식 파일'로 선택하고 저장한다.

4 프레젠테이션 보호

출제포인트

프레젠테이션을 보호하는 문제

⊙ **준비파일** : Chapter04/본문예제04-04　　　⊙ **완성파일** : Chapter04/완성파일/본문완성04-04

작성한 프레젠테이션이 매우 중요하다면 암호를 걸어 다른 사람들이 쉽게 확인하지 못하도록 설정할 수 있다.

1 [Office] 단추를 클릭한 후 [다른 이름으로 저장]을 클릭한다.

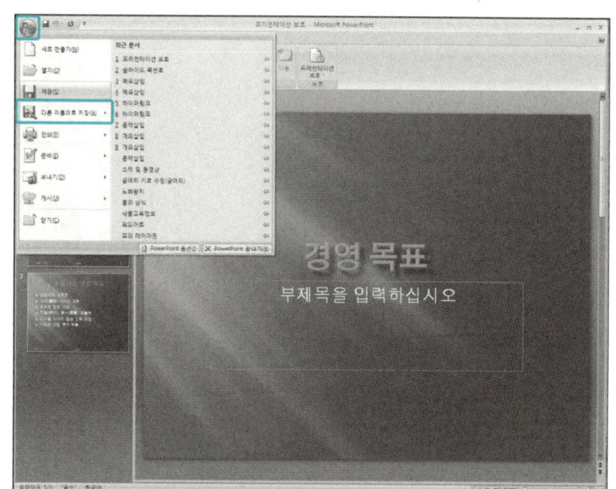

2 [다른 이름으로 저장] 대화상자에서 [도구]-[일반 옵션]을 클릭한다.

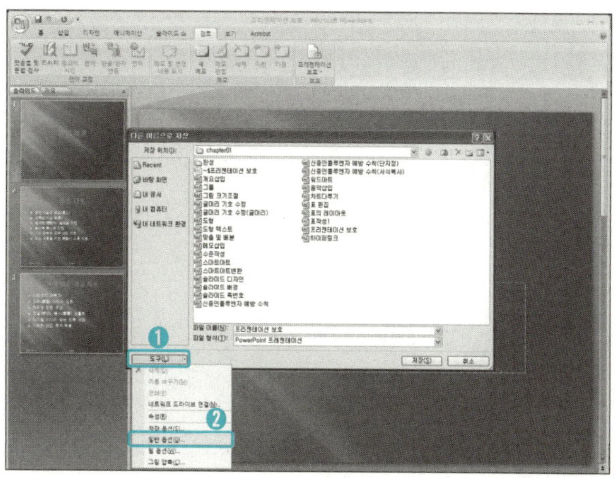

3 [일반 옵션] 대화상자에서 열기 암호와 쓰기 암호를 입력하고 [확인] 단추를 클릭한다.

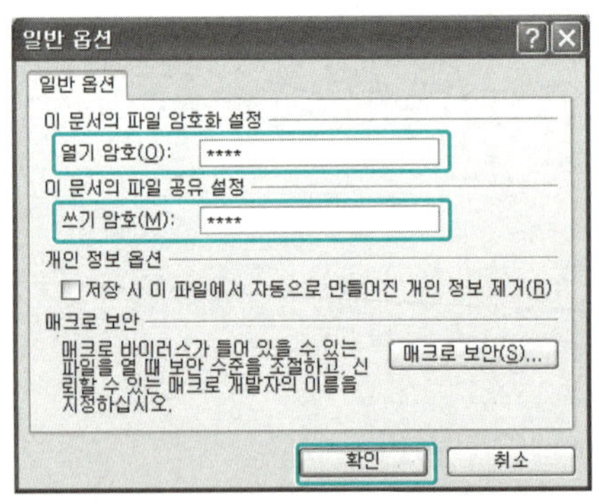

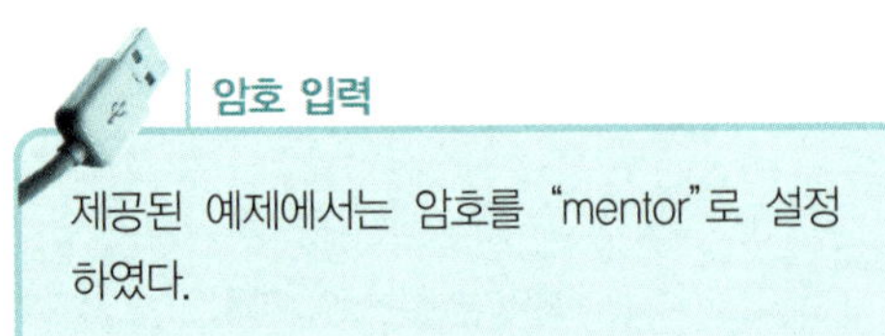

암호 입력

제공된 예제에서는 암호를 "mentor"로 설정하였다.

4 [암호 확인] 대화상자가 나타나면 열기 암호와 쓰기 암호를 각각 한 번씩 더 입력한다.

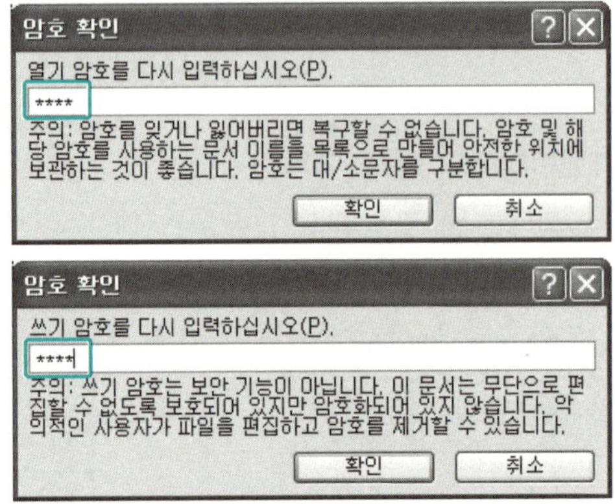

5 [저장] 단추를 클릭하면 기존 파일에 덮어쓸 것을 묻는 메시지가 나타난다. [예] 단추를 눌러 저장한다.

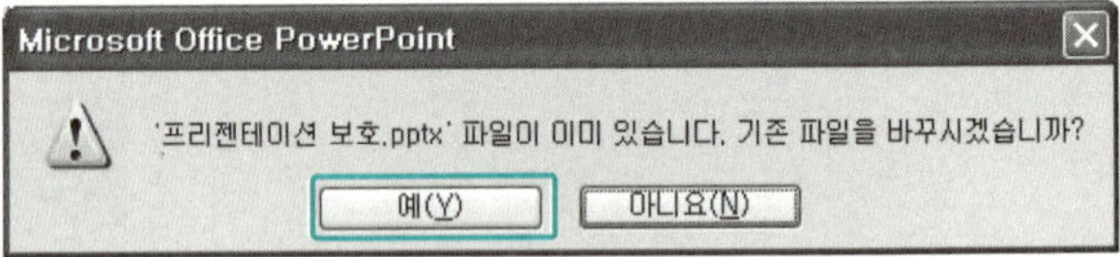

6 이제 열기 암호와 쓰기 암호를 입력한 후 [확인] 단추를 클릭해야 이 문서를 열 수 있다.

암호 해제

암호를 해제하려면 [Office] 단추–[다른 이름으로 저장]–[도구]–[일반 옵션]을 선택한 후 미리 설정된 암호 '*****' 표기를 삭제한 후 [확인] 단추를 클릭하고 덮어 쓰기 저장을 한다.

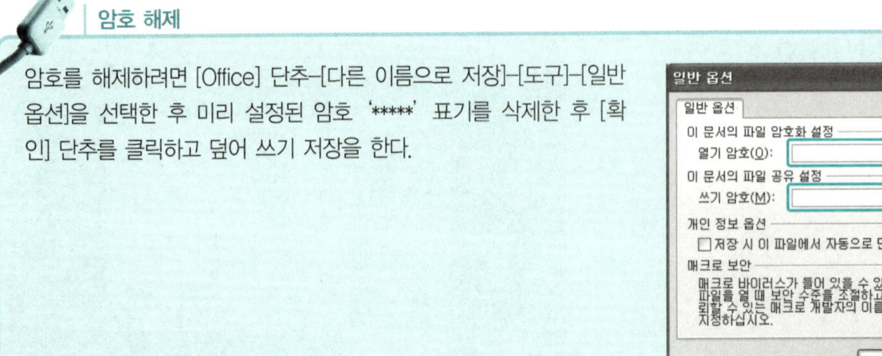

⊛ **준비파일** : Chapter04/확인학습04-04　　　　⊛ **완성파일** : Chapter04/완성파일/학습완성04-04

[문제 1] 프레젠테이션의 읽기 쓰기 암호를 "pass01"로 입력하고 저장하시오.

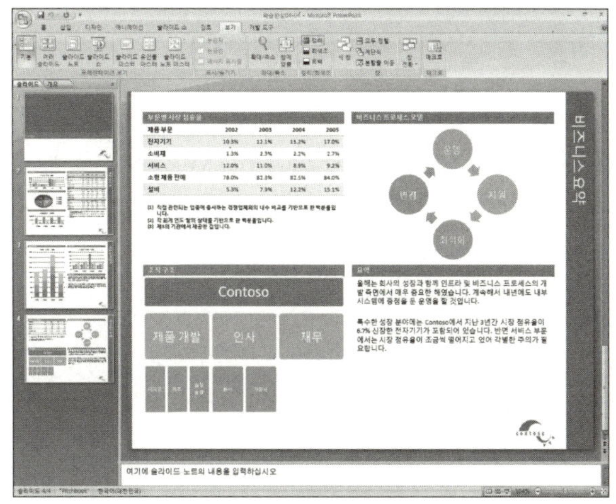

1　[Office] 단추-[다른 이름으로 저장]을 클릭하고 [다른 이름으로 저장] 대화상자에서 [도구]-[일반 옵션]을 클릭한다.

2　[일반 옵션] 대화상자에서 열기 암호와 쓰기 암호를 "pass01"로 입력하고 [확인] 단추를 클릭한다.

3　[암호 확인] 대화상자가 나타나면 열기 암호와 쓰기 암호를 한 번씩 더 입력하고 [저장] 단추를 클릭한다.

5 프레젠테이션 배포 준비

출제포인트
프레젠테이션의 호환성 검사 및 최종본으로 표시하는 문제

⊙ **준비파일** : Chapter04/본문예제04-05　　　　⊙ **완성파일** : Chapter04/완성파일/본문완성04-05

PowerPoint 2007 버전의 새 기능과 이전 버전과의 호환성을 검사하고 문서에서 숨겨진 메타 데이터와 개인 정보를 검색하여 제거할 수 있다.

1 호환성 검사

1 [Office] 단추를 클릭한 후 [준비]-[호환성 검사 실행]을 클릭한다.

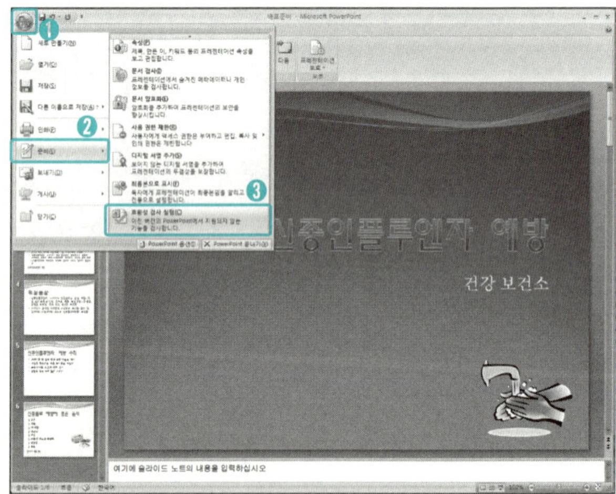

2 이전 버전의 PowerPoint에서 열면 손실될 수 있는 요소를 알려주는 대화상자가 나타난다. 슬라이드 1, 2, 3, 6에 삽입된 그래픽을 사용할 수 없음을 알 수 있다. [확인] 단추를 클릭한다.

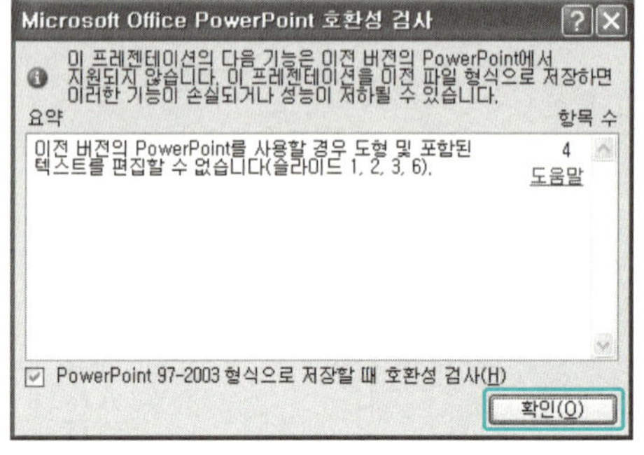

1   [Office] 단추를 클릭한 후 [준비]–[문서 검사]를 클릭한다.

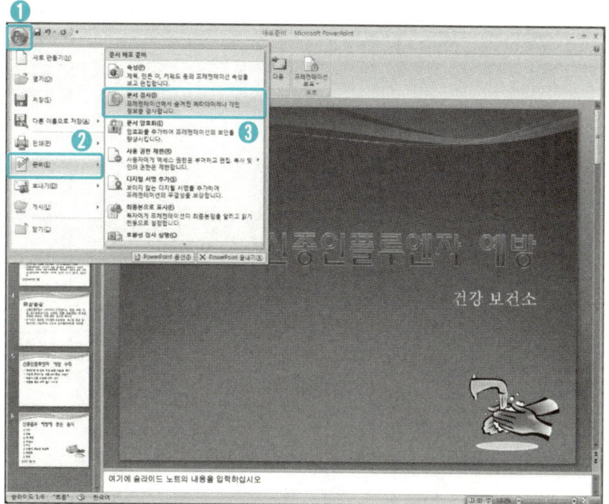

2   [문서 검사] 대화상자에서 검사할 항목을 모두 체크하고 [검사] 단추를 클릭한다.

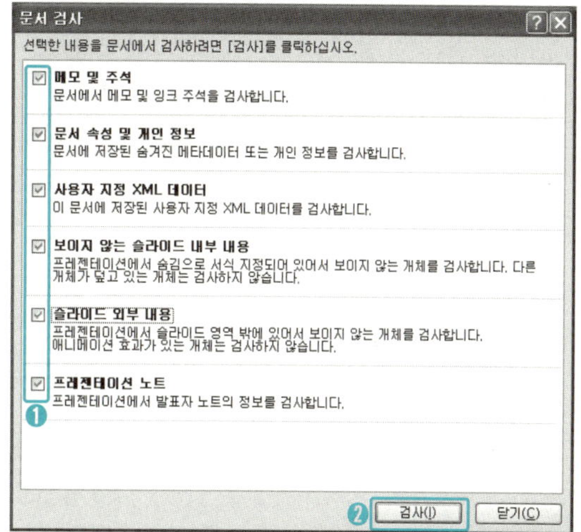

3   검사가 완료되고 검사 결과가 나타나면 숨겨진 메타 데이터 및 개인 정보가 있는 항목에 빨강색 느낌표가 표시된다. 이러한 정보를 제거하려면 [모두 제거] 단추를 클릭한다.

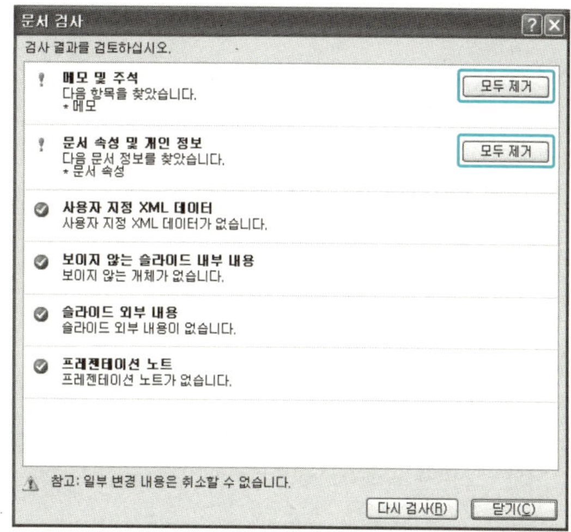

4 숨겨진 메타 데이터와 개인 정보가 삭제되고 느낌표가 사라지면 [닫기] 단추를 클릭한다.

3 최종본으로 표시

1 [Office] 단추를 클릭한 후 [준비]–[최종본으로 표시]를 클릭한다.

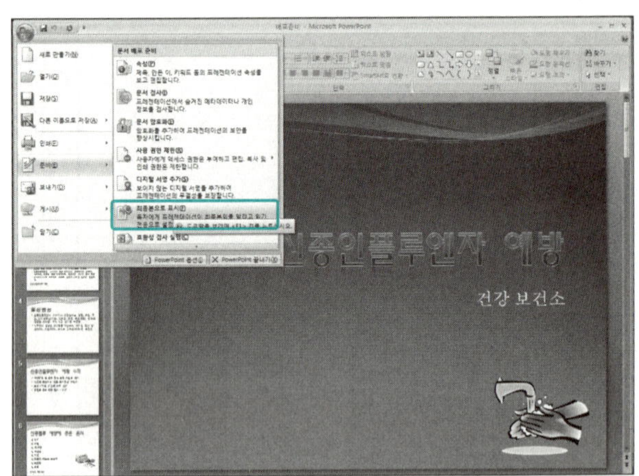

2 이 프레젠테이션이 최종본임을 확인하는 대화상자에서 [확인] 단추를 클릭한다.

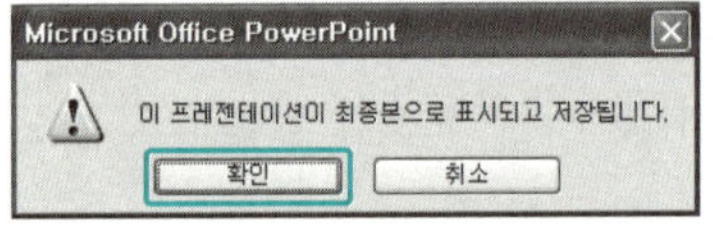

3 편집 완료를 알리는 대화상자가 나타나면 [확인] 단추를 클릭한다.

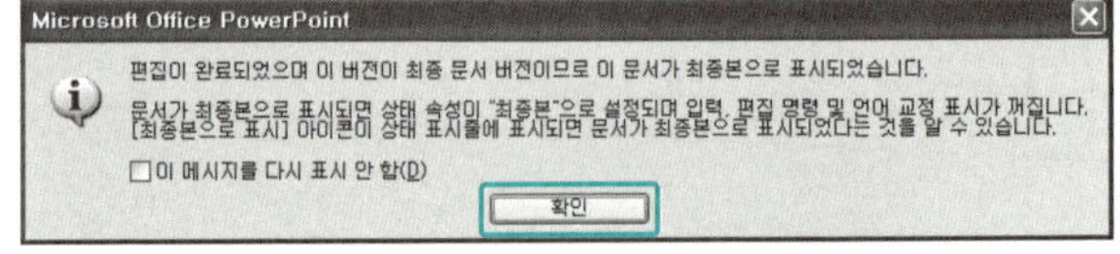

최종본 해제

최종본으로 문서가 표시되면 다른 사람에게 읽기 전용 상태로 문서를 제공할 수 있으며 편집 명령 및 언어 교정 표시가 꺼진다. 최종본을 해제하려면 [Office] 단추–[준비]–[최종본으로 표시]를 다시 클릭한다.

확인학습문제

[문제 1] 프레젠테이션 문서의 호환성을 검사하시오.

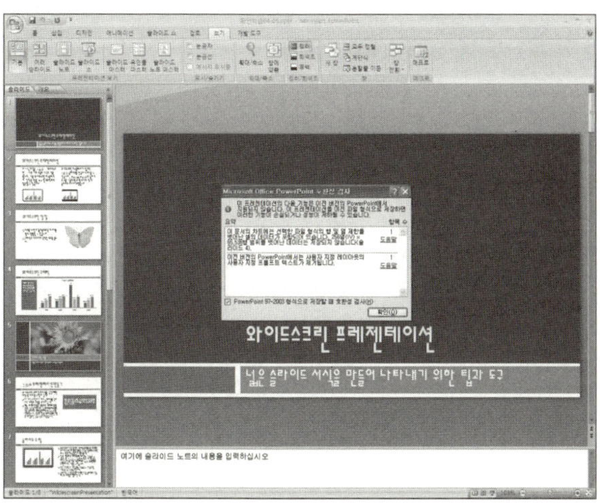

1　[Office] 단추-[준비]-[호환성 검사 실행]을 클릭한다.

[문제 2] 프레젠테이션의 숨겨진 메타 데이터 및 개인 정보를 모두 찾아 제거하시오(단, 기본 설정은 모두 유지하시오).

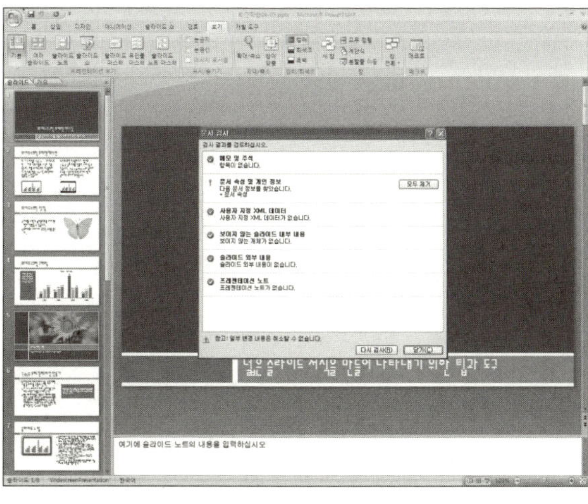

1　[Office] 단추-[준비]-[문서 검사]를 클릭한다.

2　[문서 검사] 대화상자에서 검사할 항목을 모두 체크하고 [검사] 단추를 클릭한다.

3　검사 결과가 나타나면 느낌표가 나타난 항목 옆의 [모두 제거] 단추를 클릭하고, [닫기] 단추를 클릭한다.

[문제 3] 문서를 최종본으로 표시하시오.

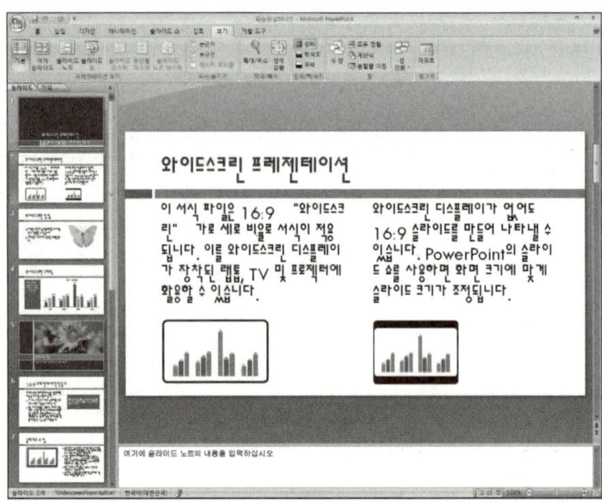

1 [Office] 단추-[준비]-[최종본으로 표시]를 클릭하고, 이어 나타나는 대화상자에서 [확인]-[확인] 단추를 클릭한다.

6 인쇄 준비

출제포인트
슬라이드의 인쇄 미리 보기 및 인쇄의 방법을 묻는 문제

◉ **준비파일** : Chapter04/본문예제04-06   ◉ **완성파일** : Chapter04/완성파일/본문완성04-06

다양한 인쇄 유형으로 출력할 수 있으며 인쇄될 모양을 화면상에서 확인하고 인쇄에 있어 오류를 줄일 수 있다.

1 인쇄 미리 보기

1 [Office] 단추를 클릭한 후 [인쇄]-[인쇄 미리 보기]를 클릭한다.

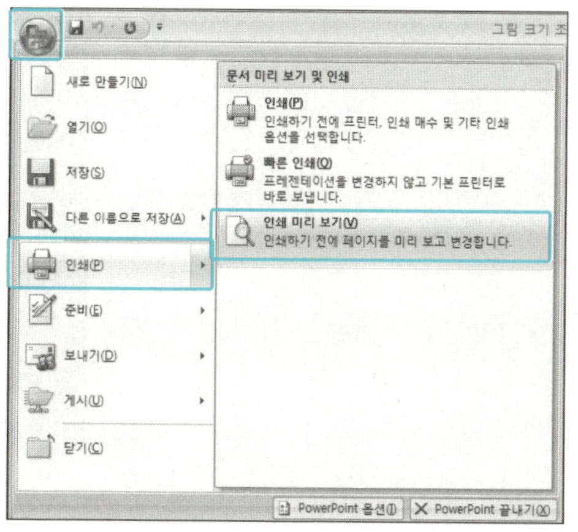

2 [인쇄 미리 보기] 화면에서 [인쇄 미리 보기] 탭을 이용하여 옵션 설정과 인쇄 대상 변경, 창에 맞춤 등의 설정을 할 수 있으며, [미리 보기] 그룹에서 [이전 페이지]와 [다음 페이지]를 클릭하여 각 슬라이드의 창을 미리 볼 수 있다.

3 인쇄 미리 보기를 닫으려면 [인쇄 미리 보기] 탭의 [화면 보기] 그룹에서 [인쇄 미리 보기 닫기]를 클릭한다.

2 유인물 인쇄 설정

1 [보기] 탭의 [프레젠테이션 보기] 그룹에서 [유인물 마스터]를 클릭한다.

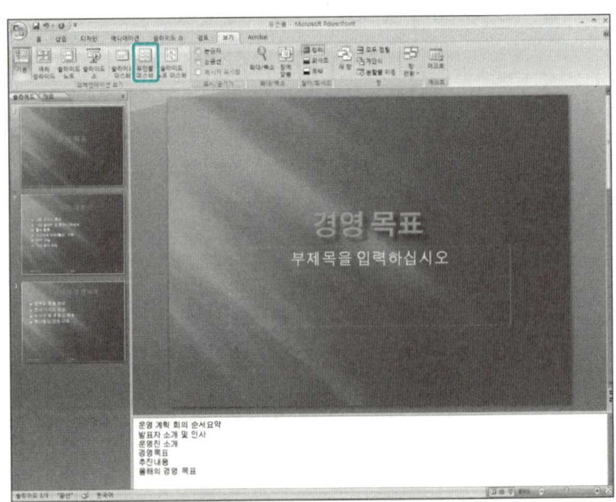

2 유인물 제목을 삽입하기 위해 [삽입] 탭의 [텍스트] 그룹에서 [텍스트 상자]−[가로 텍스트 상자]를 클릭한다.

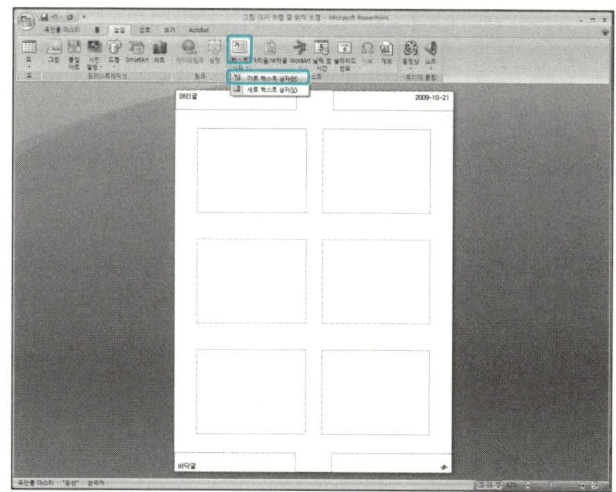

3 위쪽 가운데 영역에 임의로 드래그하여 넣고 "경영목표" 텍스트를 삽입한다. 텍스트 상자를 선택하고 텍스트를 가운데 정렬한다. [서식] 탭의 [도형 스타일] 그룹에서 [자세히]를 클릭하고 '강한 효과 – 강조 1'을 선택하여 해당 제목 텍스트 상자의 서식을 설정한다.

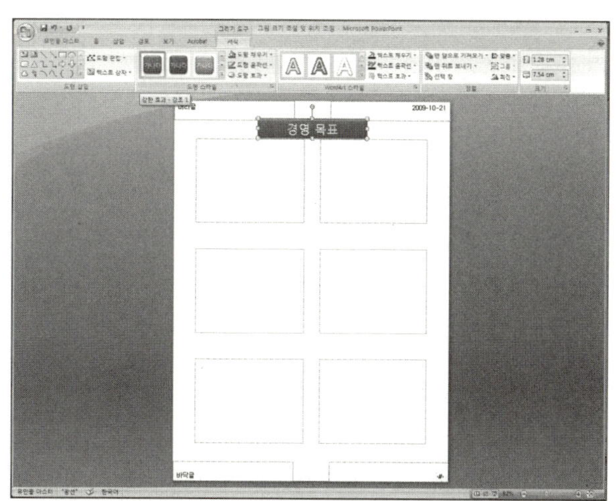

4 유인물에 바닥글을 넣기 위해 [삽입] 탭의 [텍스트] 그룹에서 [머리글/바닥글]을 클릭한다.

5 [머리글/바닥글] 대화상자의 [슬라이드 노트 및 유인물] 탭에서 '바닥글'에 체크하고 "운영 계획회의"라고 입력한 후 [모두 적용] 단추를 클릭한다.

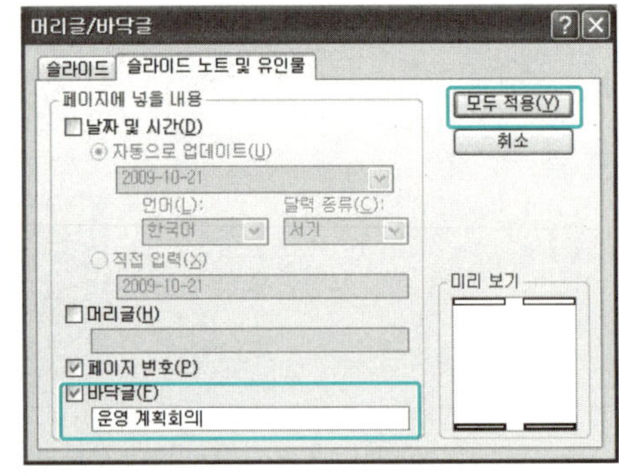

6 Shift 를 누른 채 바닥글과 페이지 번호 개체를 동시에 선택하고 [홈] 탭의 [글꼴] 그룹에서 글꼴은 '굴림', '굵게', 글꼴 크기는 '14pt'로 설정한다.

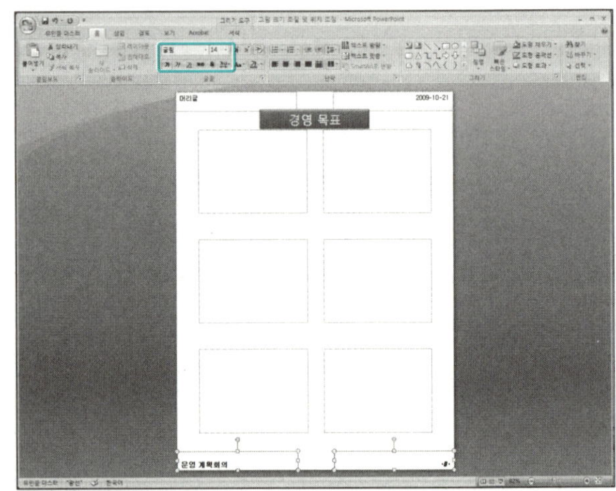

7 [유인물 마스터] 탭의 [페이지 설정] 그룹에서 [한 페이지에 넣을 슬라이드 수]를 '2슬라이드(2)'로 설정한다.

8 유인물 마스터 보기를 닫기 위해 [유인물 마스터] 탭의 [닫기] 그룹에서 [마스터 보기 닫기]를 클릭한다.

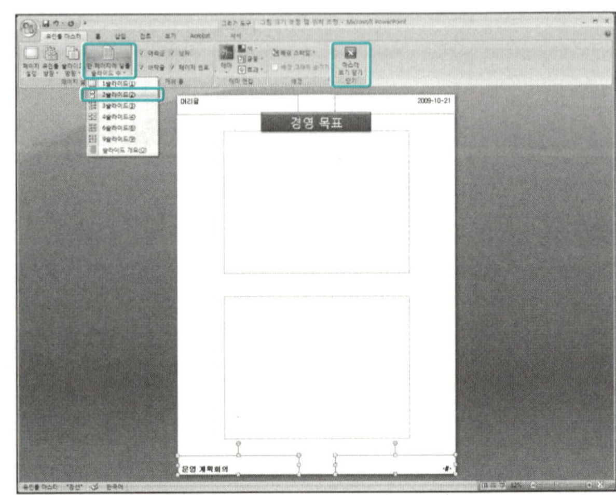

1　프레젠테이션을 인쇄하기 위해 [Office] 단추를 클릭하여 [인쇄]를 클릭한다.

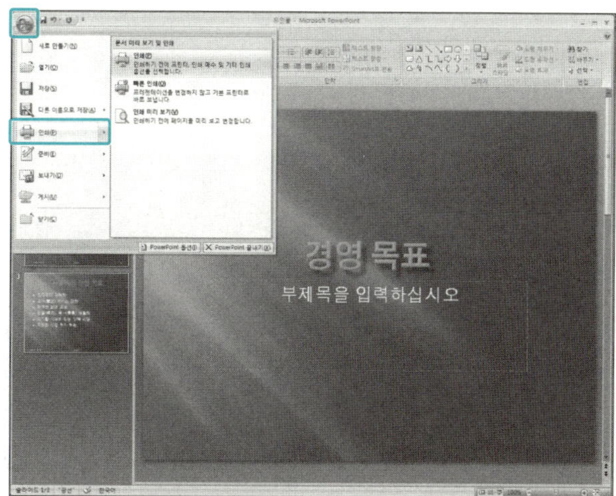

2　[인쇄] 대화상자에서 '인쇄 범위', '인쇄 매수', '인쇄 대상' 등을 설정하고 [확인] 단추를 클릭한다.

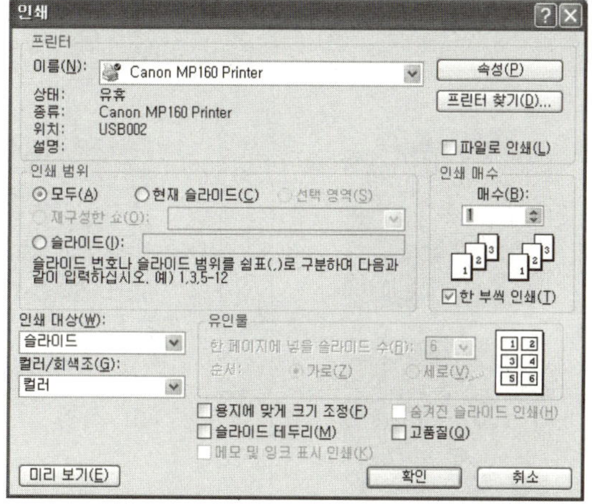

- 슬라이드 : 지정된 방향으로 슬라이드가 한 페이지 단위로 인쇄된다.
- 유인물 : 한 장에 여러 슬라이드를 출력한다.
- 슬라이드 노트 : 슬라이드와 발표자 노트를 한 화면에 출력한다.
- 개요 보기 : 슬라이드의 개요 보기 형태로 텍스트 위주의 출력이다.

슬라이드

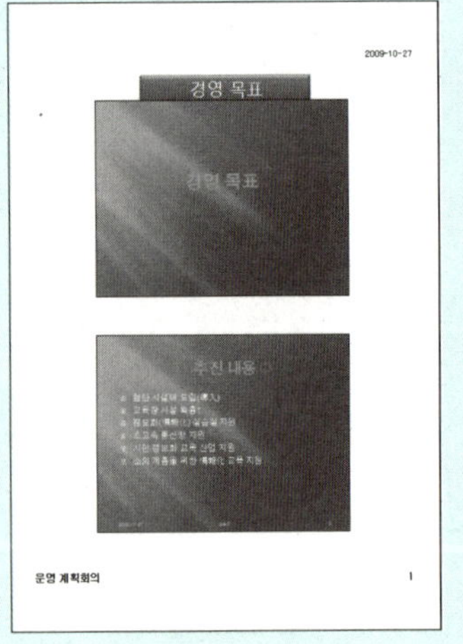

유인물

슬라이드 노트

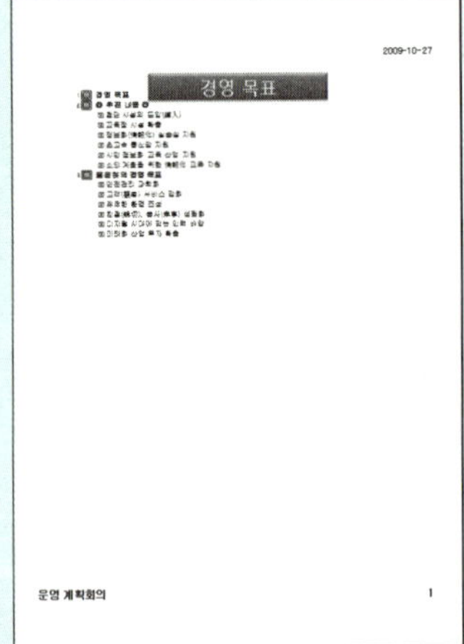

개요 보기

[문제 1] '개요 보기'로 3부 인쇄하시오.

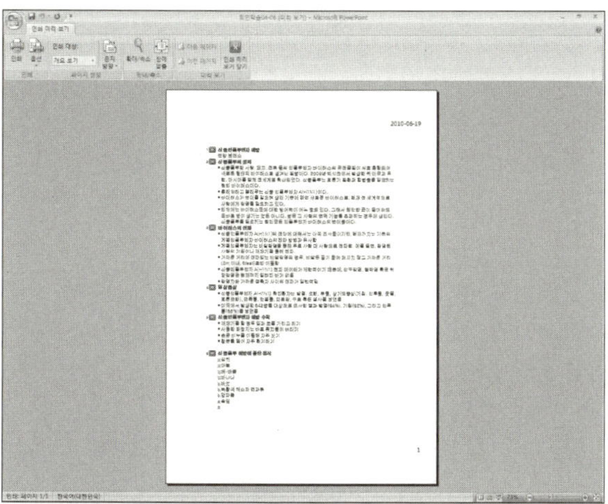

1 [Office] 단추-[인쇄]를 클릭한다.

2 [인쇄] 대화상자에서 인쇄 대상을 [개요 보기]로 선택하고, 인쇄 매수를 '3' 부로 설정한다.

3 [미리 보기] 단추를 클릭하여 인쇄될 모양을 확인하고 [인쇄] 단추를 클릭한다.

[문제 2] 인쇄 미리 보기에서 '유인물(2슬라이드/페이지)'로 설정하시오.

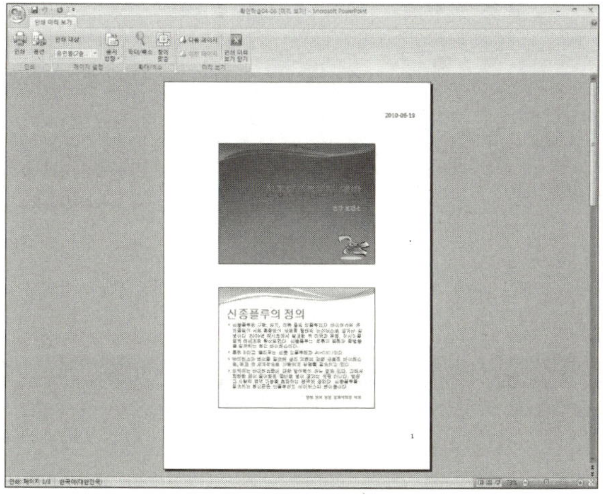

1 [Office] 단추-[인쇄]-[인쇄 미리 보기]를 클릭한다.

2 [페이지 설정] 그룹의 인쇄 대상에서 '유인물(2슬라이드/페이지)'를 선택한다.

7 CD용 패키지

CD용 패키지를 폴더에 복사하는 문제

준비파일 : Chapter04/본문예제04-07   **완성파일** : Chapter04/완성파일/신종인플루엔자 예방법

프레젠테이션의 내용을 CD에 저장하는 기능이다. 종이 인쇄물이 아닌 CD로 프레젠테이션 자료를 옮기거나 완성된 프레젠테이션을 백업하기 위해 자주 사용하는 기능이기도 한다. CD용 패키지 기능을 사용하려면 CD 라이터는 필수이다.

1 [Office] 단추를 클릭한 후 [게시]-[CD용 패키지]를 클릭한다.

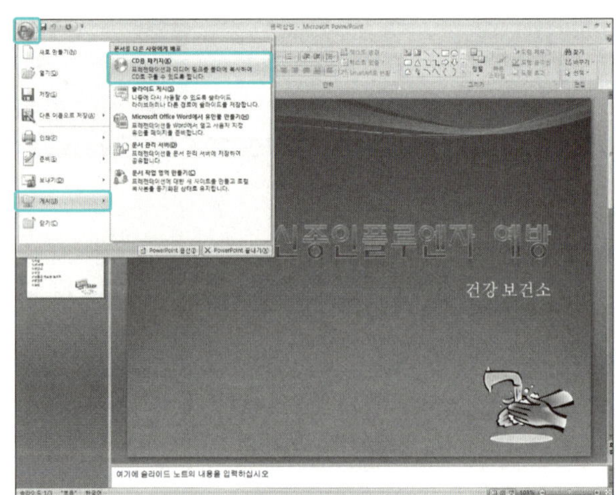

2 알림 메시지 창에서 [확인] 단추를 클릭한다.

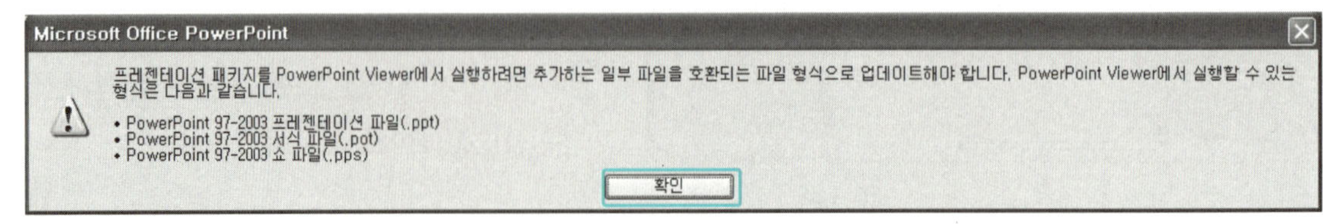

3 [CD용 패키지] 대화상자의 'CD 이름'에 "신종인플루엔자 예방법"이라고 입력한 뒤 [폴더로 복사]를 클릭한다.

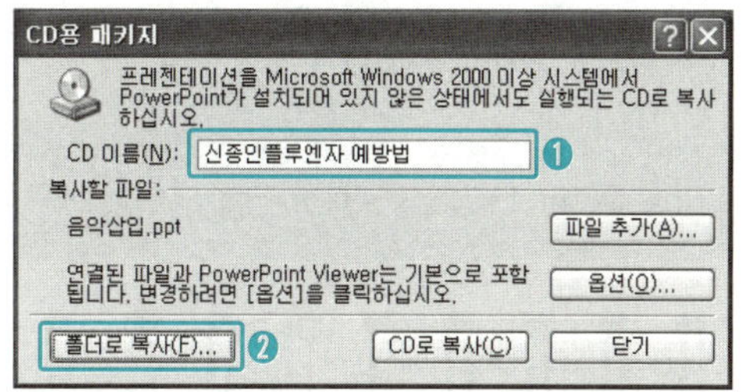

4 [폴더로 복사] 대화상자에서 폴더 이름을 확인하고 [찾아보기] 단추를 클릭하여 저장할 폴더를 선택한다. [확인] 단추를 클릭한다.

5 작성 과정이 표시되면 작업이 완료될 때까지 기다린 후 [닫기] 단추를 클릭한다.

확인학습문제

[문제 1] 프레젠테이션을 '추억'이란 이름의 CD용 패키지로 만들고 파일을 [내 문서] 폴더에 저장하시오.

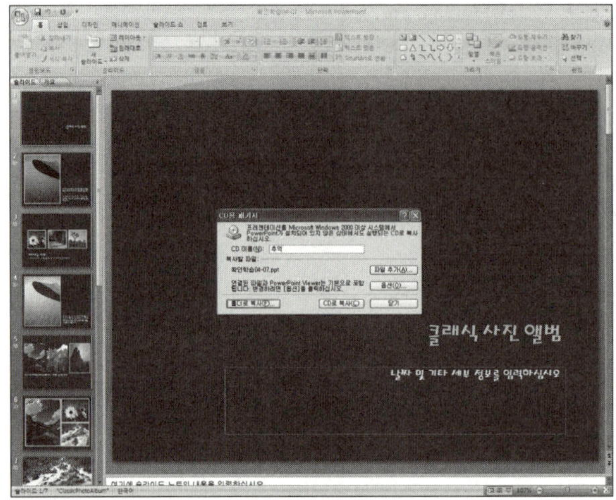

1 [Office] 단추-[게시]-[CD용 패키지]를 클릭하고 알림 메시지 창이 나오면 [확인] 단추를 클릭한다.

2 [CD 패키지] 대화상자에서 'CD 이름'에 "추억"이라고 입력하고 [폴더로 복사]를 클릭한다.

3 [폴더로 복사] 대화상자에서 [찾아보기] 단추를 클릭하여 [내 문서] 폴더를 선택한다.

4 [확인] 단추를 클릭하고 작업이 완료될 때까지 기다린 후 [닫기] 단추를 클릭한다.

V

실전문제
유형별 따라잡기

01 실전문제 유형별 따라잡기

◎ **준비파일** : 실전문제/실전01
◎ **완성파일** : 실전문제/완성파일/실전완성01

[문제 **1**] 슬라이드 3 '목차'를 슬라이드 1 '신종인플루엔자 예방' 바로 다음으로 이동하시오.

[문제 **2**] 슬라이드 2 '목차'에서 글머리 기호 텍스트인 '신종플루의 정의'가 첫 번째 글머리 기호 항목으로 표시되도록 이동하시오.

---

1 슬라이드 이동 방법을 묻고 있다.

1 '실전01' 파일을 열어 3번 슬라이드 '목차'를 선택한 후 1번 슬라이드 아래로 드래그한다.

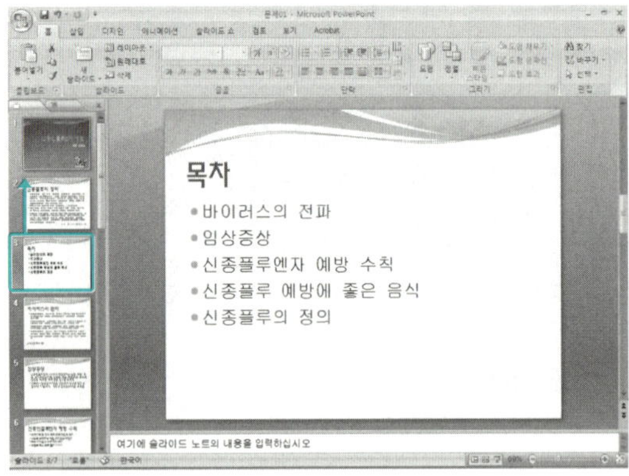

이렇게 해도 됩니다.

이동할 슬라이드를 선택하고 마우스 오른쪽 단추를 클릭하여 [잘라내기] 메뉴를 선택한 다음, 이동할 위치를 클릭하고 다시 마우스 오른쪽 단추를 클릭하여 [붙여넣기] 메뉴를 선택해도 슬라이드를 이동할 수 있다.

2 글머리 기호 목록에서 텍스트를 이동하는 방법을 묻고 있다.

1 글머리 기호 목록 텍스트 상자 안의 '신종플루의 정의' 텍스트를 블록으로 지정한다.

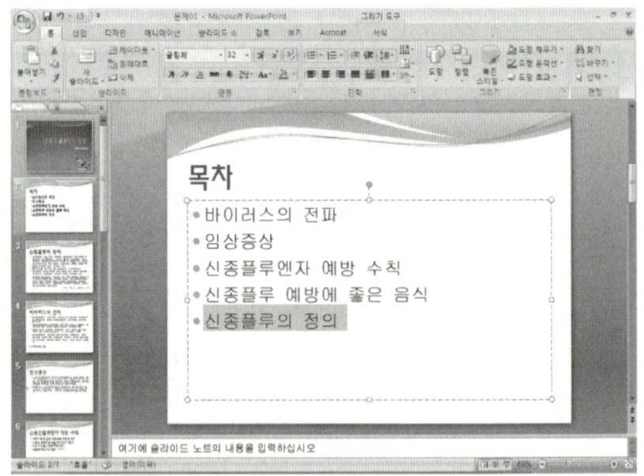

2 마우스 포인터가 흰색 화살표가 됐을 때 '바이러스의 전파' 텍스트 앞으로 드래그한다.

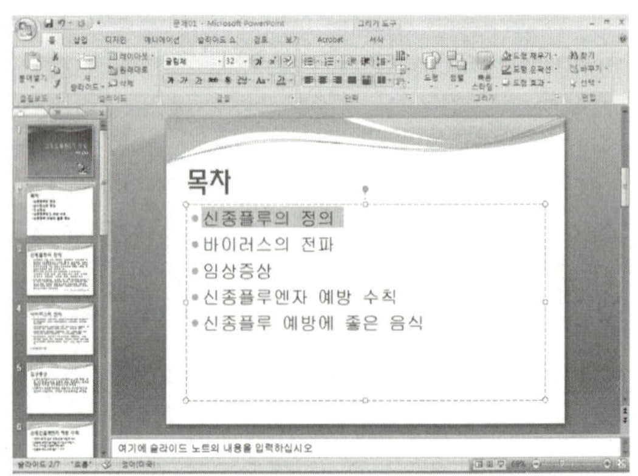

02 실전문제 유형별 따라잡기

◈ **준비파일** : 실전문제/실전02, 음식.jpg
◈ **완성파일** : 실전문제/완성파일/실전완성02

[문제 **1**] 슬라이드 4 '바이러스의 전파'에서 글머리 기호 텍스트를 열 간격이 '1.2cm'인 두 개 열로 변경하시오.

[문제 **2**] 슬라이드 7 '신종플루 예방에 좋은 음식'을 열고, 예제로 제공되는 '음식' 그래픽 파일을 글머리 기호 목록 바로 오른쪽에 추가하시오.

1 글머리 기호 텍스트의 열 간격과 텍스트의 단 변경에 대해서 묻고 있다.

1 '실전02' 파일을 열어 4번 슬라이드를 선택하고 글머리 기호 텍스트 상자를 클릭한 뒤 [홈] 탭의 [단락] 그룹에서 [단]-[기타 열]을 클릭한다.

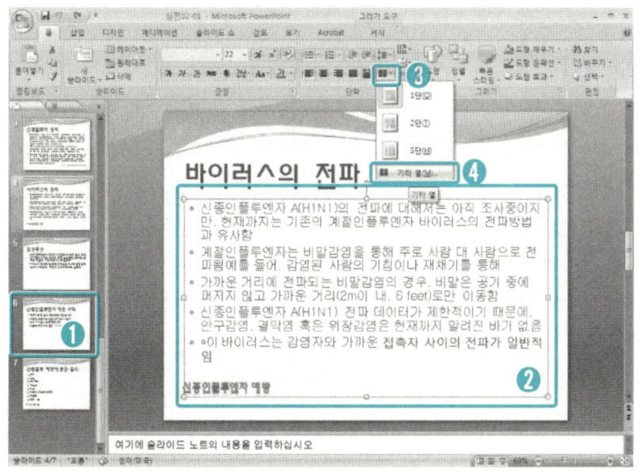

2 [열] 대화상자가 나타나면 개수를 '2', 간격을 '1.2cm'로 설정한 뒤 [확인] 단추를 클릭한다.

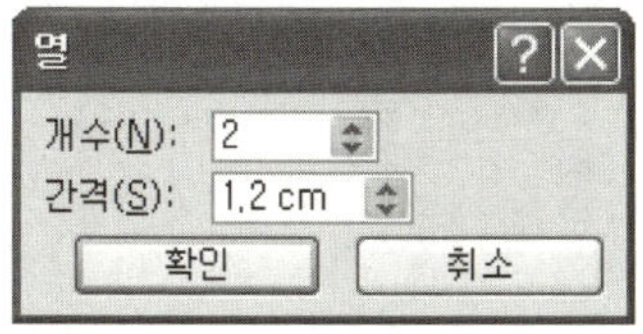

2 슬라이드에 그림을 삽입하는 방법을 묻고 있다.

1 7번 슬라이드를 선택하고 [삽입] 탭의 [일러스트레이션] 그룹에서 [그림]을 클릭한 후 예제로 제공되는 '음식.jpg'를 선택하여 [삽입] 단추를 클릭한다.

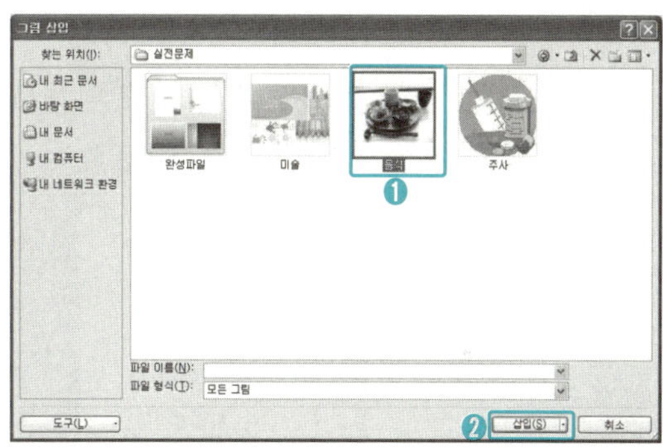

2 그림이 삽입되면 글머리 기호 목록 오른쪽에서 드래그한다.

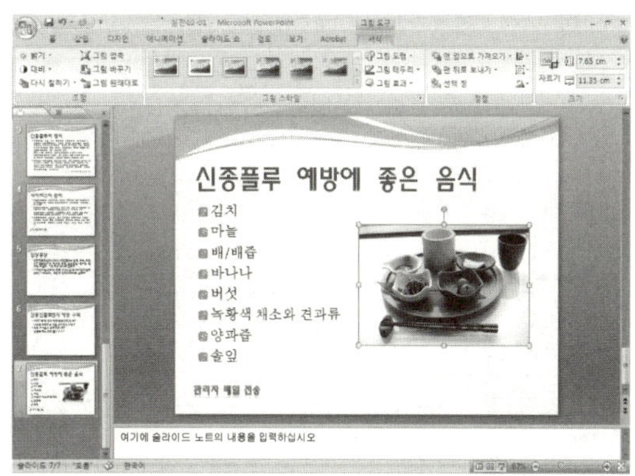

⊙ **준비파일** : 실전문제/실전03, 다이어트 정의.rtf
⊙ **완성파일** : 실전문제/완성파일/실전완성03

[문제 ❶] [실전유형] 폴더에 있는 '다이어트 정의'라는 Word 파일의 개요를 열려 있는 프레젠테이션의 마지막 슬라이드 바로 다음으로 가져오시오.

[문제 ❷] 슬라이드 마스터를 사용하여 모든 슬라이드에 '오렌지' 테마를 적용하시오.

---

❶ 프레젠테이션에 word 개요 파일을 삽입하는 방법을 묻고 있다.

1 '실전03' 파일을 열고 마지막 슬라이드인 2번째 슬라이드를 선택한 후 [홈] 탭의 [슬라이드] 그룹에서 [새 슬라이드]–[슬라이드 개요]를 클릭한다.

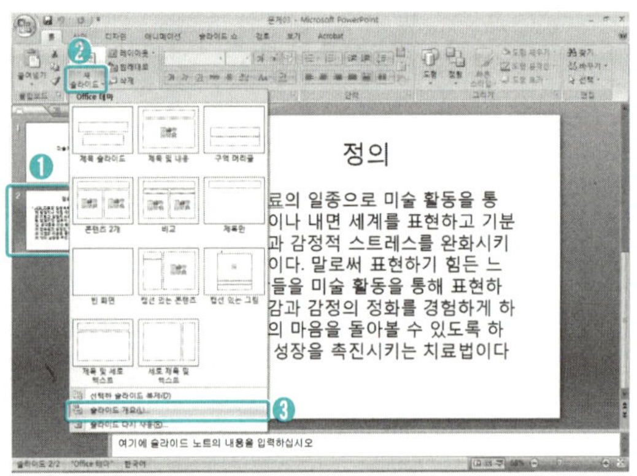

2 예제로 제공되는 '다이어트 정의' word 파일을 선택한 후 [삽입] 단추를 클릭하면 2번째 슬라이드 아래에 내용이 추가되어 나타난다.

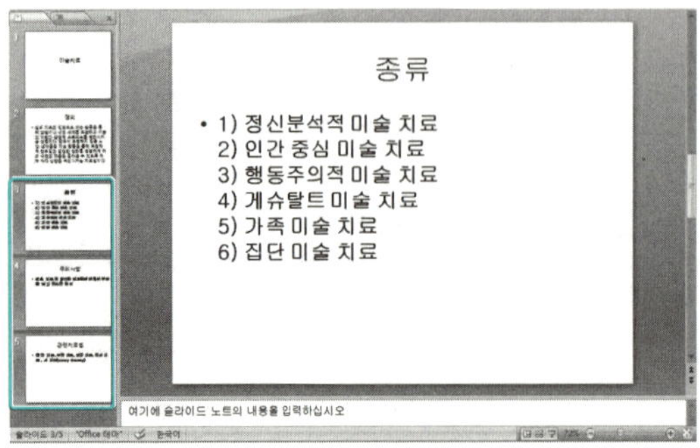

❷ 슬라이드 마스터를 사용하여 슬라이드에 테마를 적용하는 방법을 묻고 있다.

1 [보기] 탭의 [프레젠테이션 보기] 그룹에서 [슬라이드 마스터]를 클릭한다.

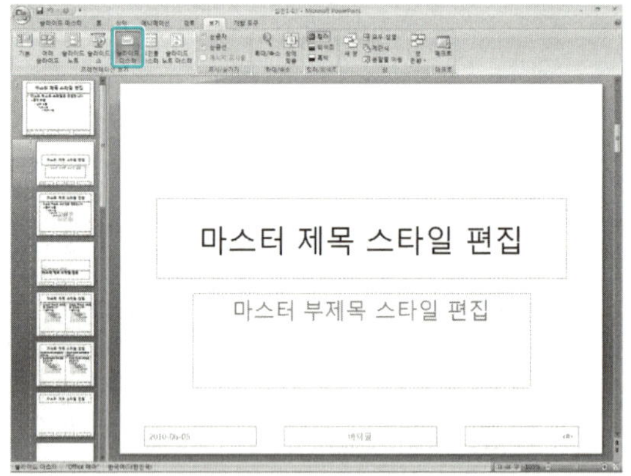

2 [슬라이드 마스터] 탭의 [테마 편집] 그룹에서 [테마]를 클릭하고 '오렌지' 테마를 선택한다.

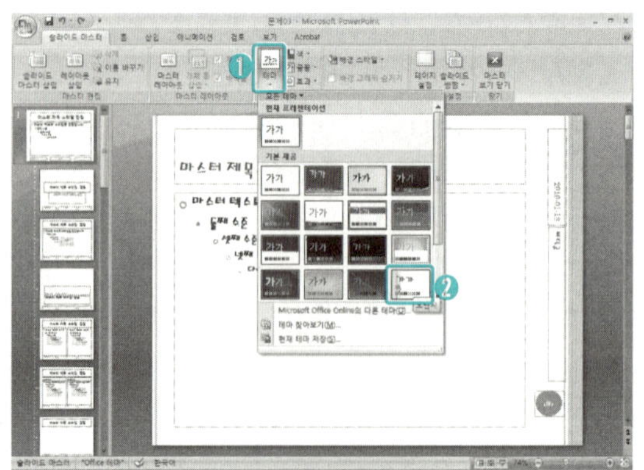

3 [마스터 보기 닫기]를 클릭한다.

04 실전문제 유형별 따라잡기

⊙ **준비파일** : 실전문제/실전04
⊙ **완성파일** : 실전문제/완성파일/실전완성04

[문제 **1**] 슬라이드 5 '관련치료법'에 추가된 메모를 숨기시오.

[문제 **2**] 프레젠테이션에서 숨겨진 메타 데이터 및 개인 정보를 검사하고 모든 문서 속성 결과를 제거하시오(모두 기본 설정을 적용할 것).

---

1 메모 숨기기에 대해서 묻고 있다.

1 '실전04' 파일을 열어 슬라이드 5번을 선택한 뒤 [검토] 탭의 [메모] 그룹에서 [메모 및 변경 내용 표시]를 클릭하여 해제한다.

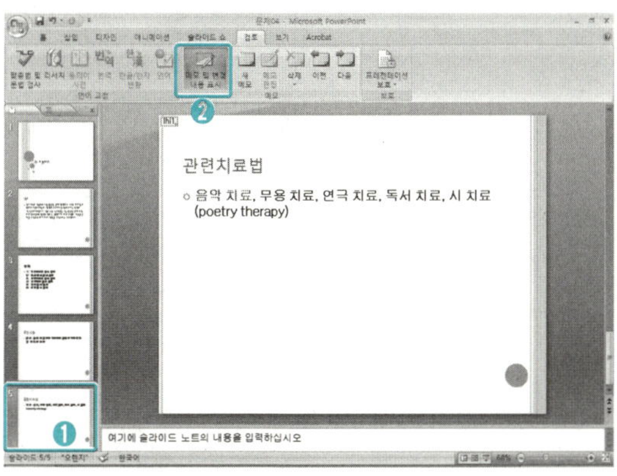

2 프레젠테이션의 문서 속성 검사에 대해 묻고 있다.

1 [Office] 단추-[준비]-[문서 검사]를 클릭한다.

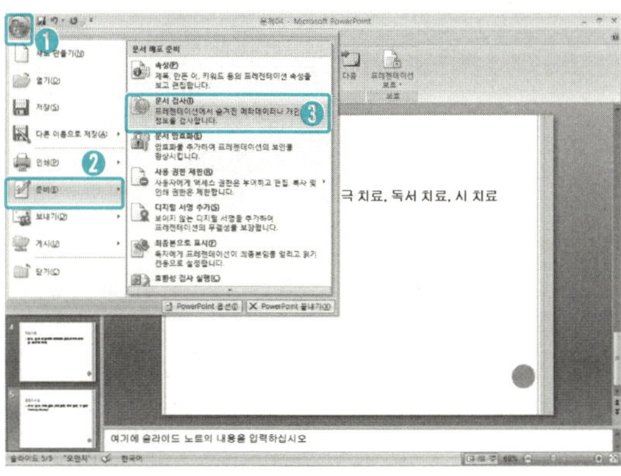

2 저장 메시지 대화상자가 나타나면 [예] 단추를 클릭한다.

3 '문서 속성 및 개인 정보'에 체크하고 [검사] 단추를 클릭한다.

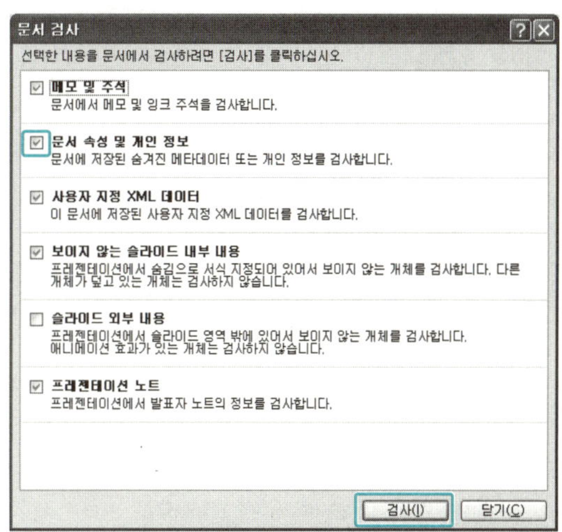

4 '문서 속성 및 개인 정보'의 [모두 제거] 단추를 클릭한 후 [닫기] 단추를 클릭한다.

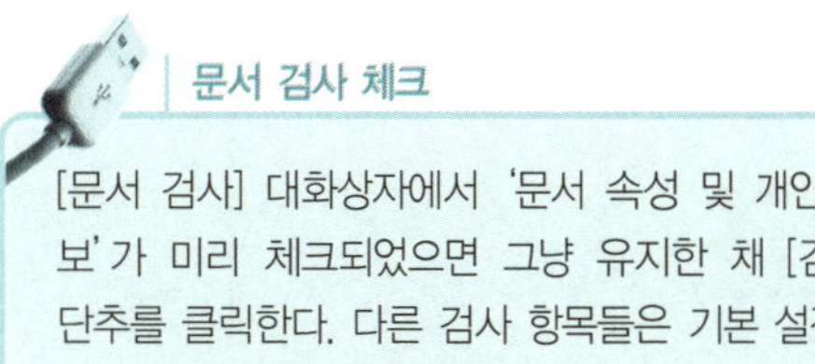

문서 검사 체크

[문서 검사] 대화상자에서 '문서 속성 및 개인 정보'가 미리 체크되었으면 그냥 유지한 채 [검사] 단추를 클릭한다. 다른 검사 항목들은 기본 설정이므로 체크를 해제하지 않는다.

05 실전문제 유형별 따라잡기

[문제 **1**] 슬라이드 5 '관련치료법'에서 직사각형 도형의 채우기에 투명도 '60%'를 적용하시오.

[문제 **2**] 프레젠테이션을 '미술치료'란 이름의 CD용 패키지로 만들고 파일을 폴더에 저장한 후, 모든 대화 상자를 닫으시오(나머지는 기본 설정을 적용할 것).

---

1 도형 채우기 서식의 투명도에 대해서 묻고 있다.

1 '실전05' 파일을 열어 슬라이드 5번을 선택한 뒤 직사각형 도형을 선택하고 [그리기 도구]–[서식] 탭의 [도형 스타일] 그룹에서 [도형 서식] 대화상자 단추를 클릭한다.

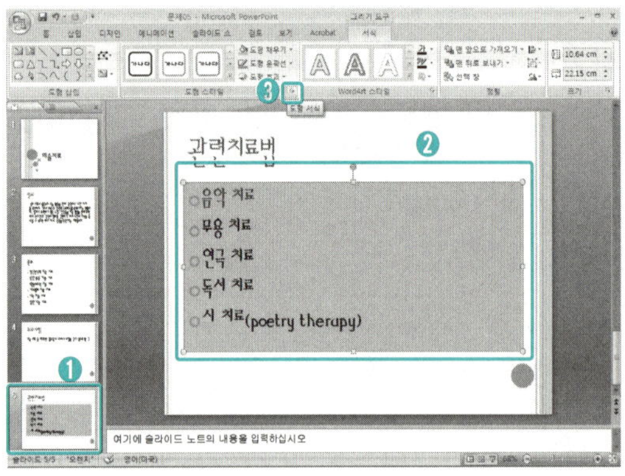

2 [도형 서식] 대화상자에서 채우기의 투명도를 '60%'로 설정한 후 [닫기] 단추를 클릭한다.

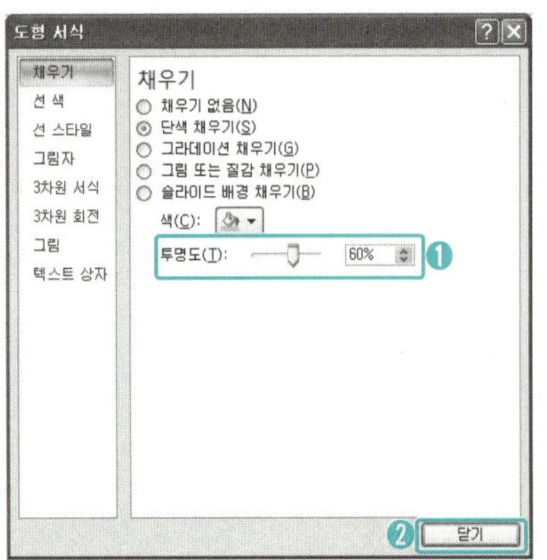

2 프레젠테이션을 CD용 패키지로 만드는 방법에 대해서 묻고 있다.

1 [Office] 단추-[게시]-[CD용 패키지]를 클릭한다.

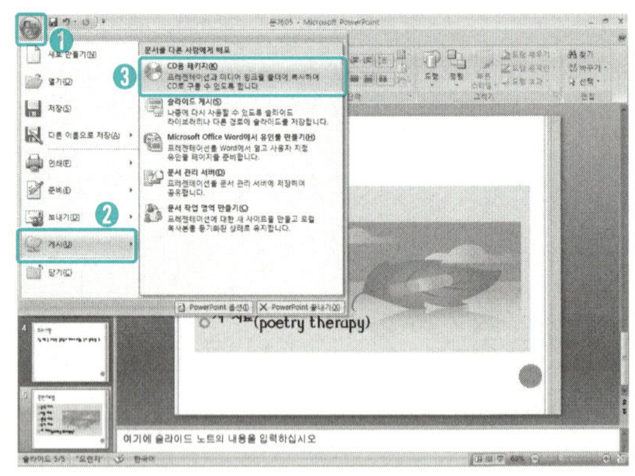

2 다음과 같은 대화상자가 나타나면 [확인] 단추를 클릭한다.

3 [CD용 패키지] 대화상자에서 CD 이름을 "미술치료"로 입력하고 [폴더로 복사] 단추를 클릭한다.

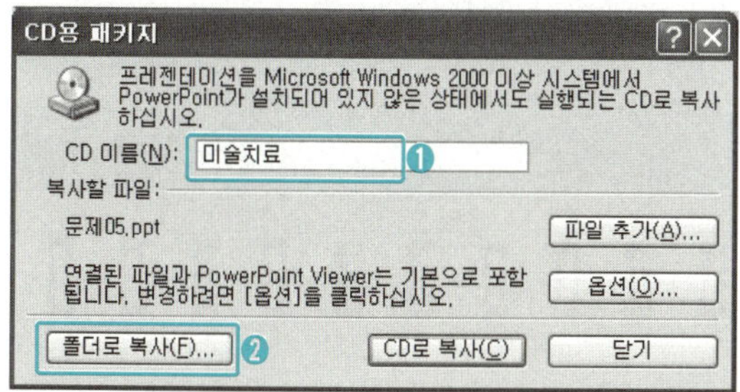

4 [폴더로 복사] 대화상자에서 [확인] 단추를 클릭한다.

5 다음과 같은 메시지가 나오면 [예] 단추를 클릭한다.

6 [CD용 패키지] 대화상자에서 [닫기] 단추를 클릭한다.

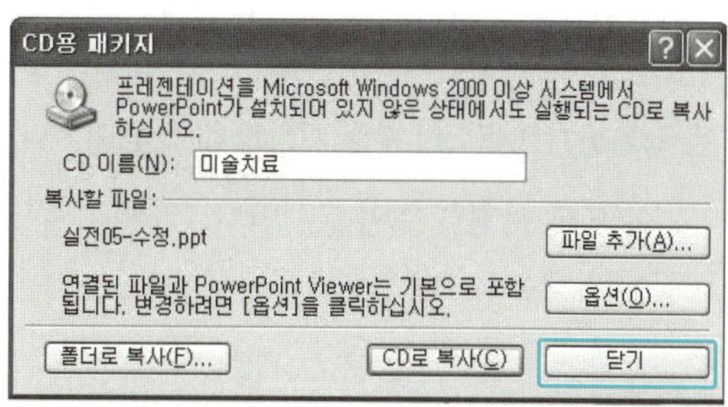

[문제 **1**] 슬라이드 2 '목차'에서 슬라이드 순서 목록에 있는 모든 글머리 기호 항목을 한 수준 내리시오.

[문제 **2**] 슬라이드 7 '신종플루 예방에 좋은 음식'에 있는 SmartArt에 속도를 '매우 빠르게'한 '확장' 애니메이션을 추가하시오.

---

1 글머리 기호 목록의 수준 지정에 대해 묻고 있다.

1 '실전06' 파일을 열어 슬라이드 2번을 선택하고 글머리 기호 목록을 블록으로 지정한다.

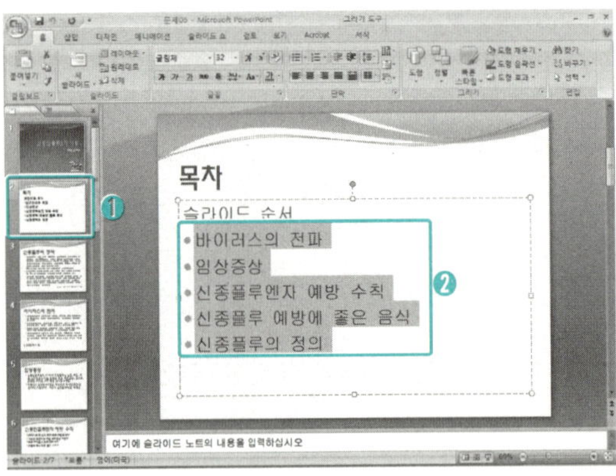

2 [홈] 탭의 [단락] 그룹에서 [목록 수준 늘림]을 클릭한다.

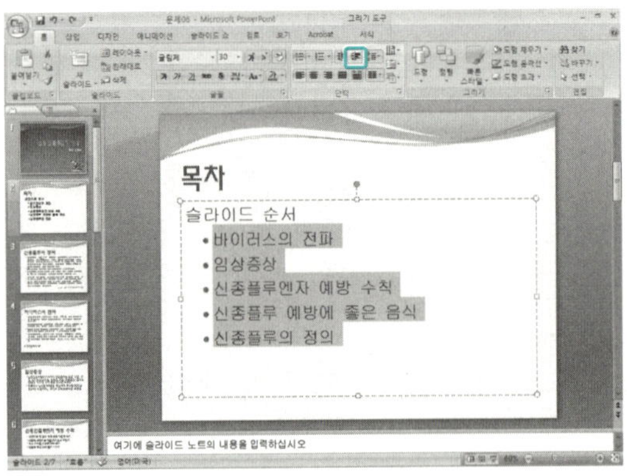

2 SmartArt에 사용자 지정 애니메이션을 추가하는 방법에 대해서 묻고 있다.

1 슬라이드 7번의 SmartArt를 선택하고 [애니메이션] 탭의 [사용자 지정 애니메이션]을 클릭한다.

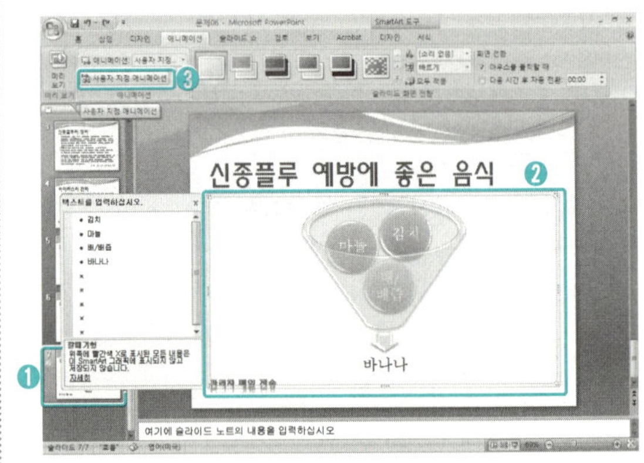

2 오른쪽에 [사용자 지정 애니메이션] 작업창이 열리면 [효과 적용] 단추를 클릭하고 [나타내기]-[기타 효과]-[은은한 효과]-[확장]을 클릭하고 [확인] 단추를 클릭한다.

3 [사용자 지정 애니메이션] 작업창 목록의 '1. 내용 개체 틀 7' 애니메이션을 선택한 뒤 속도를 '매우 빠르게'로 변경한다.

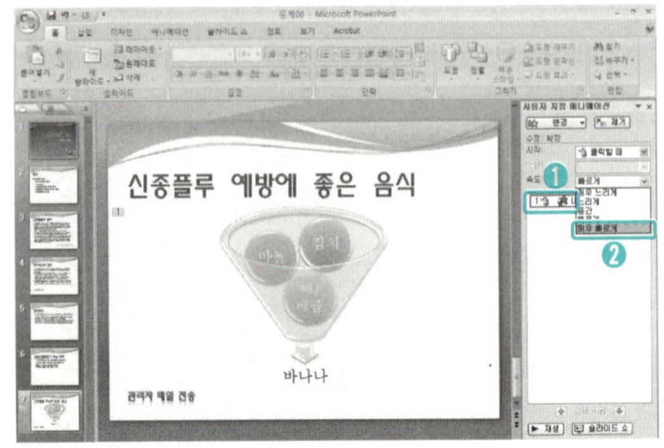

07 실전문제 유형별 따라잡기

◎ **준비파일** : 실전문제/실전07, 주사.wmf
◎ **완성파일** : 실전문제/완성파일/실전완성07

[문제 **1**] 슬라이드 6 '예방 수칙'에서 전체 목록의 글머리 기호 문자를 예제로 제공되는 '주사' 그래픽으로 변경하시오.

[문제 **2**] 슬라이드 5 '임상증상'에서 두 번째 글머리 기호 목록 아래에 '변종발생'이라는 텍스트를 메모로 추가하시오.

---

1 글머리 기호 목록의 기호 문자를 그림으로 변경할 수 있는지 묻고 있다.

1 '실전07' 파일을 열어 슬라이드 6번을 선택한 뒤 글머리 기호 목록 텍스트 상자의 테두리를 선택한다.

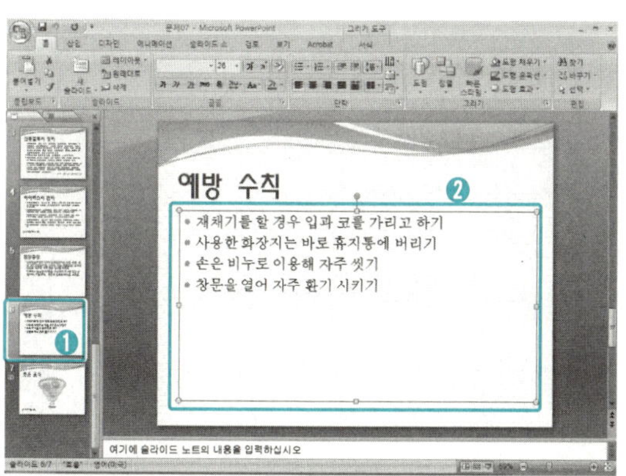

2 [홈] 탭의 [단락] 그룹에서 [글머리 기호]-[글머리 기호 및 번호 매기기]를 클릭한다.

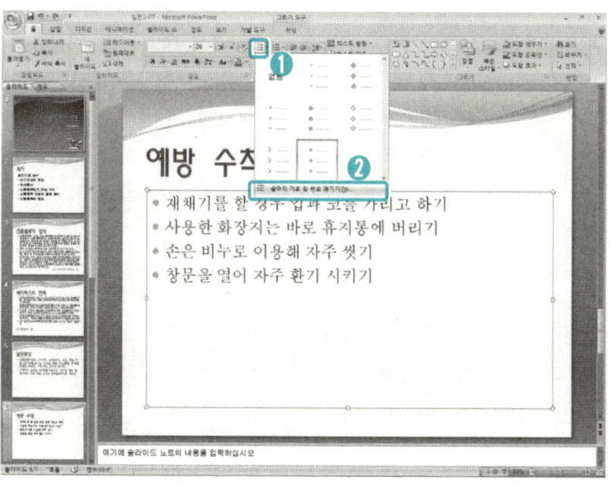

3 [글머리 기호 및 번호 매기기] 대화상자에서 [그림] 단추를 클릭한다.

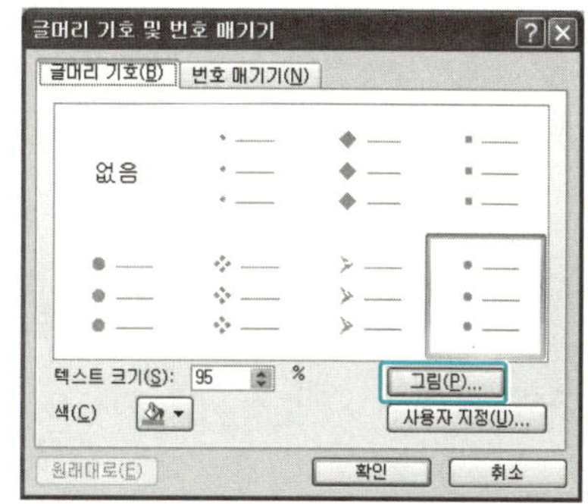

4 [그림 글머리 기호] 대화상자에서 [가져오기] 단추를 클릭하고, [실전문제] 폴더에 있는 '주사.wmf' 파일을 선택한 후 [추가]-[확인] 단추를 클릭한다.

1 슬라이드 5번을 선택하고 [검토] 탭의 [메모] 그룹에서 [새 메모]를 클릭한다.

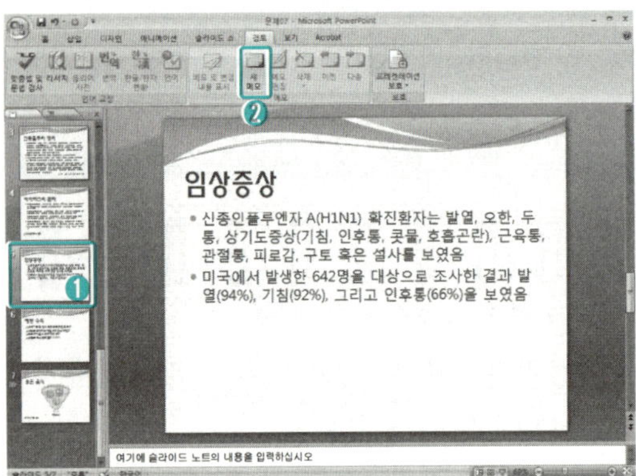

2 메모창이 나타나면 "변종발생" 텍스트를 입력한다.

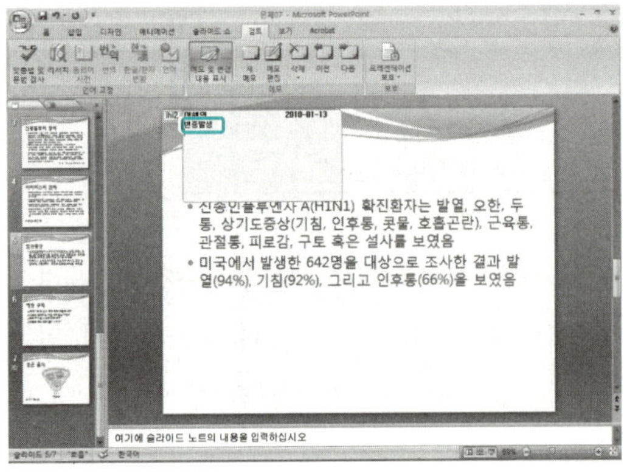

3 메모 아이콘을 선택하여 두 번째 글머리 기호 목록 밑으로 드래그한다.

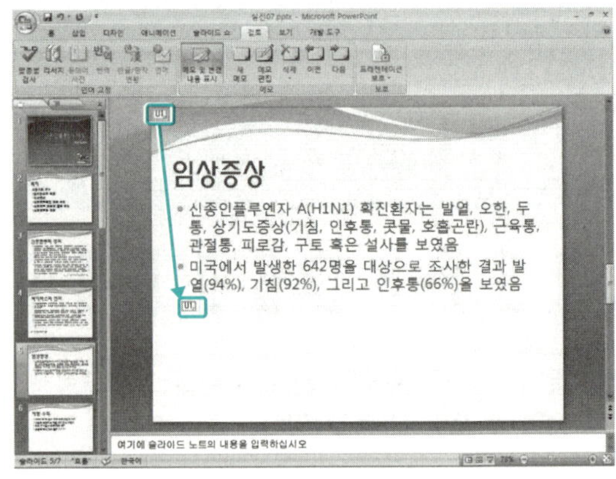

4 두 번째 글머리 기호 목록 아래로 메모 아이콘이 이동되었다.

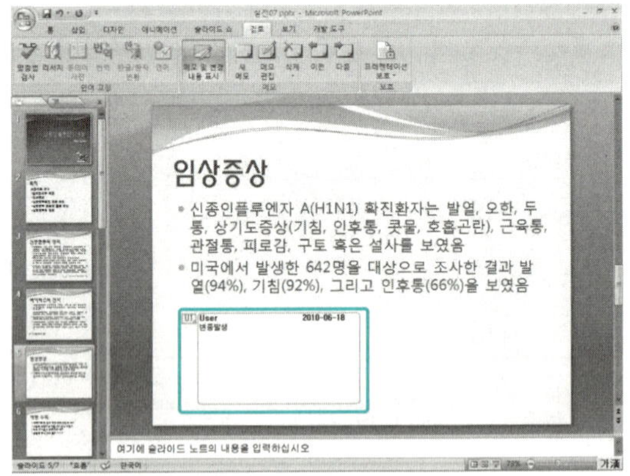

08 실전문제 유형별 따라잡기

⊙ **준비파일** : 실전문제/실전08, 미술.png
⊙ **완성파일** : 실전문제/완성파일/실전완성08

[문제 **1**] 슬라이드 마스터를 사용하여 모든 슬라이드의 배경에 [실전문제] 폴더에 있는 '미술' 그래픽을 추가하시오.

[문제 **2**] 제목 슬라이드를 제외한 모든 슬라이드에 슬라이드 번호를 추가하시오.

---

1 슬라이드 마스터에서 슬라이드 배경에 그림을 삽입하는 방법에 대해 묻고 있다.

1 '실전08' 파일을 열어 [보기] 탭의 [프레젠테이션 보기] 그룹에서 [슬라이드 마스터]를 클릭한다.

2 [배경] 그룹의 [배경 서식] 대화상자 단추를 클릭한후 [배경 서식] 대화상자의 [채우기] 항목에서 '그림 또는 질감 채우기'를 선택한다.

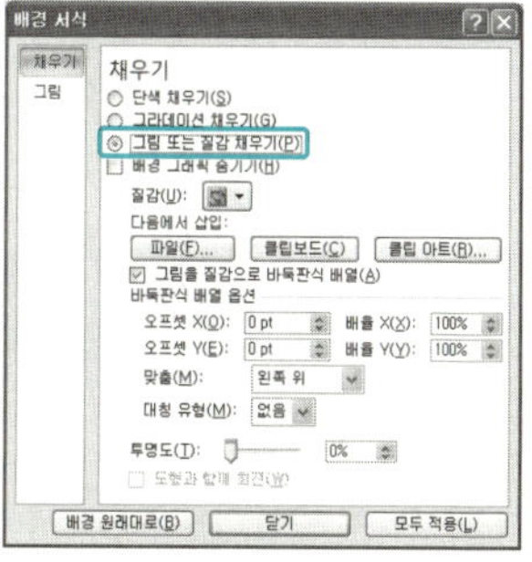

3 [다음에서 삽입] 항목에서 [파일] 단추를 클릭한 후 [실전문제] 폴더에 있는 '미술' 파일을 선택하고 [삽입] 단추를 클릭한다.

4 [모두 적용] 단추를 클릭한 후 [닫기] 단추를 클릭한다.

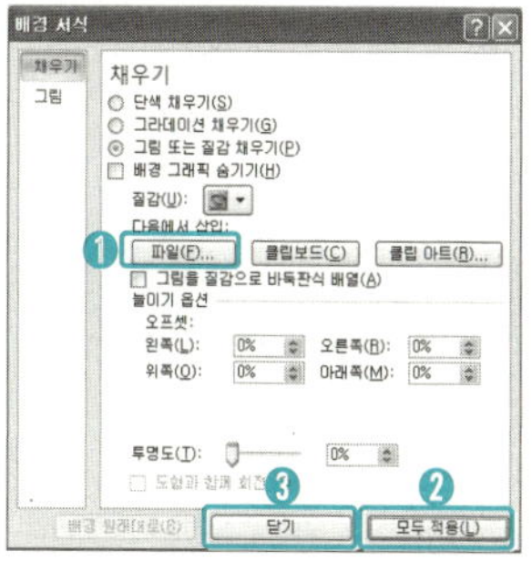

5 [마스터 보기 닫기]를 클릭한다.

2 제목 슬라이드를 제외한 슬라이드에 번호를 삽입하는 방법에 대해 묻고 있다.

1 [삽입] 탭의 [텍스트] 그룹에서 [슬라이드 번호]를 클릭한다.

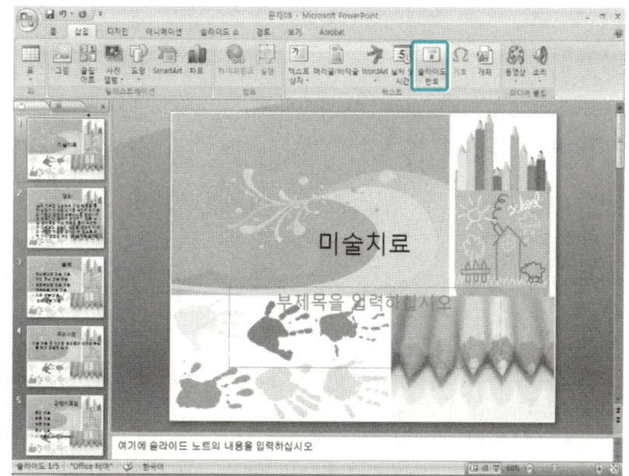

2 [머리글/바닥글] 대화상자에서 '슬라이드 번호'에 체크하고 '제목 슬라이드에는 표시 안함'에 체크한 뒤 [모두 적용] 단추를 클릭한다.

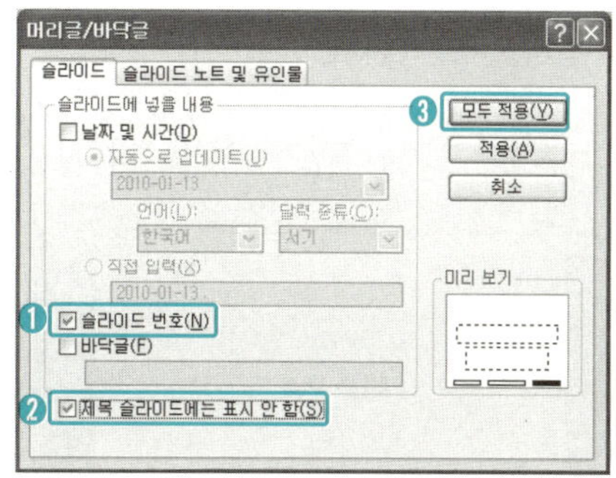

09 실전문제 유형별 따라잡기

⊙ **준비파일** : 실전문제/실전09
⊙ **완성파일** : 실전문제/완성파일/실전완성09

[문제 **1**] 슬라이드 5 '관련 치료법'에서 SmartArt를 '3차원 광택 처리' 스타일로 수정하시오.

[문제 **2**] 슬라이드 쇼를 재생하고 슬라이드 4 '주의사항'에서 '부담' 텍스트를 강조 표시하시오. 슬라이드 쇼를 종료하고 주석을 유지하시오(모두 기본 설정을 할 것).

---

1 SmartArt 스타일 지정 방법에 대해 묻고 있다.

1 '실전09' 파일을 열고 슬라이드 5번의 SmartArt를 클릭한다.

2 [SmartArt 도구]-[디자인] 탭의 [SmartArt 스타일] 그룹에서 [자세히] 단추를 클릭한 후, '3차원' - '광택 처리'를 선택한다.

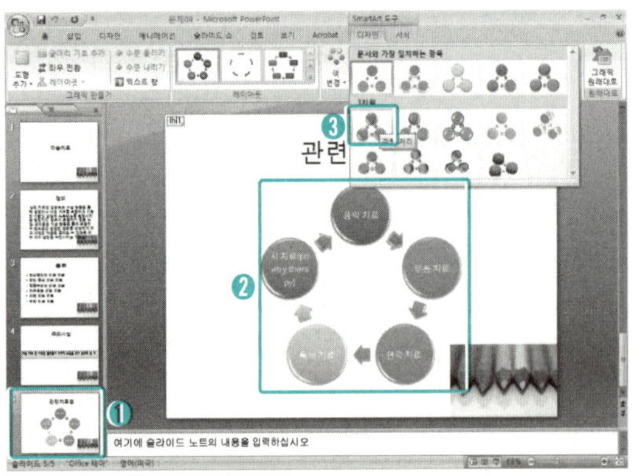

2 슬라이드 쇼 실행 시 강조 표시 및 주석 유지에 대해 묻고 있다.

1 [슬라이드 쇼] 탭의 [슬라이드 쇼 시작] 그룹에서 [처음부터]를 클릭한다.

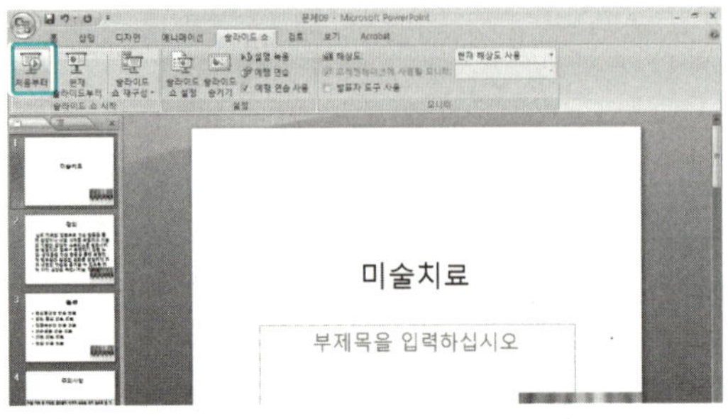

2 슬라이드 쇼가 진행되면 마우스로 클릭하여 슬라이드 4번까지 넘긴 후, 마우스 오른쪽 단추를 클릭하여 [포인터 옵션]-[형광펜]을 선택하고 '부담' 텍스트에 드래그한다.

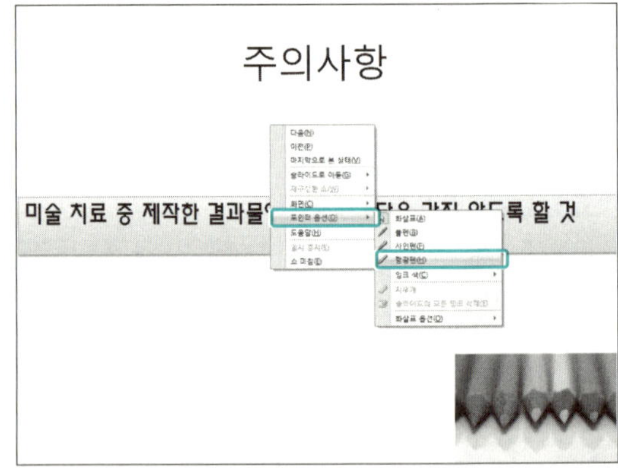

3 마지막 슬라이드까지 넘긴 후 [다음] 단추를 클릭해 잉크 주석 유지를 묻는 대화상자가 뜨면 [예] 단추를 클릭한다.

슬라이드 넘기기

포인터 옵션 사용 시에는 마우스 클릭으로 슬라이드를 넘길 수 없으므로 마우스 오른쪽 단추-[다음]을 클릭하거나, 슬라이드 하단의 오른쪽 방향 화살표를 클릭하여 다음 슬라이드 쇼를 진행한다.

10 실전문제 유형별 따라잡기

🔘 **준비파일** : 실전문제/실전10
🔘 **완성파일** : 실전문제/완성파일/실전완성10

[문제 **1**] 슬라이드 4 '주의사항'에서 제목 개체 틀의 애니메이션만 제거하시오.

[문제 **2**] 슬라이드 6 '미술 치료 기법'에서 조직도의 보조자 도형 '풍경 구성법'을 제거하시오.

---

1 애니메이션을 삭제하는 방법에 대해 묻고 있다.

1 '실전10' 파일을 열고 슬라이드 4번을 선택한 뒤 [애니메이션] 탭의 [사용자 지정 애니메이션]을 클릭한다.

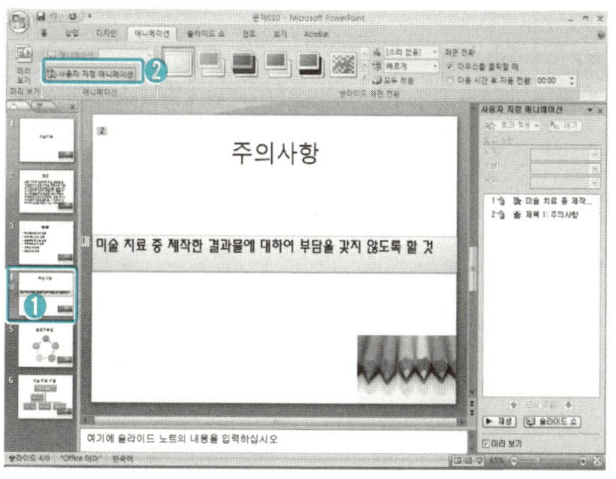

2 오른쪽의 [사용자 지정 애니메이션] 작업창 목록에서 '2 제목 1 : 주의사항' 애니메이션을 선택하고 [제거] 단추를 클릭한다.

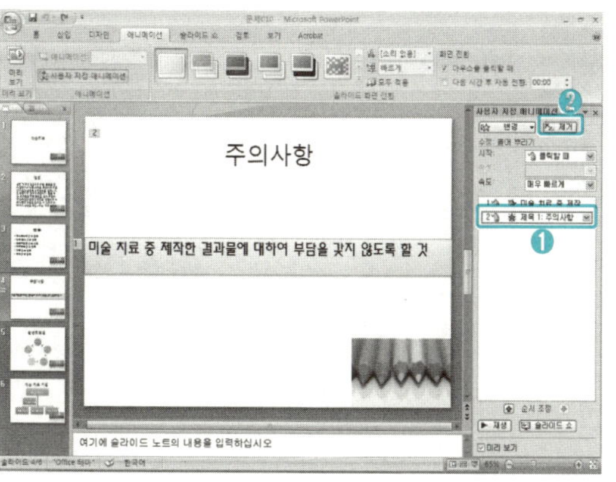

2 조직도 도형을 삭제하는 방법에 대해 묻고 있다.

1 슬라이드 6번의 조직도에서 '풍경 구성법' 도형을 선택하고 Delete 를 누른다.

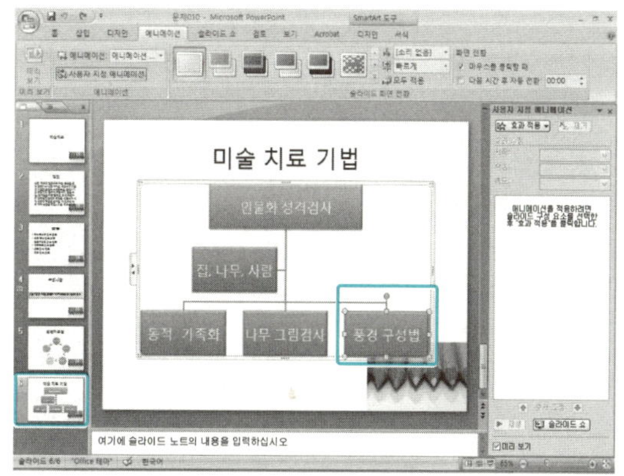

2 조직도에서 '풍경 구성법' 도형이 제거되었다.

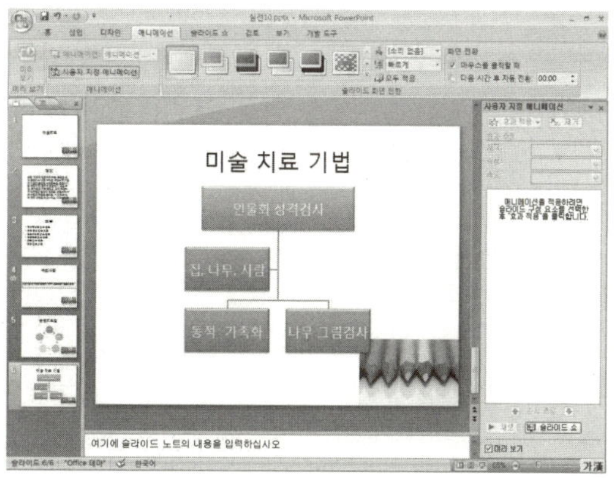

11 실전문제 유형별 따라잡기

⊙ 준비파일 : 실전문제/실전11
⊙ 완성파일 : 실전문제/완성파일/실전완성11

[문제 **1**] 프레젠테이션의 모든 슬라이드 방향을 '세로'로 변경하시오.

[문제 **2**] 슬라이드 5 '관련치료법'에서 SmartArt 그래픽의 크기를 높이 '11cm', 너비 '13cm'로 조정하시오.

---

1 슬라이드 방향을 변경하는 방법을 묻고 있다.

1 '실전11' 파일을 열고 [디자인] 탭의 [페이지 설정] 그룹에서 [슬라이드 방향]-[세로]를 클릭한다.

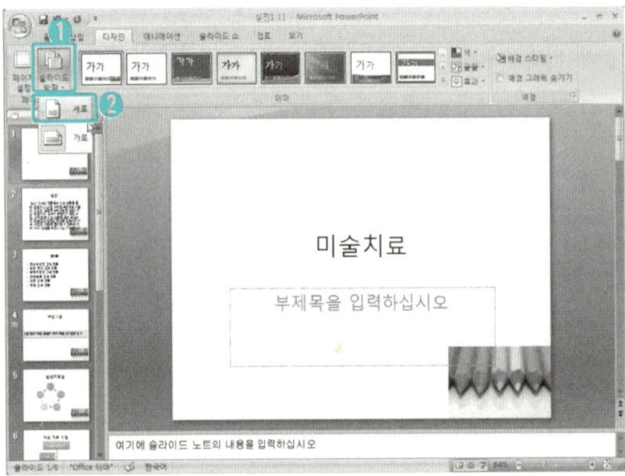

2 슬라이드 방향이 세로로 변경된다.

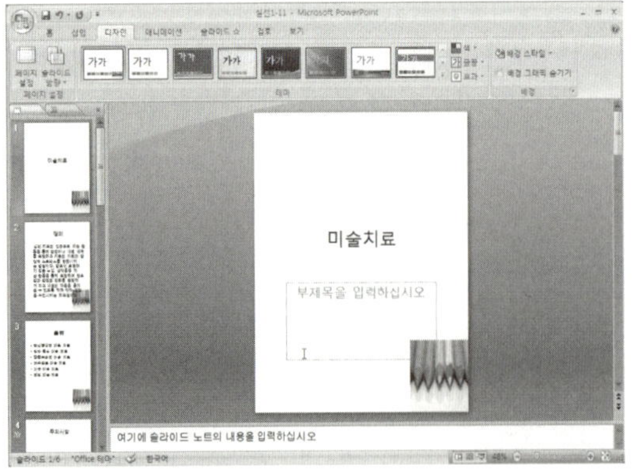

2 SmartArt의 크기를 조절하는 방법에 대해 묻고 있다.

1 슬라이드 5번의 SmartArt를 선택한다.

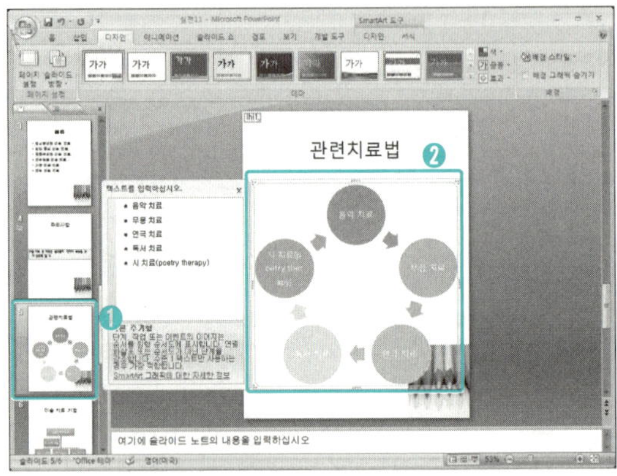

2 [SmartArt 도구]-[서식] 탭의 [크기]를 클릭한 후 높이 '11cm', 너비 '13cm'로 설정한다.

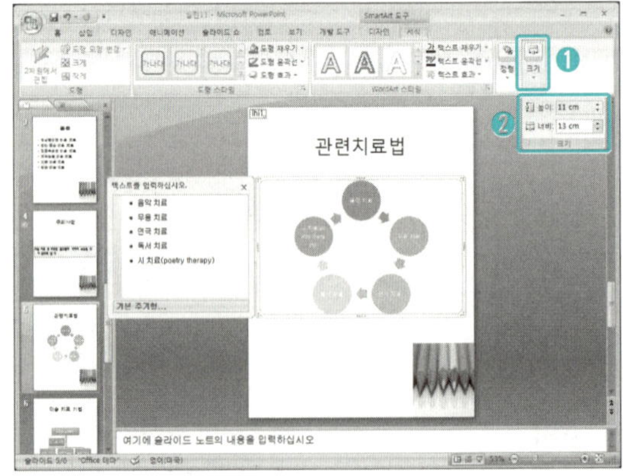

12 실전문제 유형별 따라잡기

◈ **준비파일** : 실전문제/실전12
◈ **완성파일** : 실전문제/완성파일/실전완성12

[문제 **1**] 슬라이드 3 '종류'에 삽입된 그림만 화면(150ppi) 출력용으로 압축하시오(나머지를 기본 설정을 적용할 것).

[문제 **2**] 슬라이드 7 '미술 매체 적용 요소'에서 각 도형을 일괄적으로 가운데로 정렬하시오.

---

1 그림 압축에 대해 묻고 있다.

1 '실전12' 파일을 열어 슬라이드 3번의 그림을 클릭한다.

2 [그림 도구]–[서식] 탭의 [조정] 그룹에서 [그림 압축]을 클릭한다.

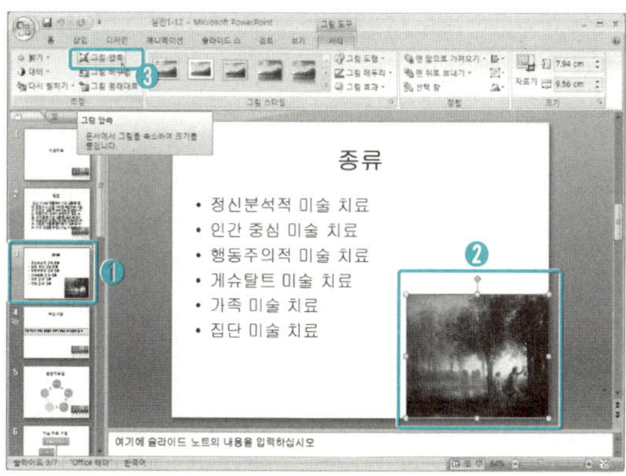

3 [그림 압축] 대화상자에서 '선택한 그림에만 적용'을 체크하고 [옵션] 단추를 클릭한다.

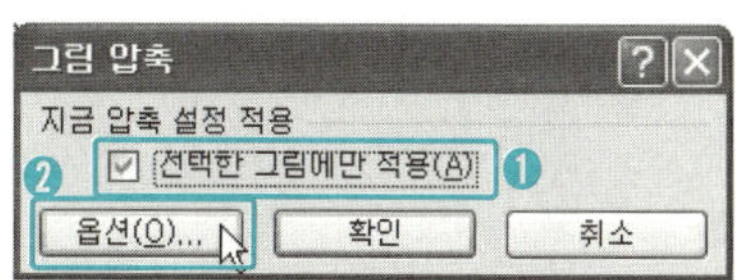

4 [압축 설정] 대화상자의 [대상 출력] 항목에서 '화면(150ppi):웹 페이지 및 프로젝터에 적절합니다'에 체크한 뒤 [확인] 단추를 클릭한다.

5 [그림 압축] 대화상자에서 [확인] 단추를 클릭한다.

2 도형을 맞춤 정렬하는 방법을 묻고 있다.

1 슬라이드 7을 선택하고 드래그를 넓게 하여 도형을 선택하거나, 도형 하나를 선택한 후 Ctrl 을 누른 채 다른 도형들을 클릭한다.

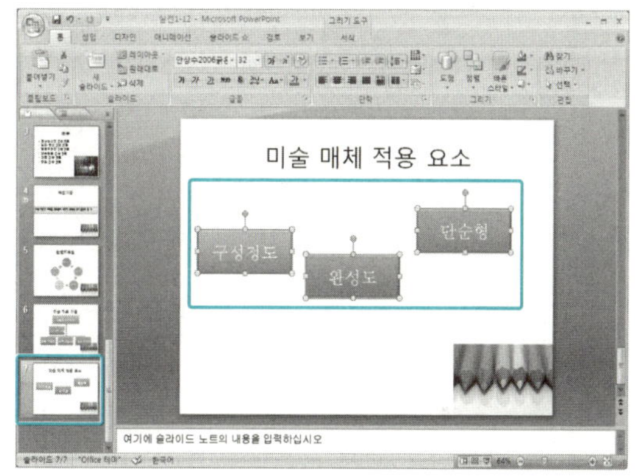

2 [그리기 도구]–[서식] 탭의 [정렬] 그룹에서 [맞춤]을 클릭하고 '중간 맞춤'을 선택한다.

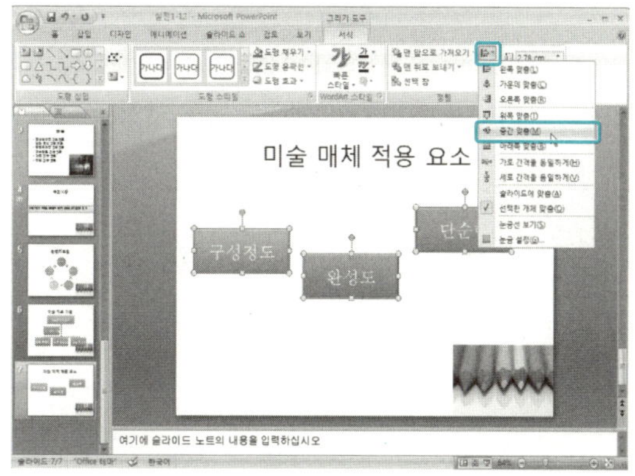

3 각 도형이 일괄적으로 가운데로 정렬된다.

⊚ 준비파일 : 실전문제/실전13
⊚ 완성파일 : 없음

[문제 **1**] 프레젠테이션을 '개요' 보기로 2매 출력하시오(나머지는 기본 설정을 적용할 것).

1 인쇄에 대해 묻고 있다.

1 '실전13' 파일을 열고 [Office] 단추-[인쇄]를 클릭한다.

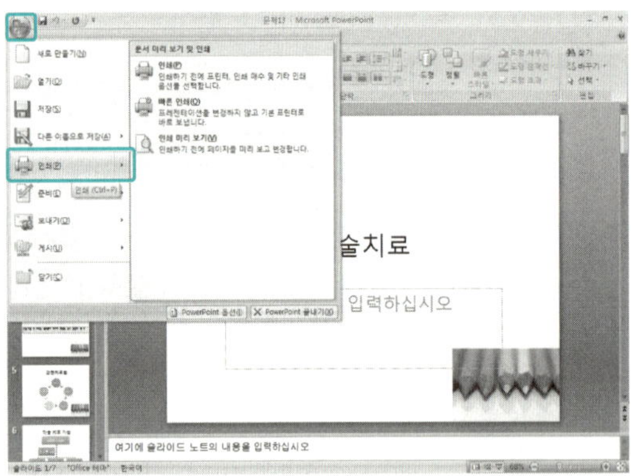

2 [인쇄] 대화상자에서 '인쇄 대상'을 '개요 보기'로 선택하고 '인쇄 매수'를 '2'로 지정한 뒤 [확인] 단추를 클릭한다.

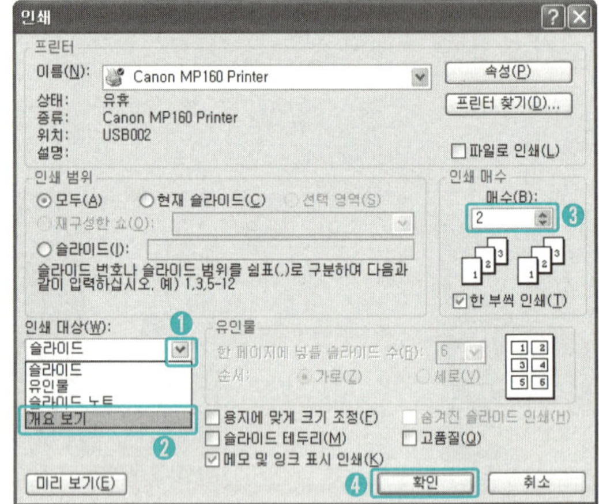

14 실전문제 유형별 따라잡기

◉ **준비파일** : 실전문제/실전14
◉ **완성파일** : 실전문제/완성파일/실전완성14

[문제 **1**] 슬라이드 3 '종류'에서 마지막 글머리 '집단 미술 치료'에 'www.naver.com'으로 연결되는 하이퍼링크를 삽입하시오.

[문제 **2**] 슬라이드 6 '미술 치료 기법' 조직도에서 SmartArt 그래픽 종류를 '가로 계층 구조형' 레이아웃으로 수정하시오.

---

1 특정 텍스트에 하이퍼링크를 삽입하는 방법에 대해 묻고 있다.

1 '실전14' 파일을 열고 슬라이드 3의 글머리 기호 목록 텍스트 중 '집단 미술 치료' 텍스트를 블록으로 지정한다.

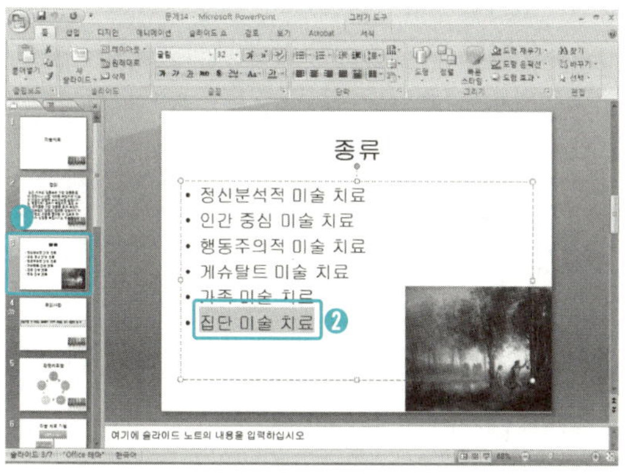

2 [삽입] 탭의 [하이퍼링크]를 클릭한다.

3 [하이퍼링크 삽입] 대화상자의 주소 입력줄에 "www.naver.com"을 입력한 뒤 [확인] 단추를 클릭한다.

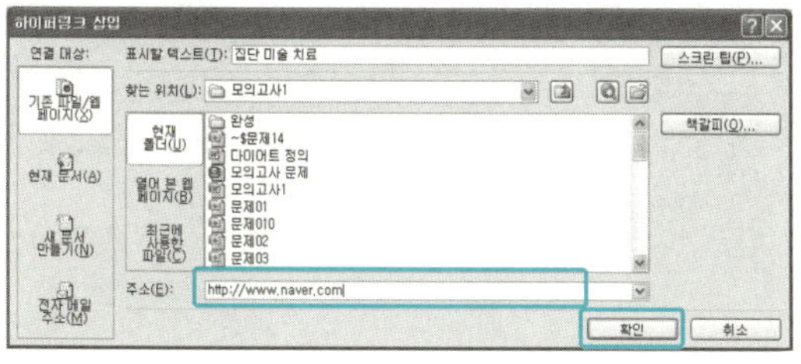

2 SmartArt 레이아웃 종류를 변경하는 방법을 묻고 있다.

1 슬라이드 6의 조직도를 클릭하고 [SmartArt 도구]–[디자인] 탭의 [레이아웃] 그룹에서 [자세히] 단추를 클릭하고 [기타 레이아웃]을 선택한다.

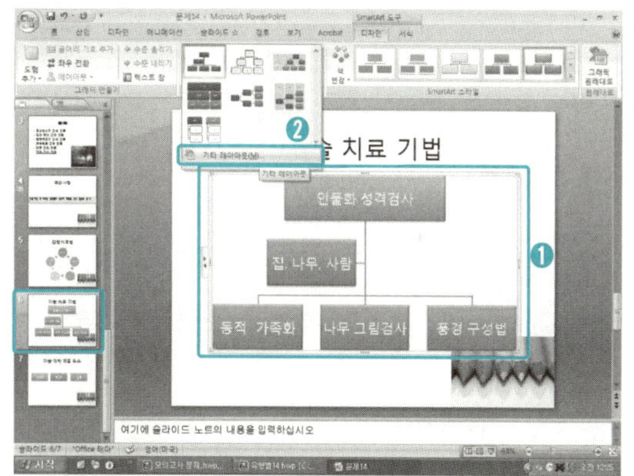

2 [SmartArt 그래픽 선택] 대화상자에서 [계층 구조형]의 '가로 계층 구조형'을 선택한 뒤 [확인] 단추를 클릭한다.

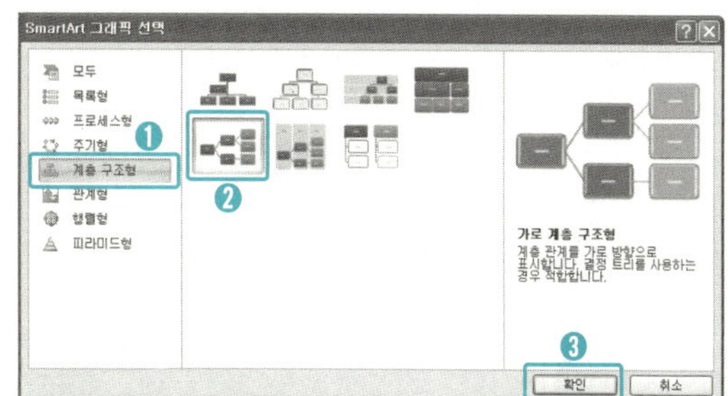

15 실전문제 유형별 따라잡기

[문제 **1**] 슬라이드 6 '미술 치료 기법' 조직도의 모든 텍스트를 '굵게', '기울임꼴'로 표시되도록 하시오.

[문제 **2**] 슬라이드 6 '미술 치료 기법' 조직도의 배경에 '새벽-선형 그라데이션' 채우기를 적용하시오.

---

1 조직도 텍스트의 서식 변경을 묻고 있다.

1 '실전15' 파일을 열어 슬라이드 6의 조직도를 클릭한다.

2 [홈] 탭의 [글꼴] 그룹에서 '굵게', '기울임꼴'을 클릭한다.

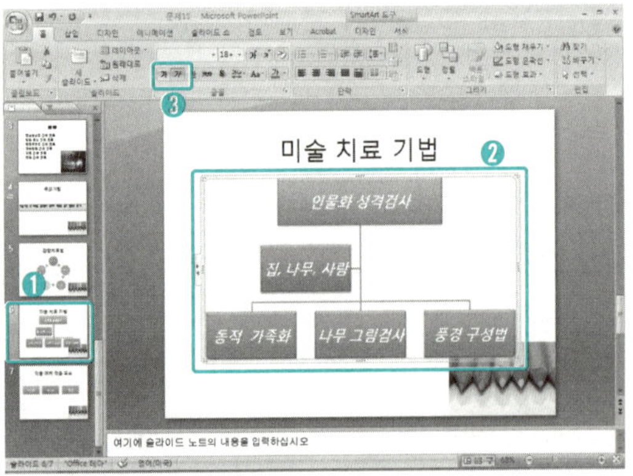

2 조직도 배경의 서식 지정 방법을 묻고 있다.

1 슬라이드 6의 조직도를 선택한 뒤 [서식] 탭의 [도형 스타일] 그룹에서 [자세히] 단추를 클릭한다.

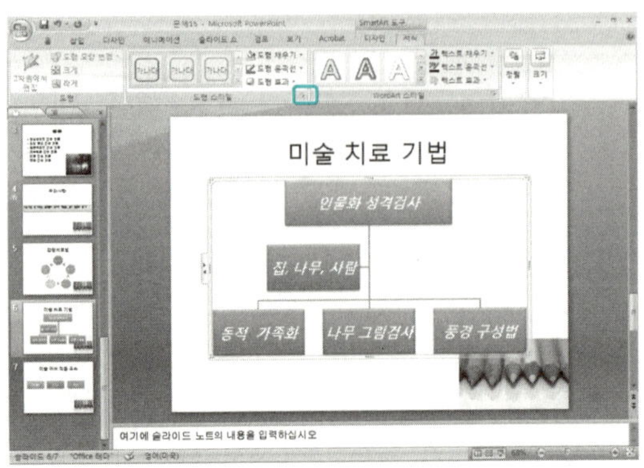

2 [도형 서식] 대화상자의 [채우기]에서 '그라데이션 채우기'를 선택하고 [기본 설정 색]은 '새벽'을 선택한다.

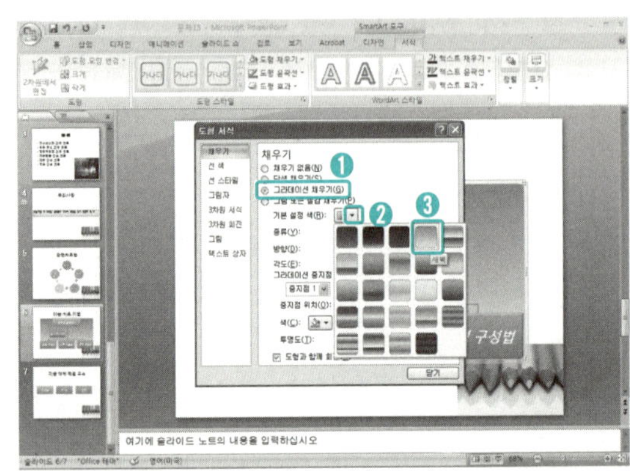

3 [종류]는 '선형'을 선택한 후 [닫기] 단추를 클릭한다.

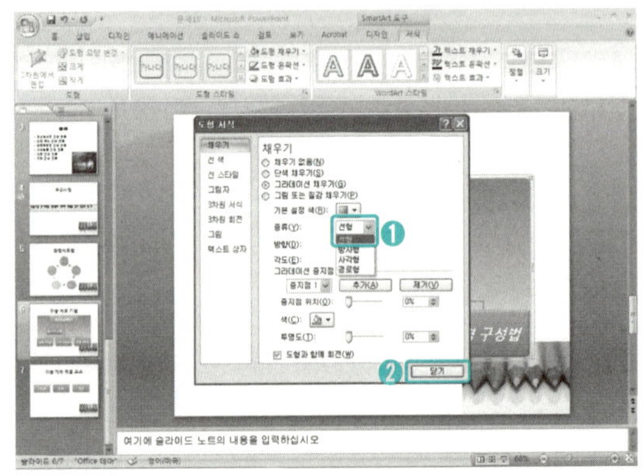

16 실전문제 유형별 따라잡기

◉ 준비파일 : 실전문제/실전16
◉ 완성파일 : 실전문제/완성파일/실전완성16

[문제 **1**] 슬라이드 마스터의 날짜가 자동 업데이트되도록 표시하시오(나머지는 기본 설정을 적용할 것).

[문제 **2**] 프레젠테이션 슬라이드 크기를 '화면 슬라이드 쇼(16:9)'로 설정하시오.

---

1 슬라이드 마스터에 날짜를 삽입하는 방법을 묻고 있다.

1 '실전16' 파일을 열고 [보기] 탭의 [프레젠테이션 보기] 그룹에서 [슬라이드 마스터]를 선택한다.

2 [삽입] 탭의 [텍스트] 그룹에서 [날짜 및 시간] 단추를 클릭한다.

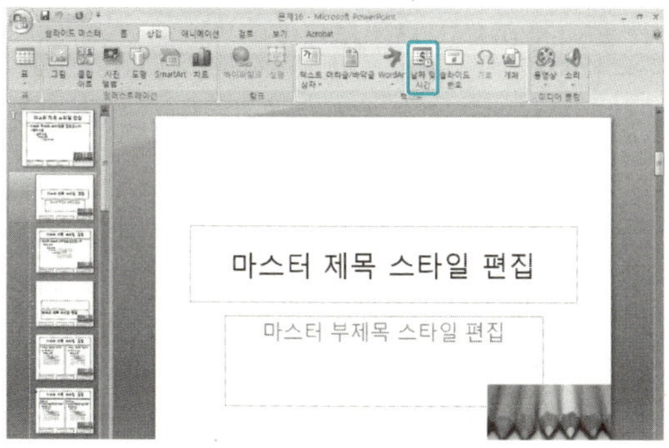

3 [머리글/바닥글] 대화상자에서 '날짜 및 시간'에 체크하고 '자동으로 업데이트'에 선택이 되어 있는지 확인한 후 [모두 적용] 단추를 클릭한다.

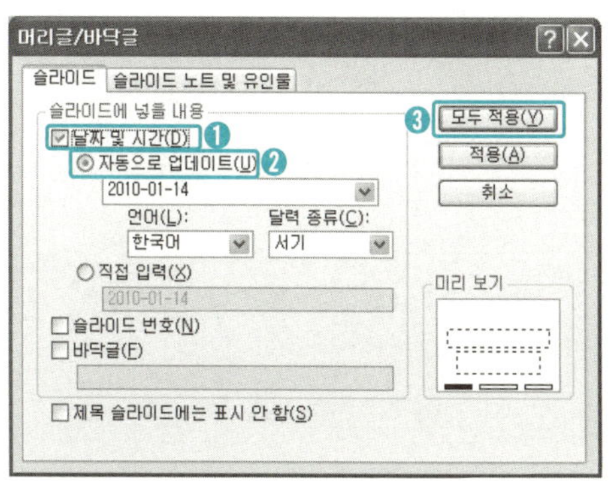

4 [슬라이드 마스터] 탭의 [마스터 보기 닫기] 단추를 클릭한다.

2 프레젠테이션 슬라이드 크기 설정 방법을 묻고 있다.

1 [디자인] 탭의 [페이지 설정] 그룹에서 [페이지 설정]을 클릭한다.

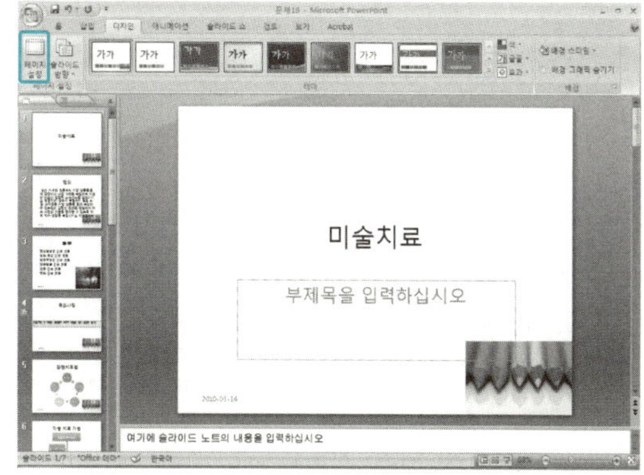

2 [페이지 설정] 대화상자의 [슬라이드 크기] 항목에서 '화면 슬라이드 쇼(16:9)'를 선택한 뒤 [확인] 단추를 클릭한다.

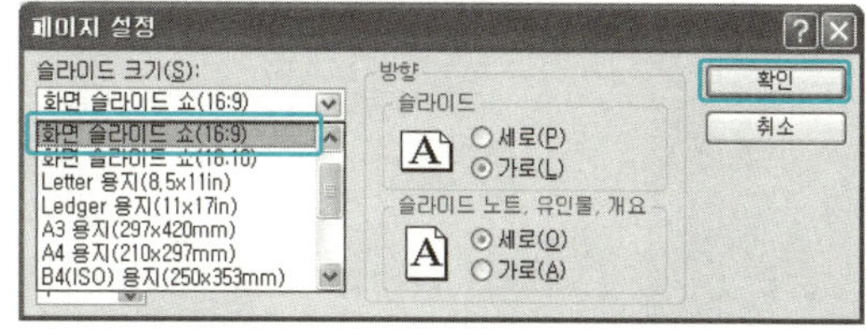

17 실전문제 유형별 따라잡기

⊚ **준비파일** : 실전문제/실전17
⊚ **완성파일** : 실전문제/완성파일/실전완성17

[문제 **1**] 슬라이드 5 '관련치료법'에서 제목인 '관련치료법'의 서식을 복사하여 슬라이드 6 '미술치료기법'에 있는 제목 개체 틀의 텍스트에 붙여 넣으시오.

[문제 **2**] 슬라이드 5 '관련치료법'에서 직사각형 도형의 테두리를 제거하시오.

---

1 서식 복사 방법을 묻고 있다.

1 '실전17' 파일을 열고 5번 슬라이드의 제목 텍스트 상자를 선택한다.

2 [홈] 탭의 [서식 복사]를 클릭한다.

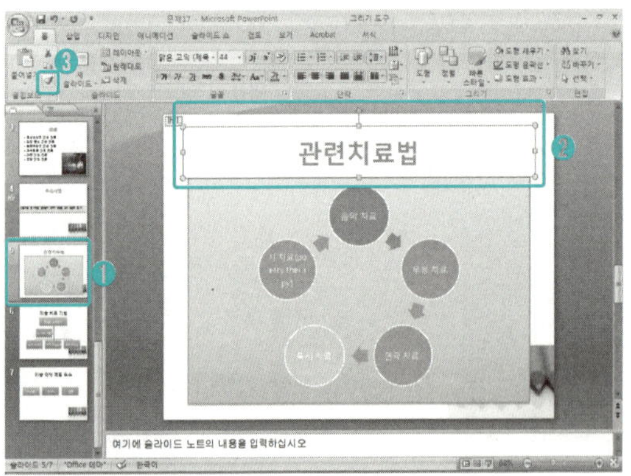

3 서식을 붙여 넣을 6번 슬라이드를 선택한 후 제목 텍스트를 모두 선택한다.

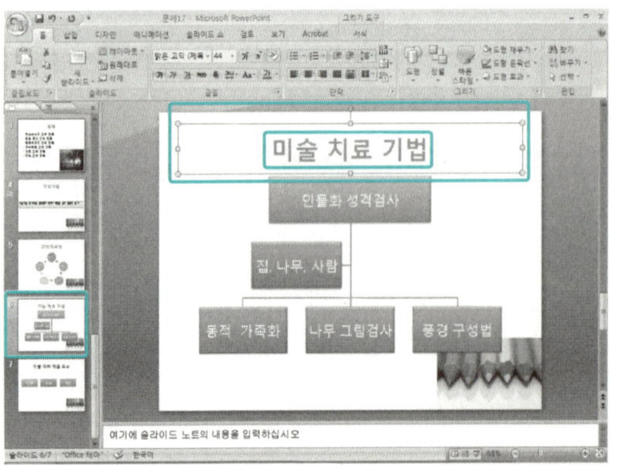

2 도형의 테두리 서식을 제거하는 방법을 묻고 있다.

1 5번 슬라이드의 사각형 도형을 클릭한 뒤 [그리기 도구]-[서식] 탭의 [도형 스타일] 그룹에서 [도형 윤곽선]-[윤곽선 없음]을 클릭한다.

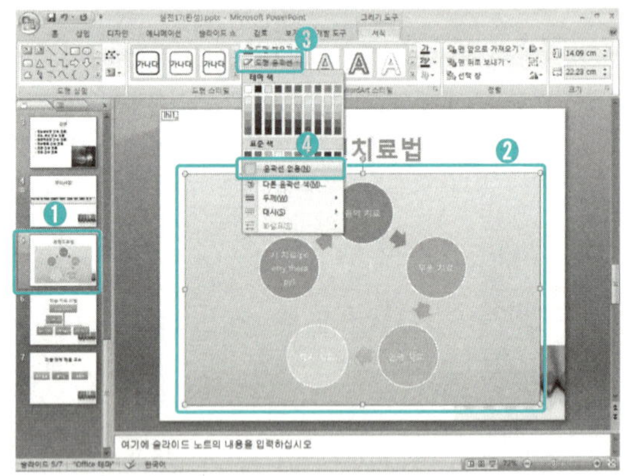

⊕ **준비파일** : 실전문제/실전18
⊕ **완성파일** : 실전문제/완성파일/실전완성18

[문제 **1**] 슬라이드 7 '조형의 법칙성'에서 표에 '보통 스타일 1 – 강조 3' 형식을 적용하시오.

[문제 **2**] 유인물의 바닥글에 "미술치료" 텍스트를 삽입하시오.

---

1 표 스타일 적용하는 방법을 묻고 있다.

1 '실전18' 파일을 열어 슬라이드 7의 표를 클릭한다.

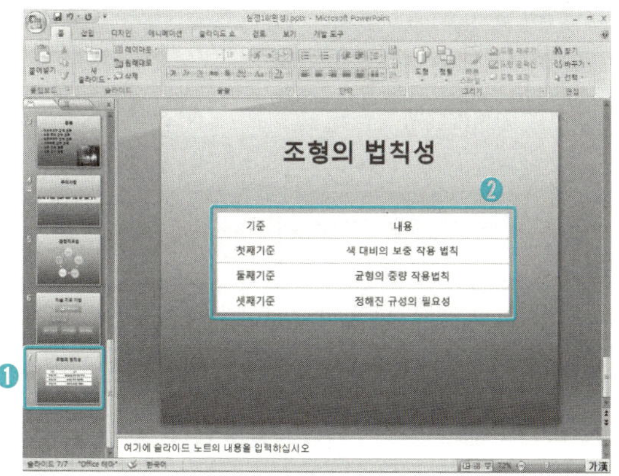

2 [디자인] 탭의 [표 스타일] 그룹에서 [자세히] 단추를 클릭하고 [보통 스타일 1 – 강조 3] 스타일을 선택한다.

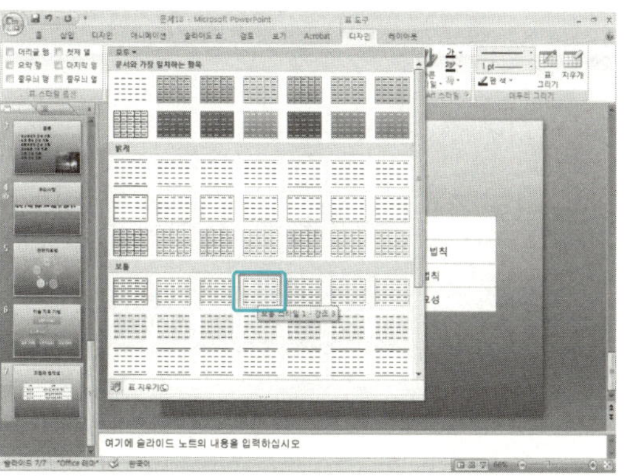

2 슬라이드 노트 및 유인물에 바닥글을 삽입하는 방법을 묻고 있다.

1 [삽입] 탭의 [텍스트] 그룹에서 [머리글/바닥글]을 클릭한다.

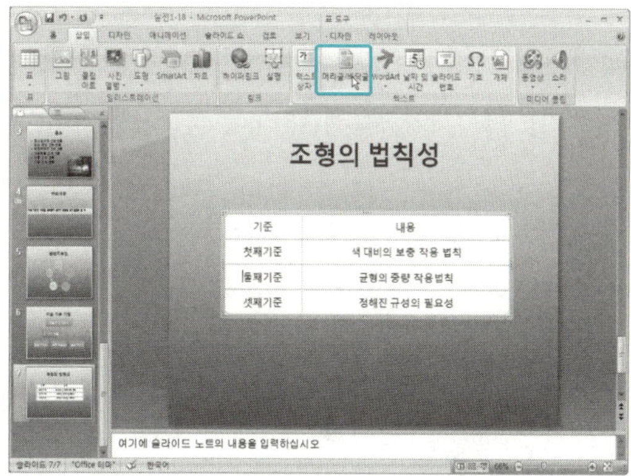

2 [머리글/바닥글] 대화 상자의 [슬라이드 노트 및 유인물] 탭에서 '바닥글'에 체크한 후 "미술치료" 텍스트를 입력하고 [모두 적용] 단추를 클릭한다.

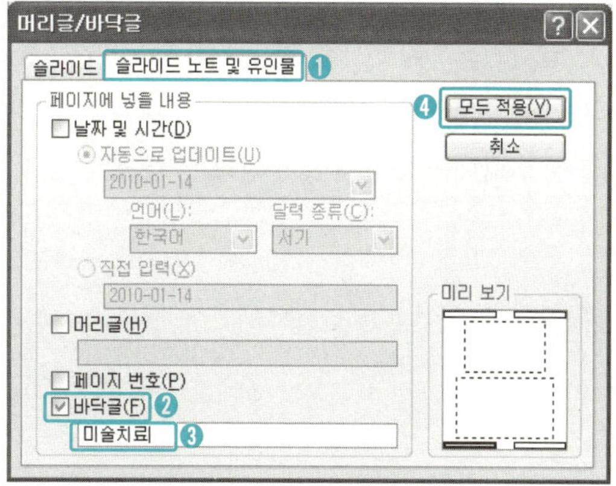

⊙ **준비파일** : 실전문제/실전19
⊙ **완성파일** : 실전문제/완성파일/실전완성19

[문제 **1**] 슬라이드 7 '조형의 법칙성'에서 '오른쪽 화살표' 도형에 '녹색 대리석' 질감 형식을 적용하시오.

[문제 **2**] 슬라이드 1의 제목에 '미술치료'라는 WordArt를 삽입하시오. 형식은 '채우기 – 강조 6, 그라데이션 윤곽선 – 강조 6'으로 하고, 텍스트가 슬라이드의 위쪽 가운데에 위치하도록 하시오.

1 도형 채우기 서식의 방법을 묻고 있다.

1 '실전19' 파일을 열고 슬라이드 7의 '오른쪽 화살표' 도형을 선택한다.

2 [서식] 탭의 [도형 스타일] 그룹에서 [도형 채우기]–[질감]의 '녹색 대리석'을 선택한다.

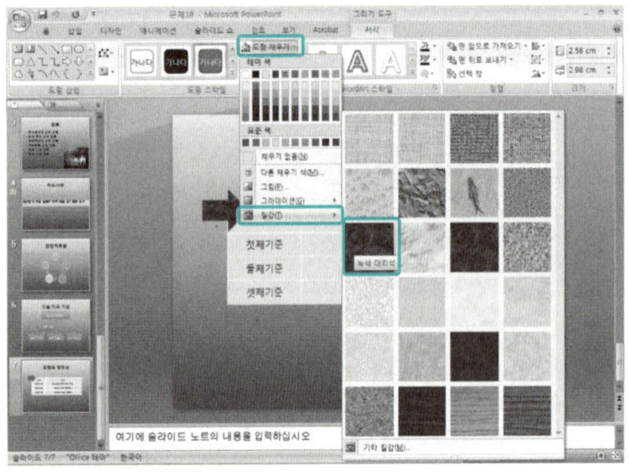

2 WordArt 삽입 방법을 묻고 있다.

1 슬라이드 1을 선택한 후 [삽입] 탭의 [텍스트] 그룹에서 [WordArt]를 클릭하고 '채우기 – 강조 6, 그라데이션 윤곽선 – 강조 6'을 선택한다.

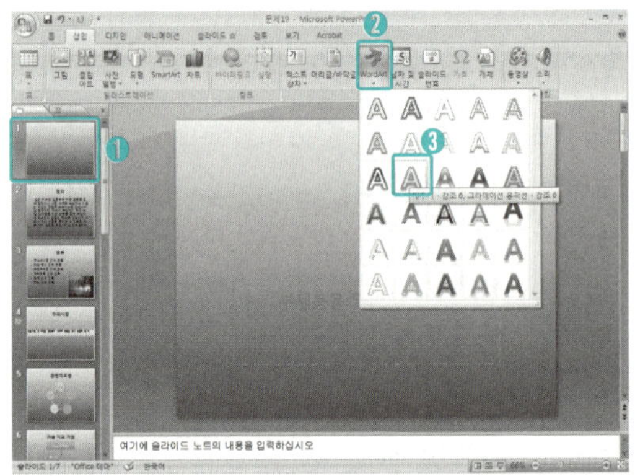

2 '텍스트를 입력하십시오.'라는 텍스트 상자가 나타나면 "미술치료"를 입력한다.

3 텍스트 상자를 선택하여 위쪽 가운데 위치로 드래그한다.

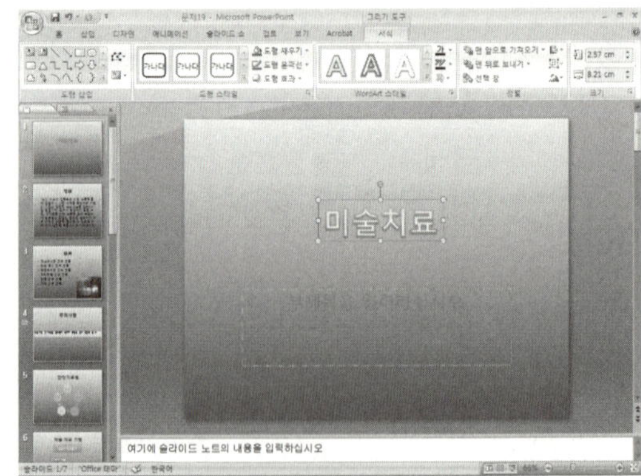

20 실전문제 유형별 따라잡기

○ **준비파일** : 실전문제/실전20
○ **완성파일** : 실전문제/완성파일/실전완성20

[문제 **1**] 슬라이드 7 '미술 매체 적용 요소'의 '사각형' 도형 안의 텍스트를 '90도' 회전시키시오.

[문제 **2**] 슬라이드 4 '주의사항'에서 사용자 지정 애니메이션인 '제목1 : 주의사항'을 첫 번째로 표시되게 하고 속도를 '빠르게' 설정하시오.

1 도형 안 텍스트의 회전 방법을 묻고 있다.

1 '실전20' 파일을 열고 슬라이드 7에서 '단순형'이 입력된 '사각형' 도형을 선택한다.

2 [서식] 탭의 [도형 스타일] 그룹에서 [도형 서식] 단추를 클릭한다.

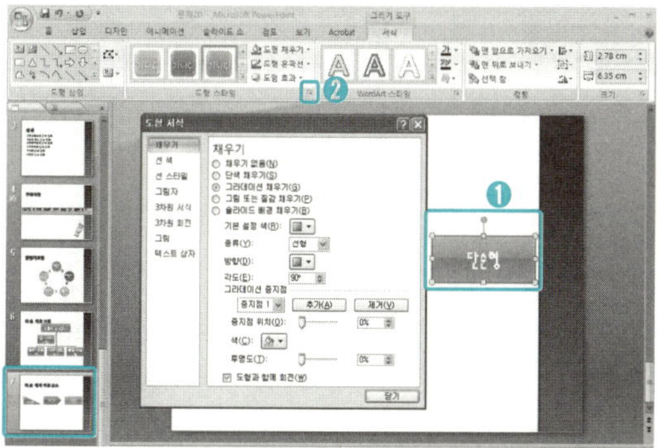

3 [도형 서식] 대화상자의 [텍스트 상자] 항목을 클릭한 후, [텍스트 방향] 목록 상자를 열어 '모든 텍스트 90도 회전'을 선택하고 [닫기] 단추를 클릭한다.

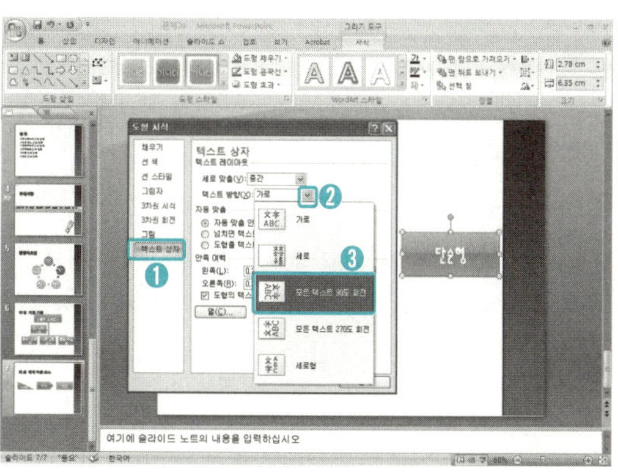

2 애니메이션 수정 방법을 묻고 있다.

1 슬라이드 4를 클릭하고 [애니메이션] 탭의 [사용자 지정 애니메이션]을 클릭한다.

2 오른쪽 [사용자 지정 애니메이션] 창에서 '제목 1 :..' 목록을 클릭한 후 하단의 순서 조정 화살표를 클릭하여 첫 번째 위치로 이동시킨다.

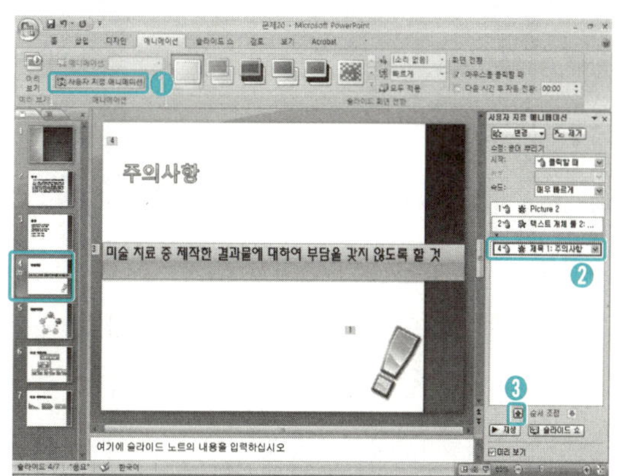

3 이동시킨 첫 번째 목록을 클릭한 후 [속도] 목록창에서 '빠르게'를 선택한다.

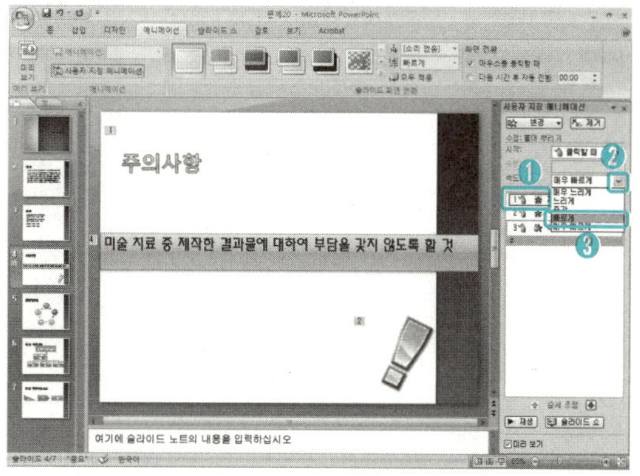

[문제 **1**] 슬라이드 3의 글머리 기호 목록을 'A, B, C' 형식의 번호 매기기 목록으로 수정하시오.

[문제 **2**] 슬라이드 3 바로 다음에 '제목만' 슬라이드를 새로 삽입하시오.

---

1 글머리 기호를 번호로 매기는 방법을 묻고 있다.

1 '실전21' 파일을 열어 슬라이드 3의 글머리 기호 목록 텍스트를 모두 선택한다.

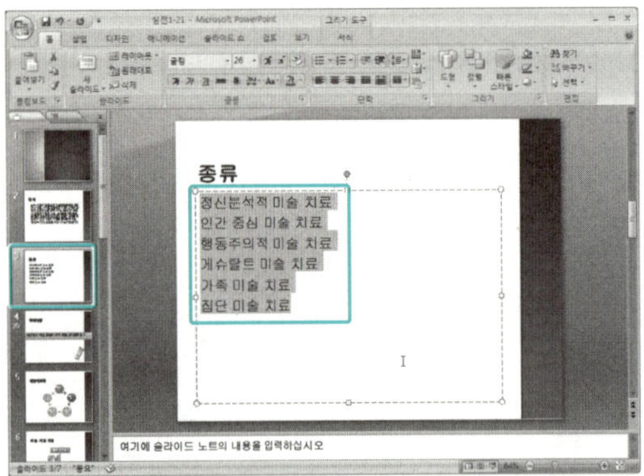

2 [홈] 탭의 [단락] 그룹에서 [번호 매기기]를 클릭하여 'A, B, C' 형식 목록을 선택한다.

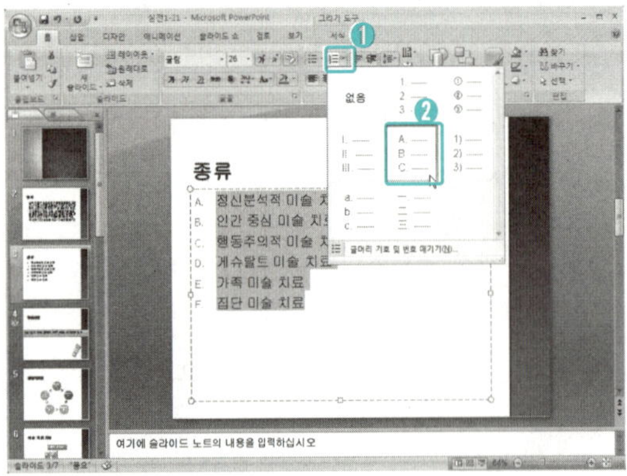

2 새 슬라이드 삽입 방법을 묻고 있다.

1 슬라이드 3을 선택한 후 [홈] 탭의 [슬라이드] 그룹에서 [새 슬라이드]– '제목만' 슬라이드를 선택한다.

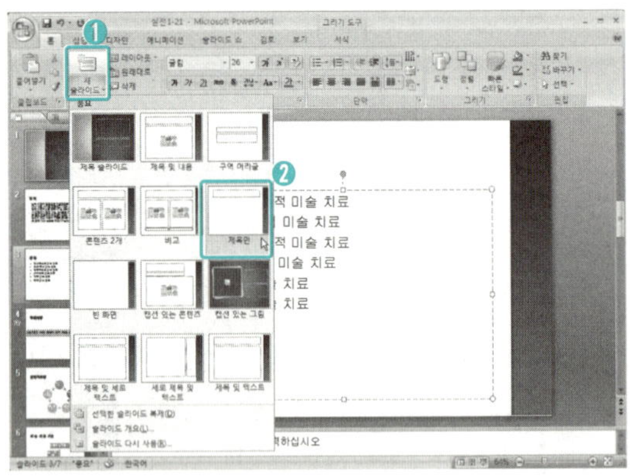

2 슬라이드 3 바로 다음에 '제목만' 슬라이드가 새로 삽입된다.

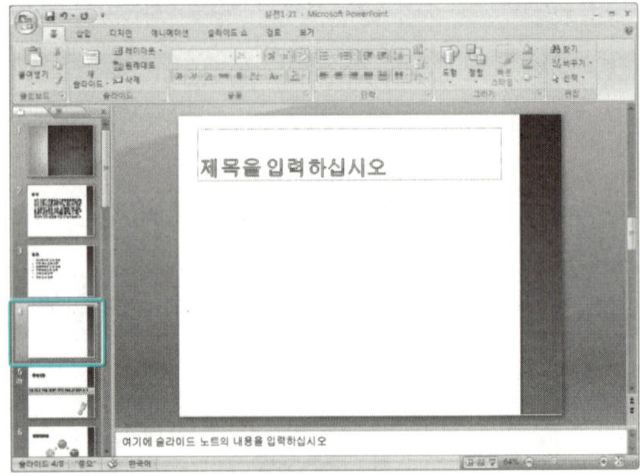

⊙ 준비파일 : 실전문제/실전22
⊙ 완성파일 : 실전문제/완성파일/실전완성22

[문제 1] 슬라이드 6 '미술 치료 기법'에서 조직도의 색을 '색 채우기 – 강조 3'으로 변경하시오.

[문제 2] 슬라이드 6 '미술 치료 기법'에서 '집, 나무, 사람'을 빈 도형으로 이동하시오.

---

1 조직도의 색을 변경하는 방법을 묻고 있다.

1 '실전22' 파일을 열어 슬라이드 6의 조직도를 선택한다.

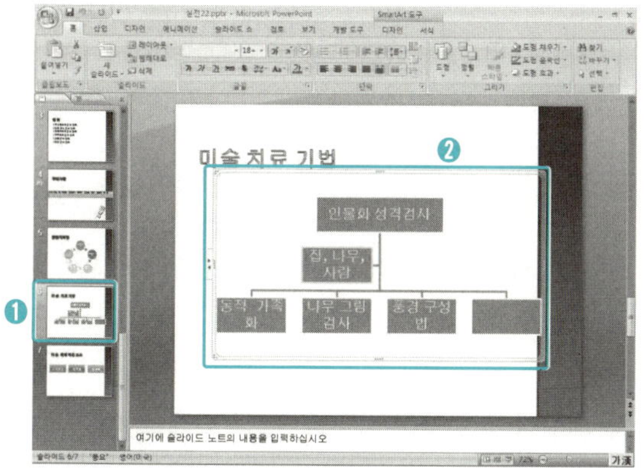

2 [SmartArt 도구]-[디자인] 탭의 [SmartArt 스타일] 그룹에서 [색 변경]을 클릭하여 '강조 3'의 '색 채우기 – 강조 3'을 선택한다.

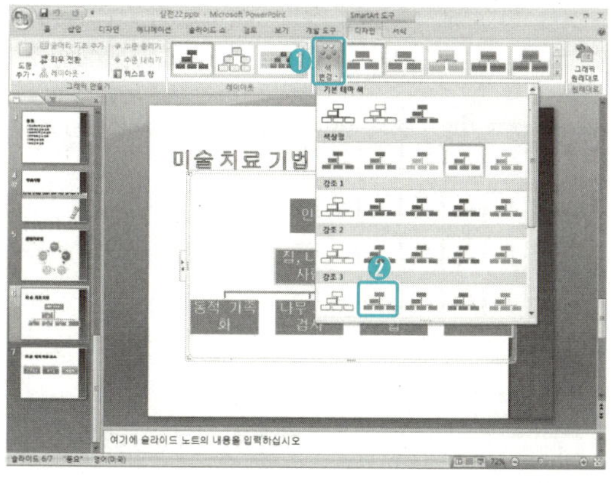

2 도형 안의 텍스트를 이동하는 방법을 묻고 있다.

1 6번 슬라이드에서 '집, 나무, 사람' 텍스트를 블록으로 지정한다.

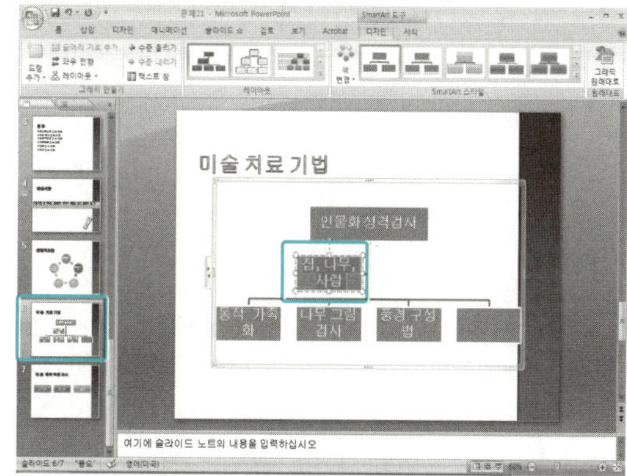

2 마우스 포인터가 흰색 화살표 모양이 됐을 때 마지막 도형으로 드래그한다. 복사 서식을 맞추기 위하여 텍스트 뒤에 커서를 두고 Delete 를 누른다.

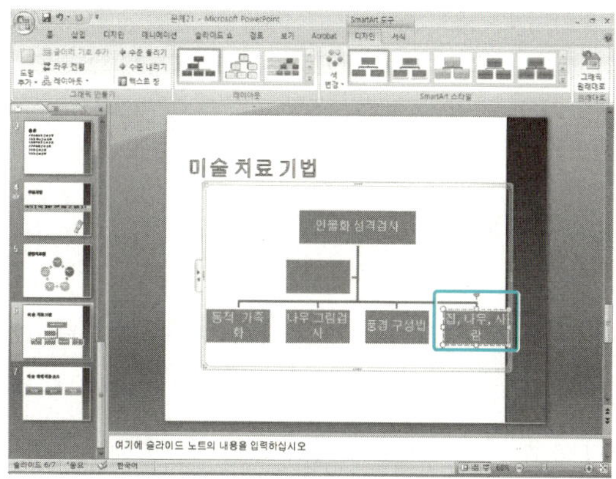

[문제 **1**] 슬라이드 4,5,6만 표시되도록 '미술'이란 이름의 사용자 지정 슬라이드 쇼를 작성하시오.

[문제 **2**] 재구성한 슬라이드인 '미술'을 슬라이드 쇼를 할 수 있도록 설정하시오.

1 슬라이드 재구성 방법을 묻고 있다.

1 '실전23' 파일을 열고 [슬라이드 쇼] 탭의 [슬라이드 쇼 시작] 그룹에서 [슬라이드 쇼 재구성]-[쇼 재구성]을 클릭한다.

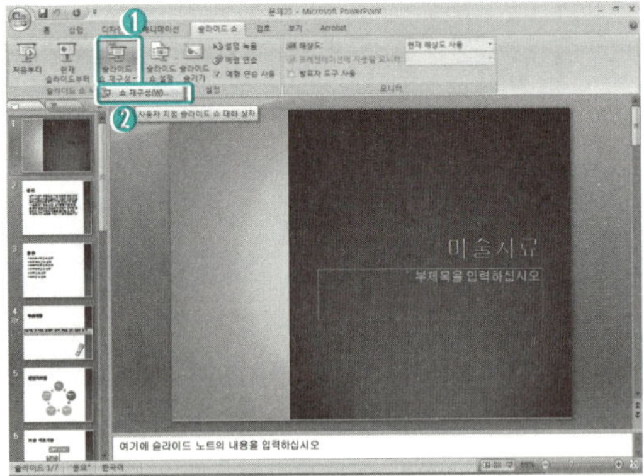

2 [쇼 재구성] 대화상자에서 [새로 만들기] 단추를 클릭한다.

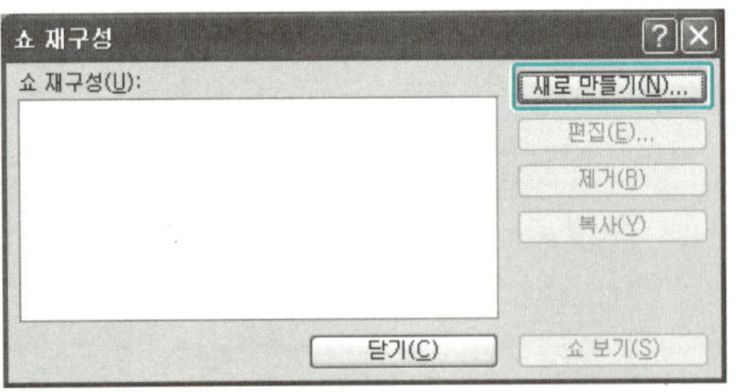

3 [쇼 재구성하기] 대화상자의 '슬라이드 쇼 이름'에 "미술"을 입력하고 4,5,6 슬라이드를 차례로 선택하여 [추가] 단추를 클릭한다. 오른쪽 '재구성한 쇼에 있는 슬라이드' 순서 목록을 확인하고 [확인] 단추를 클릭한다.

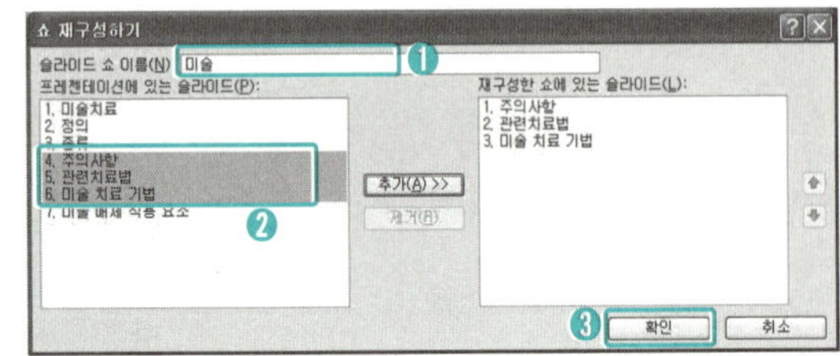

4 [쇼 재구성] 대화상자의 [닫기] 단추를 클릭한다.

2 재구성한 슬라이드의 쇼 설정 방법에 대해 묻고 있다.

1 [슬라이드 쇼] 탭의 [설정] 그룹에서 [슬라이드 쇼 설정]을 클릭한다.

2 [쇼 설정] 대화상자가 나타나면 [슬라이드 표시] 항목에서 '재구성한 쇼'를 클릭하고 [확인] 단추를 클릭한다.

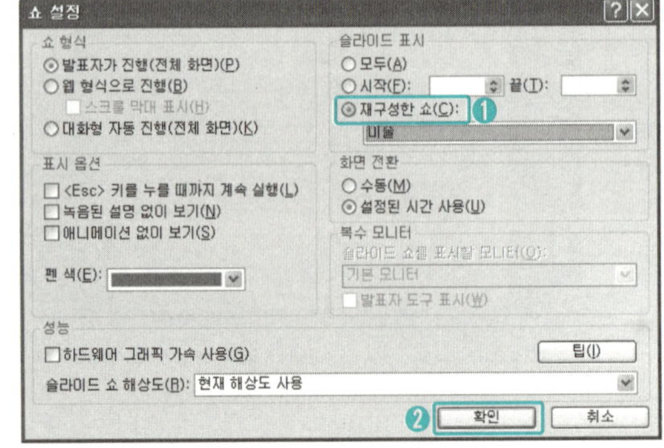

24 실전문제 유형별 따라잡기

[문제 **1**] 슬라이드 3 '종류'의 글머리 기호 목록을 '피라미드 목록형' SmartArt로 변환하시오.

[문제 **2**] 슬라이드 마스터를 사용하여 제목 슬라이드를 제외한 모든 슬라이드의 오른쪽 상단에 흰색 글꼴의 번호를 삽입하시오.

---

1 SmartArt 변환 방법을 묻고 있다.

1 '실전24' 파일을 열고 슬라이드 3의 글머리 기호 목록 텍스트 상자를 클릭한다.

2 [홈] 탭의 [단락] 그룹에서 [SmartArt 그래픽으로 변환]-[기타 SmartArt 그래픽]을 클릭한다.

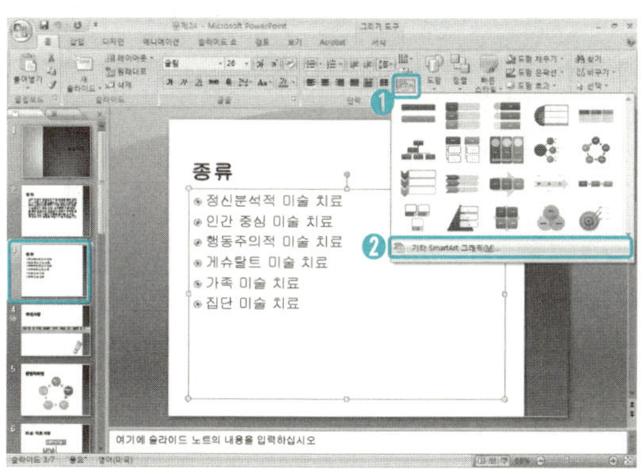

3 [SmartArt 그래픽 선택] 대화상자에서 [목록형] 항목의 '피라미드 목록형'을 선택하고 [확인] 단추를 클릭한다.

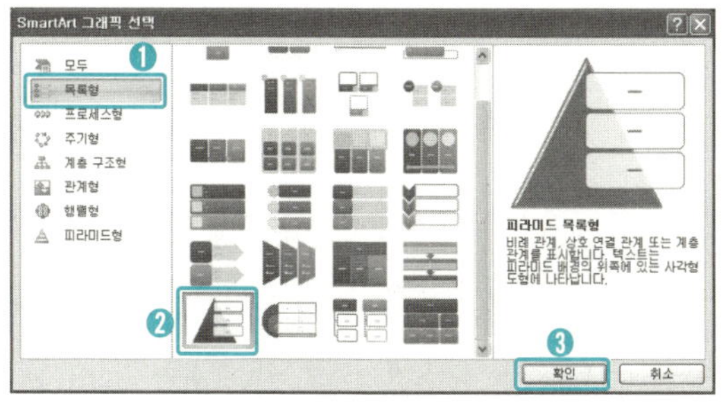

2 슬라이드 마스터에서 번호를 이동 및 삽입하는 방법을 묻고 있다.

1 [보기] 탭의 [슬라이드 마스터]를 클릭한다.

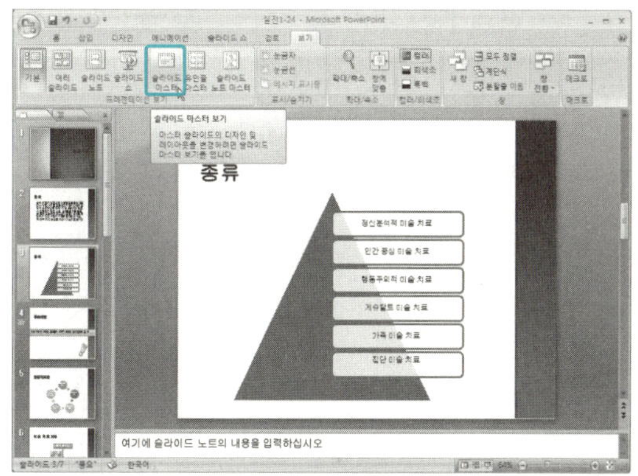

2 첫 번째 슬라이드를 선택한다.

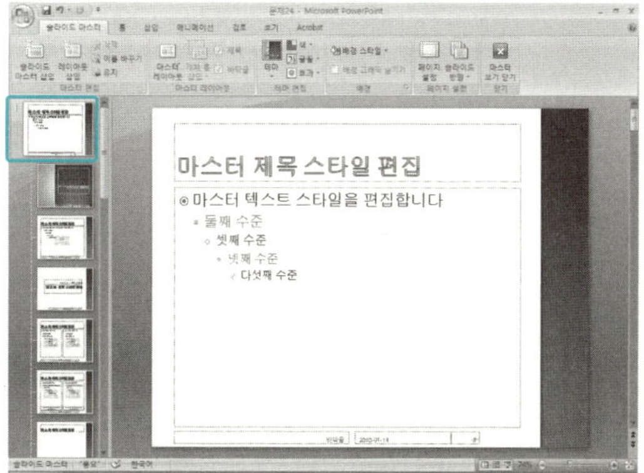

3 오른쪽 하단의 〈#〉 번호 텍스트 상자를 클릭하여 오른쪽 상단으로 드래그한다.

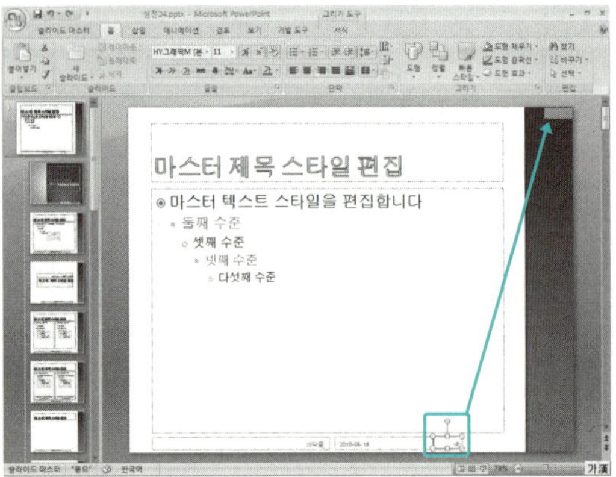

4 [홈] 탭의 [글꼴] 그룹에서 [글꼴 색] 목록 단추를 클릭하고 '흰색, 배경 1'을 선택한다.

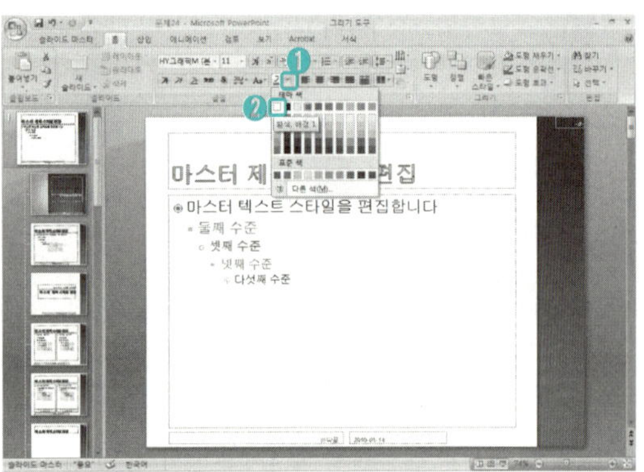

5 [삽입] 탭의 [텍스트] 그룹에서 [슬라이드 번호]를 클릭한다.

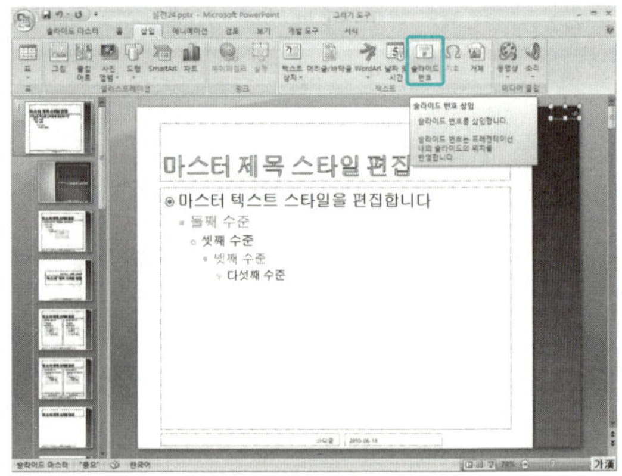

6 [머리글/바닥글] 대화상자에서 '슬라이드 번호'에 체크하고 '제목 슬라이드에는 표시 안 함'에 체크한 뒤 [모두 적용] 단추를 클릭한다.

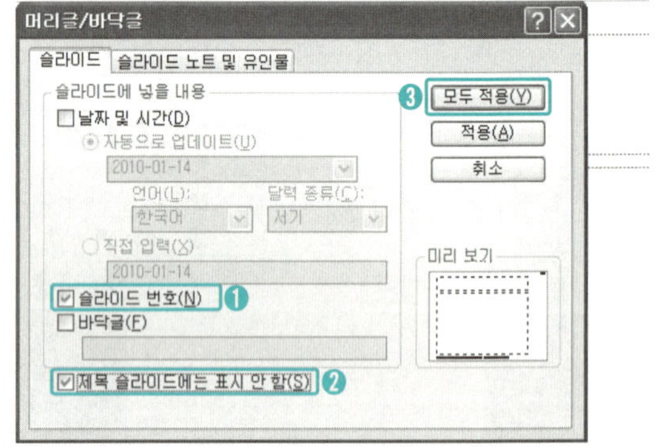

7 [슬라이드 마스터] 탭에서 [마스터 보기 닫기] 단추를 클릭한다.

VI

실전모의고사

1-01 다음 작업을 완성하시오.

- 준비파일 : 모의고사01/모의고사01-01
- 완성파일 : 모의고사01/완성파일/모의고사완성01-01

[문제 1] 슬라이드 2 '녹색정보화 그린오피스 추진현황'에서 첫 번째 목록 '그린 오피스 추진 환경 사례'에 있는 모든 글머리 기호 항목을 한 수준 내리시오.

[문제 2] 슬라이드 3 '그린 녹색 아이디어'의 도형에 속도가 '빠르게'인 '확장' 애니메이션을 추가하시오.

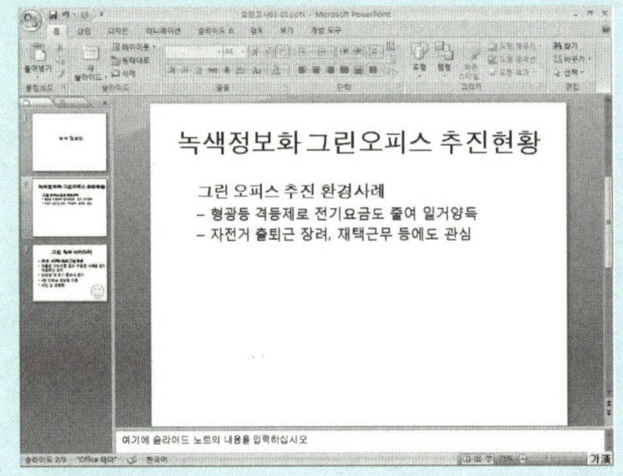

1-02 다음 작업을 완성하시오.

- 준비파일 : 모의고사01/모의고사01-02
- 완성파일 : 모의고사01/완성파일/모의고사완성01-02

[문제 1] 슬라이드 마스터에 슬라이드 번호를 삽입하고 제목 슬라이드를 제외한 모든 슬라이드의 왼쪽 위에 표시되도록 하시오.

[문제 2] 슬라이드 3 '그린 녹색 아이디어'의 글머리 기호 항목을 '세로 글머리 기호 목록형' SmartArt 다이어그램으로 변경하시오.

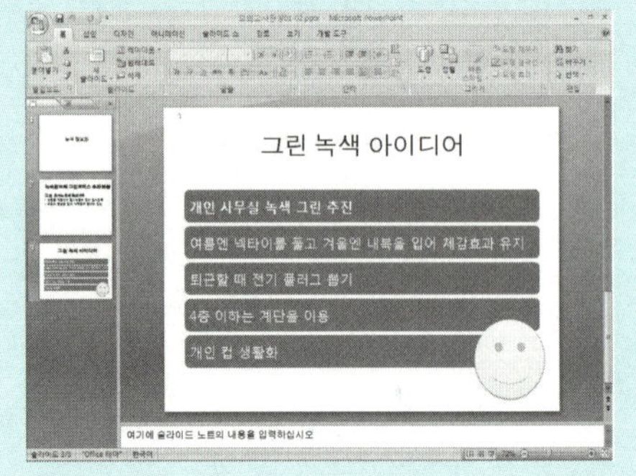

1-03 다음 작업을 완성하시오.

- 준비파일 : 모의고사01/모의고사01-03
- 완성파일 : 모의고사01/완성파일/모의고사완성01-03

[문제 1] 슬라이드 4 '실천 부서' 조직도에서 조직도를 '3차원 경사' 스타일로 수정하시오.

[문제 2] 슬라이드 쇼를 재생하고 슬라이드 4의 조직도에서 '인사관리팀' 텍스트에 형광펜으로 강조 표시하시오. 슬라이드 쇼를 종료하고 주석을 유지하시오(모두 기본 설정을 적용할 것).

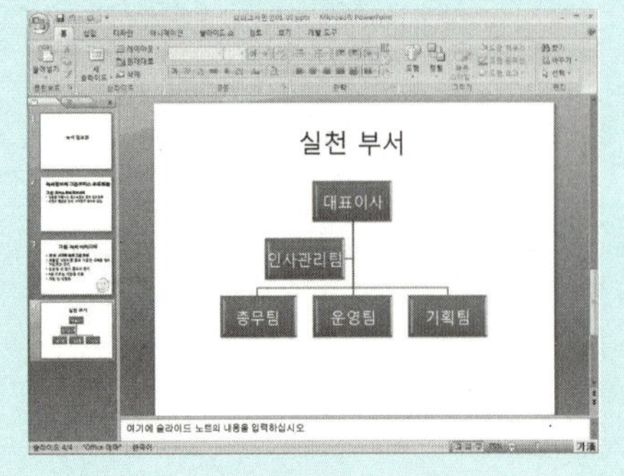

1-04 다음 작업을 완성하시오.

- 준비파일 : 모의고사01/모의고사01-04
- 완성파일 : 모의고사01/완성파일/모의고사완성01-04

[문제 1] 슬라이드 3 '그린 녹색 아이디어'에서 SmartArt 그래픽의 크기를 높이 '12cm', 너비 '18cm'로 조정하시오.

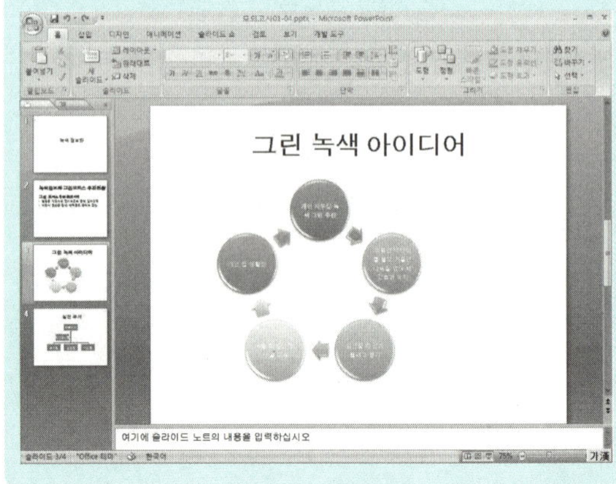

1-05 다음 작업을 완성하시오.

◎ **준비파일** : 모의고사01/모의고사01-05
◎ **완성파일** : 모의고사01/완성파일/모의고사완성01-05

[문제 **1**] 슬라이드 2 '실천 부서'를 슬라이드 4 '그린 녹색 아이디어' 다음으로 이동하시오.

[문제 **2**] 슬라이드 3 '그린 녹색 아이디어' 글머리기호 목록의 '개인 사무실 녹색 그린 추진' 텍스트가 첫 번째 글머리 기호 항목으로 표시되도록 이동하시오.

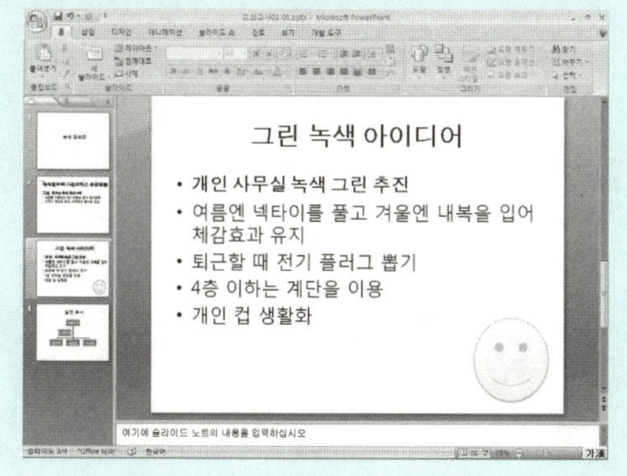

1-06 다음 작업을 완성하시오.

◎ **준비파일** : 모의고사01/모의고사01-06
◎ **완성파일** : 모의고사01/완성파일/모의고사완성01-06

[문제 **1**] 슬라이드 1 '녹색 정보화'의 제목 '녹색 정보화' 서식을 복사하여 슬라이드 4 '실천 부서' 제목 개체 틀의 텍스트에 붙여 넣으시오.

[문제 **2**] 슬라이드 4 '실천 부서'에 있는 직사각형 도형의 테두리를 제거하시오.

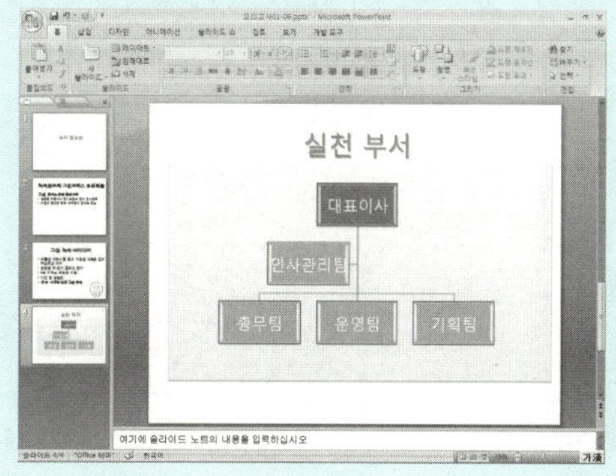

1-07 다음 작업을 완성하시오.

◎ **준비파일** : 모의고사01/모의고사01-07
◎ **완성파일** : 모의고사01/완성파일/모의고사완성01-07

[문제 **1**] 슬라이드 2 '녹색정보화 그린오피스 추진 현황'의 그림만 인쇄 설정에 맞게 압축하시오(나머지는 기본 설정을 적용할 것).

[문제 **2**] 슬라이드 3 '그린 녹색 아이디어' 도형을 일괄적으로 중간으로 정렬하시오.

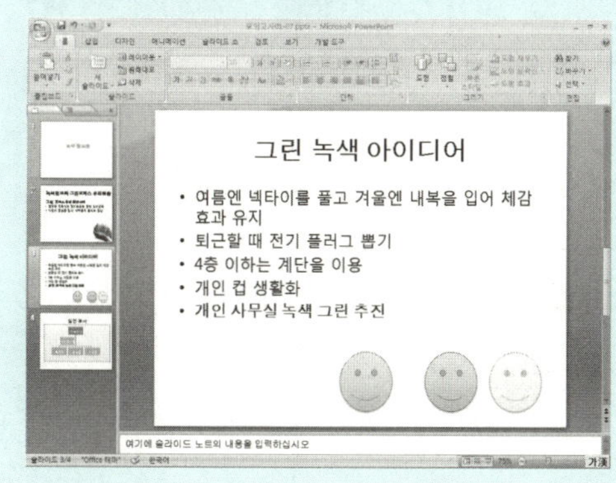

1-08 다음 작업을 완성하시오.

◎ **준비파일** : 모의고사01/모의고사01-08, 녹색정보화.png
◎ **완성파일** : 모의고사01/완성파일/모의고사완성01-08

[문제 **1**] 슬라이드 마스터를 사용하여 모든 슬라이드의 배경에 [모의고사01] 폴더에 있는 '녹색정보화.png'를 추가하시오.

[문제 **2**] 제목 슬라이드를 제외한 모든 슬라이드에 슬라이드 번호를 추가하시오.

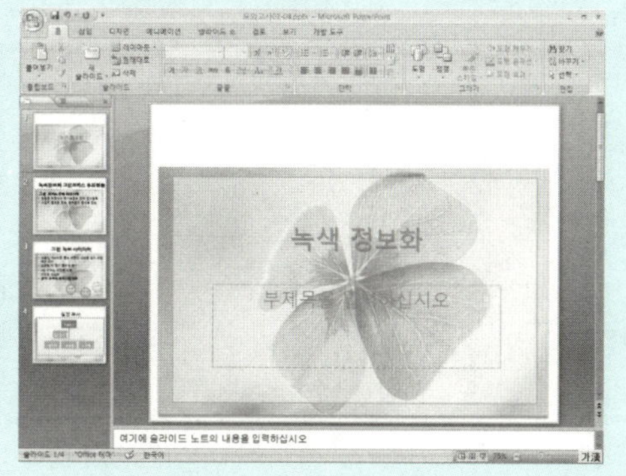

1-09 다음 작업을 완성하시오.

- **준비파일** : 모의고사01/모의고사01-09
- **완성파일** : 모의고사01/완성파일/모의고사완성01-09

[문제 **1**] [모의고사01] 폴더의 '녹색정부 구현' Word 파일을 개요로 마지막 슬라이드 다음으로 가져오시오.

[문제 **2**] 슬라이드 마스터를 사용하여 모든 슬라이드에 '광선' 테마를 적용하시오.

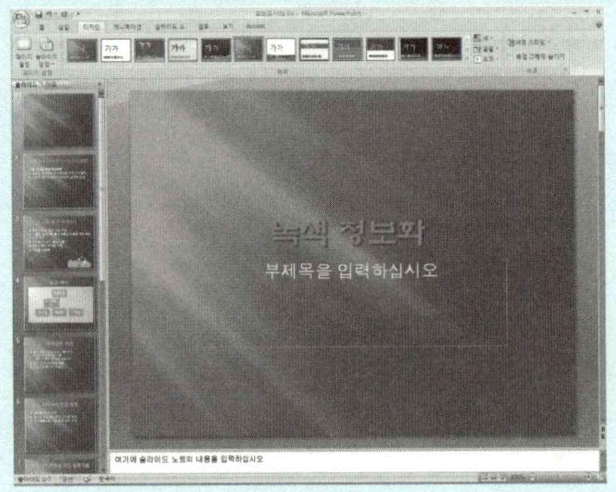

1-10 다음 작업을 완성하시오.

- **준비파일** : 모의고사01/모의고사01-10, 녹색.png
- **완성파일** : 모의고사01/완성파일/모의고사완성01-10

[문제 **1**] 슬라이드 3의 글머리 기호 텍스트를 열 간 격이 '0.5cm'인 두 개의 열로 변경하시오.

[문제 **2**] 슬라이드 2의 글머리 기호 목록 오른쪽에 [모의고사01] 폴더 안의 '녹색.png' 그래픽을 추가하시오.

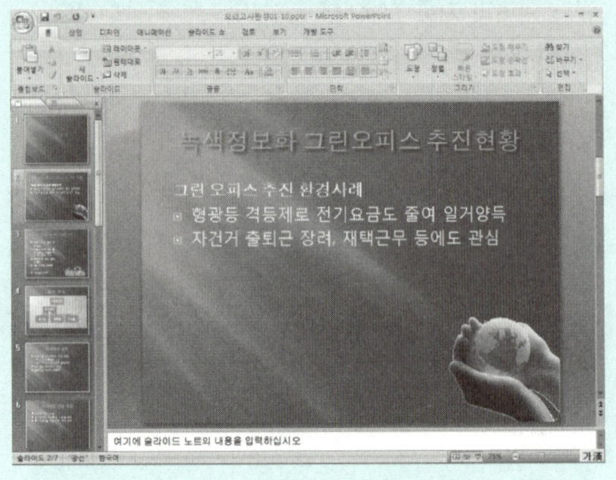

1-11 다음 작업을 완성하시오.

- **준비파일** : 모의고사01/모의고사01-11
- **완성파일** : 모의고사01/완성파일/모의고사완성01-11

[문제 **1**] 청중 유인물의 바닥글에만 "녹색정보화" 텍스트를 삽입하시오.

[문제 **2**] 슬라이드를 개요 보기로 전환하시오.

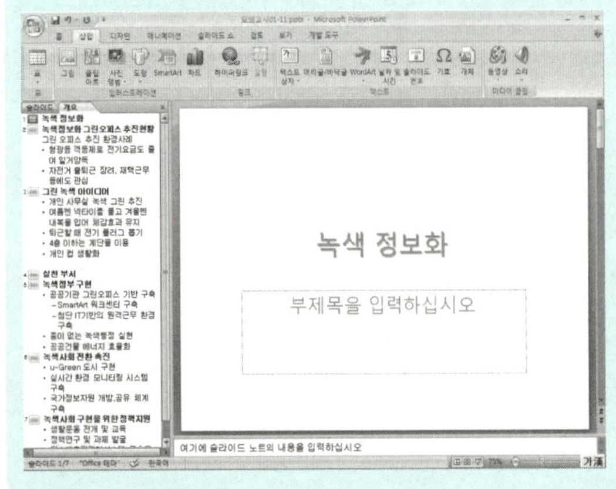

1-12 다음 작업을 완성하시오.

- **준비파일** : 모의고사01/모의고사01-12
- **완성파일** : 모의고사01/완성파일/모의고사완성01-12

[문제 **1**] 슬라이드 1의 제목 텍스트 상자에 '미세 효과 – 강조 3' 스타일을 적용하시오.

[문제 **2**] 슬라이드 1, 2, 5만 표시되도록 '재검토'라는 이름의 사용자 지정 슬라이드 쇼를 작성하시오.

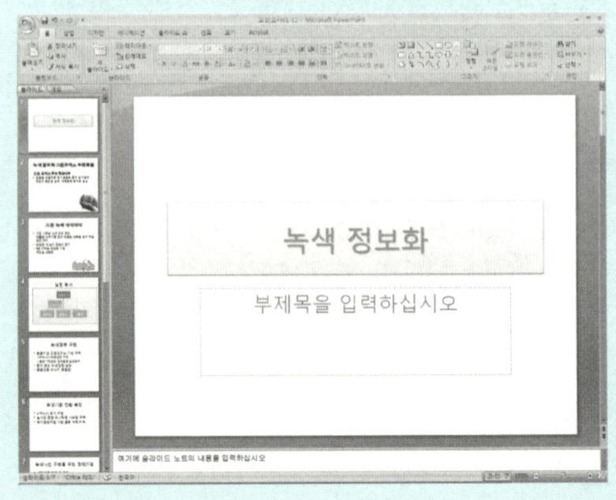

1-13 다음 작업을 완성하시오.

- **준비파일** : 모의고사01/모의고사01-13
- **완성파일** : 모의고사01/완성파일/모의고사완성01-13

[문제 **1**] 슬라이드 5 '녹색정부 구현'에 있는 메모를 숨기시오.

[문제 **2**] 숨겨진 메타 데이터 및 개인 정보를 검사하고 모든 문서 속성 결과를 제거하시오(모두 기본 설정을 적용할 것).

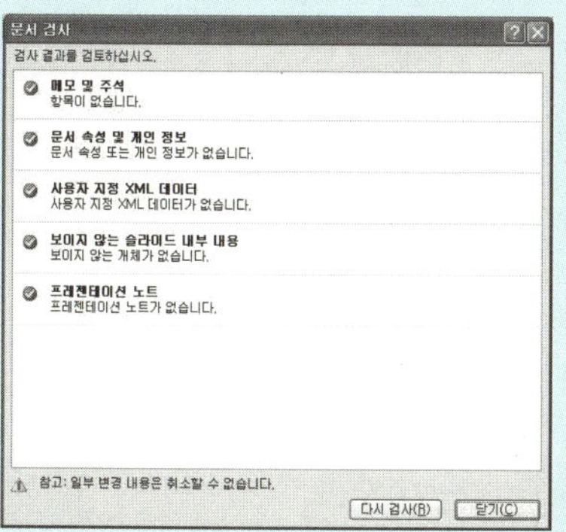

1-14 다음 작업을 완성하시오.

- **준비파일** : 모의고사01/모의고사01-14
- **완성파일** : 모의고사01/완성파일/모의고사완성01-14

[문제 **1**] 슬라이드 4 '실천 부서'에서 조직도의 색을 '그라데이션 반복 – 강조 3'으로 변경하시오.

[문제 **2**] 슬라이드 4 '실천 부서'에서 '인사관리팀' 텍스트를 빈 도형으로 이동하시오.

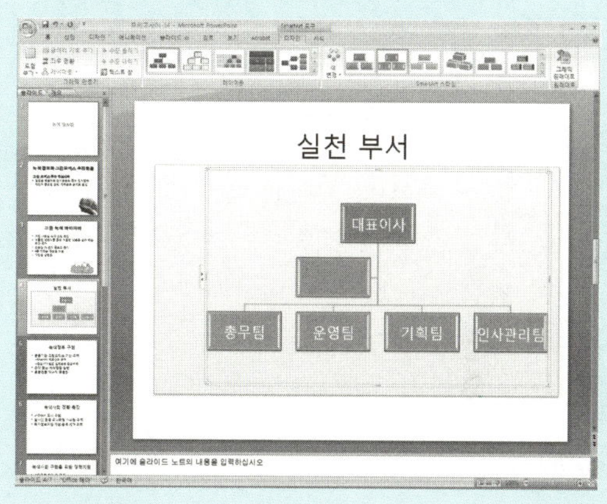

1-15 다음 작업을 완성하시오.

- **준비파일** : 모의고사01/모의고사01-15
- **완성파일** : 모의고사01/완성파일/모의고사완성01-15

[문제 **1**] 슬라이드 4 '실천 부서'에서 사각형 도형의 채우기에 투명도 '75%'를 적용하시오.

[문제 **2**] 프레젠테이션을 '녹색정보'라는 이름의 CD용 패키지로 만들고 저장한 후 모든 대화상자를 닫으시오(나머지는 기본 설정을 적용할 것).

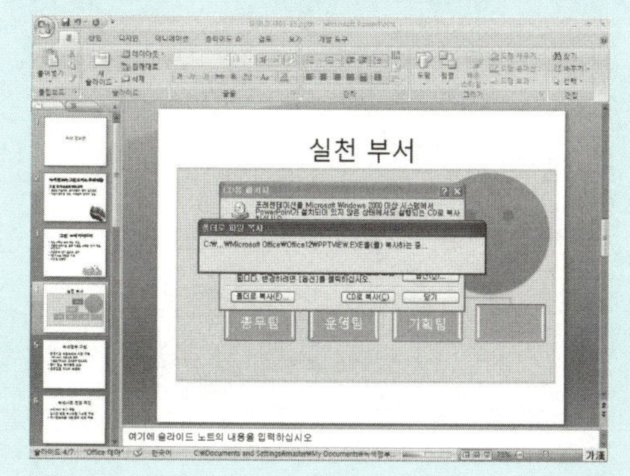

1-16 다음 작업을 완성하시오.

- **준비파일** : 모의고사01/모의고사01-16
- **완성파일** : 모의고사01/완성파일/모의고사완성01-16

[문제 **1**] 슬라이드 4에 '방사형 벤형' SmartArt 그래픽을 추가하시오.

[문제 **2**] 프레젠테이션의 모든 슬라이드 방향을 세로로 변경하시오.

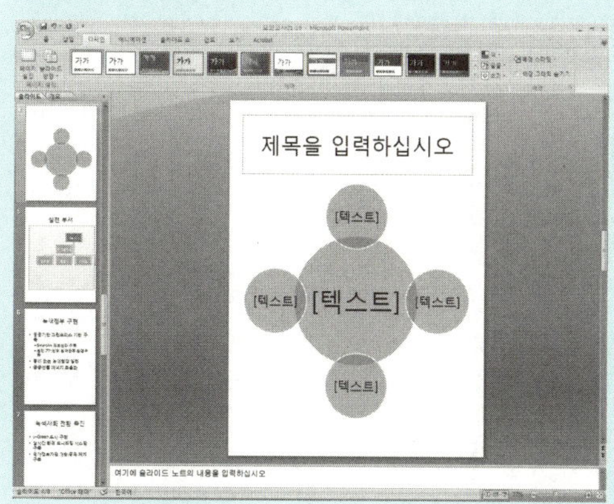

1-17 다음 작업을 완성하시오.

- 준비파일 : 모의고사01/모의고사01-17, 전구.png
- 완성파일 : 모의고사01/완성파일/모의고사완성01-17

[문제 1] 슬라이드 6 '녹색사회 전환 촉진'의 글머리 기호를 [모의고사01] 폴더의 '전구' 그림으로 변경하시오.

[문제 2] 슬라이드 7 글머리 기호 목록의 '정책 연구 및 과제 발굴' 오른쪽에 "사이트 표기"를 메모로 추가하시오.

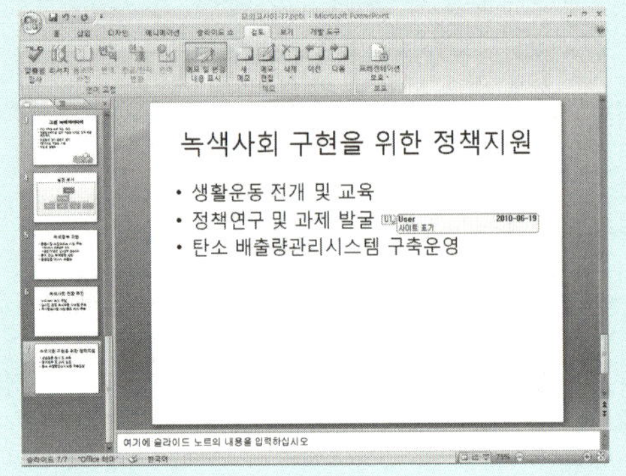

1-18 다음 작업을 완성하시오.

- 준비파일 : 모의고사01/모의고사01-18
- 완성파일 : 모의고사01/완성파일/모의고사완성01-18

[문제 1] 슬라이드 5 '녹색정부 구현'에서 직사각형 도형 안의 텍스트를 90도 회전시키시오.

[문제 2] 슬라이드 3 '그린 녹색 아이디어'에서 사용자 지정 애니메이션인 '제목 1: 그린 녹색 아이디어'를 첫 번째로 표시하고 속도를 '느리게' 설정하시오.

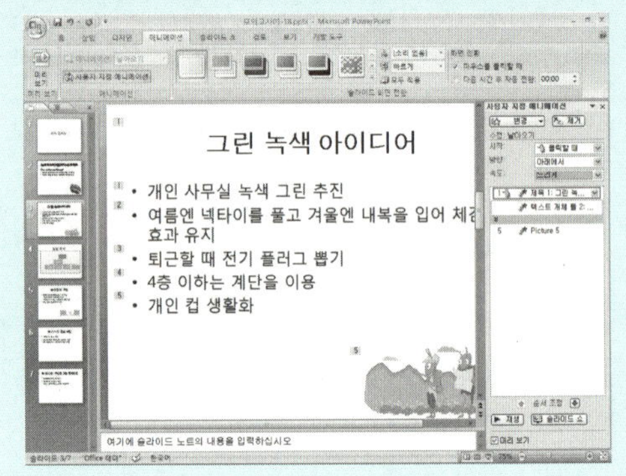

1-19 다음 작업을 완성하시오.

- 준비파일 : 모의고사01/모의고사01-19
- 완성파일 : 모의고사01/완성파일/모의고사완성01-19

[문제 1] 슬라이드 5 '녹색정부 구현'의 직사각형 도형에 '녹색 대리석' 질감 형식을 적용하시오.

[문제 2] 슬라이드 6의 제목 '녹색사회 전환 촉진'을 '채우기 - 강조 3, 윤곽선 - 텍스트 2' 스타일의 WordArt로 변환하시오.

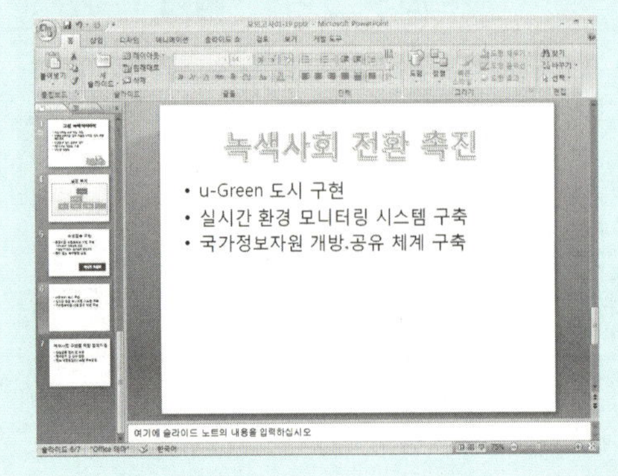

1-20 다음 작업을 완성하시오.

- 준비파일 : 모의고사01/모의고사01-20
- 완성파일 : 모의고사01/완성파일/모의고사완성01-20

[문제 1] 슬라이드 5 '녹색정부 구현'의 직사각형에 있는 '흩어뿌리기' 애니메이션을 제거하시오.

[문제 2] 메모를 포함하여 2매 인쇄하시오.

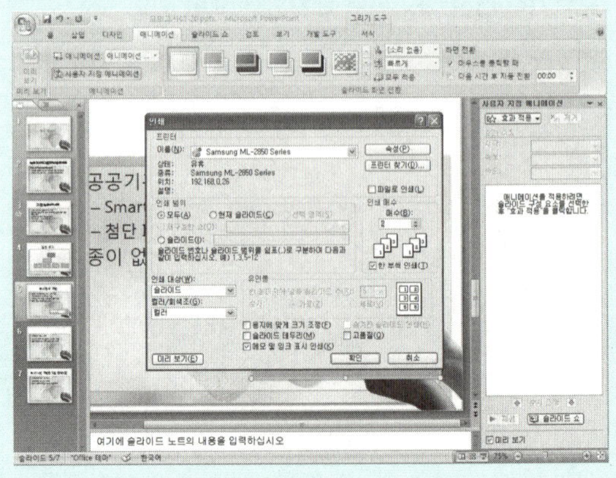

2-01 다음 작업을 완성하시오.

- **준비파일** : 모의고사02/모의고사02-01
- **완성파일** : 모의고사02/완성파일/모의고사완성02-01

[문제 **1**] 슬라이드 5에 '기본 방사형' SmartArt 다이어그램을 삽입하시오.

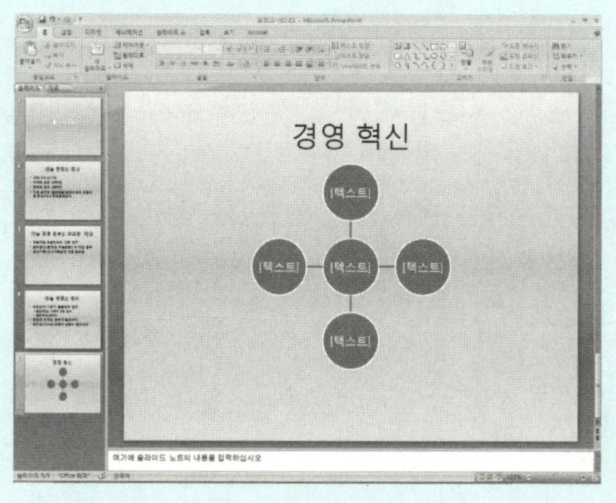

2-02 다음 작업을 완성하시오.

- **준비파일** : 모의고사02/모의고사02-02
- **완성파일** : 모의고사02/완성파일/모의고사완성02-02

[문제 **1**] 슬라이드 1 제목 슬라이드에 '선형 위쪽' 방향으로 '이끼 그라데이션' 채우기가 적용된 텍스트 상자를 추가하시오(나머지는 기본 설정을 적용할 것).

[문제 **2**] 슬라이드 2 '예술 경영의 역사'의 글머리 기호 목록을 'a, b, c' 형식의 번호 목록으로 수정하시오.

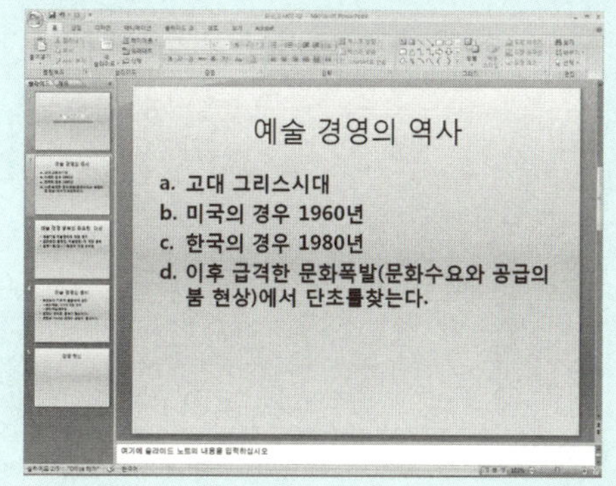

2-03 다음 작업을 완성하시오.

- **준비파일** : 모의고사02/모의고사02-03
- **완성파일** : 모의고사02/완성파일/모의고사완성02-03

[문제 **1**] 슬라이드 3의 글머리 기호 텍스트 목록 중 '문화공간'에 'http://www.gokams.or.kr'으로 연결되는 하이퍼링크를 삽입하시오.

[문제 **2**] 슬라이드 4의 SmartArt를 '세그먼트 프로세스형' 레이아웃으로 수정하시오.

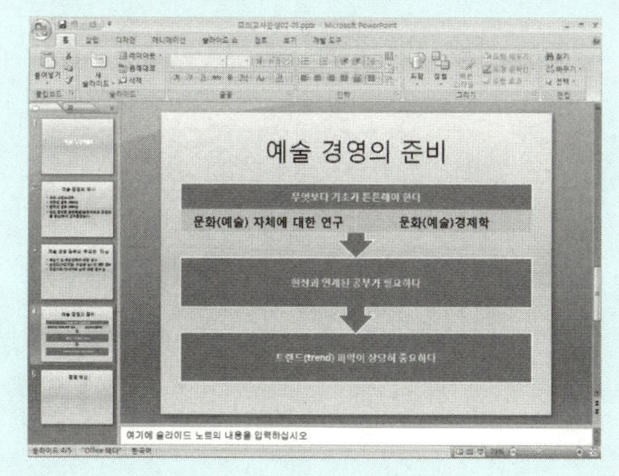

2-04 다음 작업을 완성하시오.

- **준비파일** : 모의고사02/모의고사02-04
- **완성파일** : 모의고사02/완성파일/모의고사완성02-04

[문제 **1**] 슬라이드 5 '경영혁신' 다음에 '비교' 레이아웃 슬라이드를 삽입하시오.

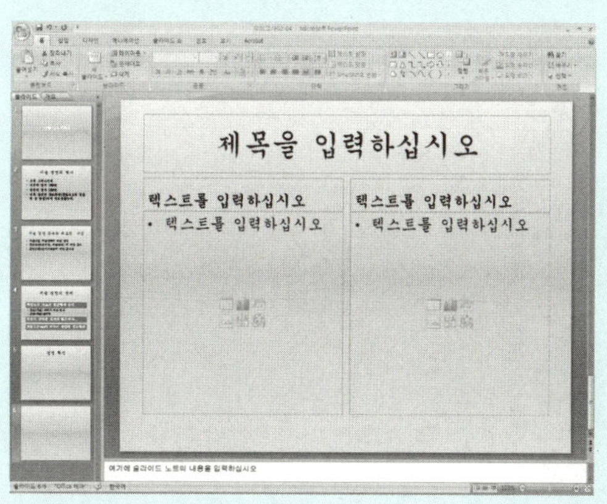

2-05 다음 작업을 완성하시오.

- 준비파일 : 모의고사02/모의고사02-05
- 완성파일 : 없음

[문제 1] 프레젠테이션을 '개요 보기'로 출력하시오
(나머지는 기본 설정을 적용할 것).

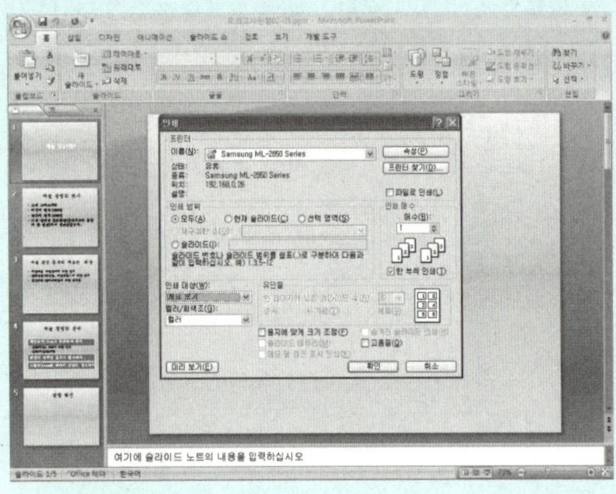

2-06 다음 작업을 완성하시오.

- 준비파일 : 모의고사02/모의고사02-06
- 완성파일 : 모의고사02/완성파일/모의고사완성02-06

[문제 1] 슬라이드 4에 있는 SmartArt의 모든 텍스트가 굵게 표시되도록 하시오.
[문제 2] 슬라이드 4에 있는 SmartArt의 배경에 '이끼 방사형 그라데이션' 채우기를 적용하시오.

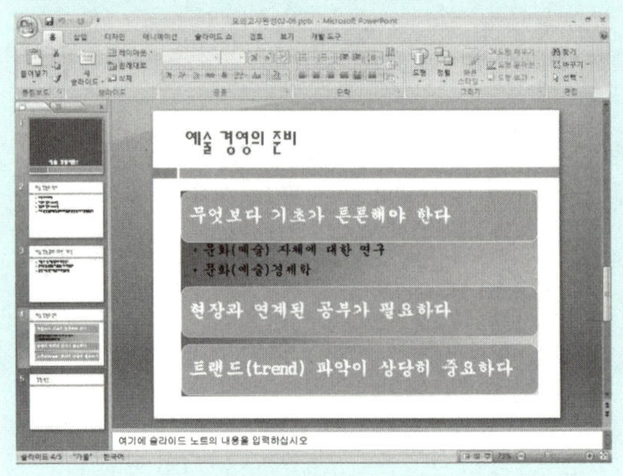

2-07 다음 작업을 완성하시오.

- 준비파일 : 모의고사02/모의고사02-07
- 완성파일 : 모의고사02/완성파일/모의고사완성02-07

[문제 1] 슬라이드 5 '예술 경영의 준비' 제목 개체
틀의 애니메이션만 제거하시오.
[문제 2] 슬라이드 6 '진로 및 방향'의 '이벤트 기획
자' 도형만 삭제하시오.

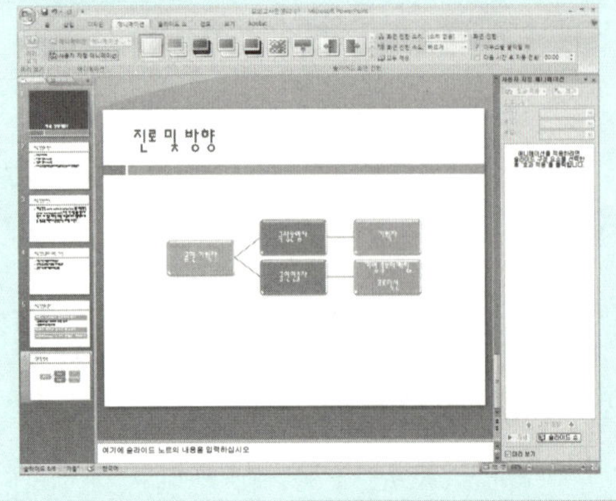

2-08 다음 작업을 완성하시오.

- 준비파일 : 모의고사02/모의고사02-08
- 완성파일 : 모의고사02/완성파일/모의고사완성02-08

[문제 1] 현재 날짜를 고정된 텍스트로 표시하는 바
닥글을 슬라이드 마스터에 추가하시오(나머지는 기본
설정으로 적용할 것).
[문제 2] 프레젠테이션 슬라이드 크기를 '화면 슬라
이드 쇼(16:9)'로 설정하시오.

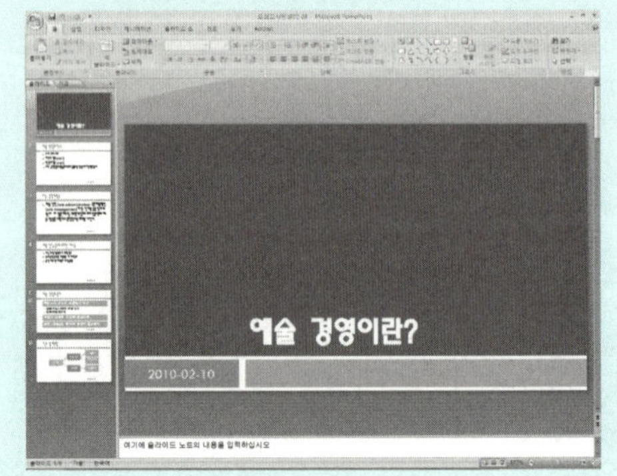

2-09 다음 작업을 완성하시오.

- **준비파일** : 모의고사02/모의고사02-09
- **완성파일** : 모의고사02/완성파일/모의고사완성02-09

[문제 **1**] 슬라이드 6의 조직도 도형에서 '프로덕션' 텍스트만 빈 도형으로 이동하시오.

[문제 **2**] 슬라이드 6의 조직도에 '한 번 깜빡이기', '중간' 속도의 애니메이션을 삽입하시오.

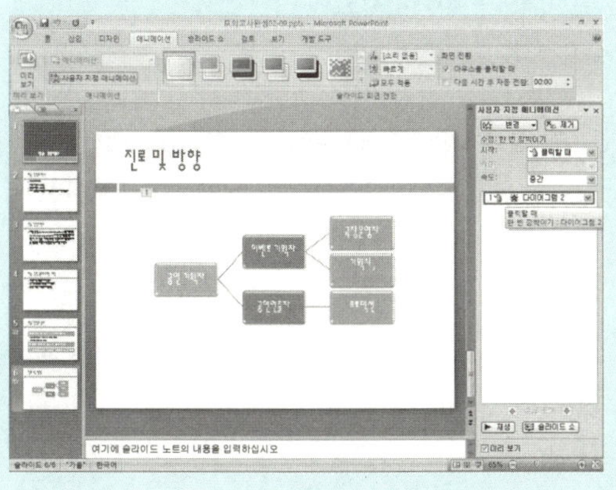

2-10 다음 작업을 완성하시오.

- **준비파일** : 모의고사02/모의고사02-10
- **완성파일** : 모의고사02/완성파일/모의고사완성02-10

[문제 **1**] 슬라이드 6의 제목 애니메이션의 순서를 맨 앞으로 이동하고 속도를 '빠르게'로 수정하시오.

[문제 **2**] 모든 슬라이드에 '흩어뿌리기', '빠르게' 화면 전환 효과를 지정하시오.

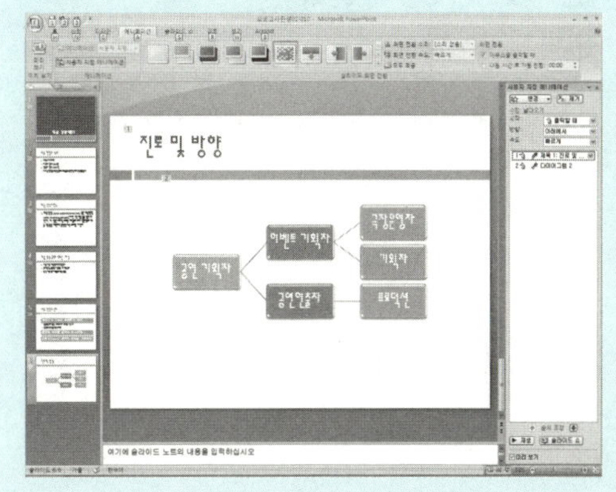

2-11 다음 작업을 완성하시오.

- **준비파일** : 모의고사02/모의고사02-11
- **완성파일** : 모의고사02/완성파일/모의고사완성02-11

[문제 **1**] 슬라이드 3을 두 번째 슬라이드로 이동하시오.

[문제 **2**] 슬라이드 3의 글머리 기호 텍스트를 '연속 블록 프로세스형' SmartArt로 변환하시오.

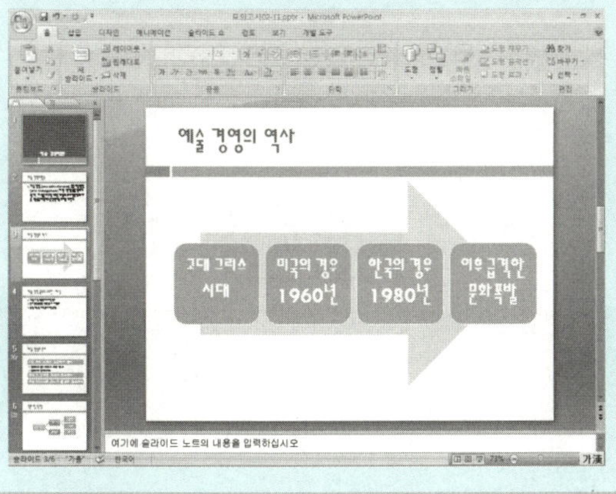

2-12 다음 작업을 완성하시오.

- **준비파일** : 모의고사02/모의고사02-12
- **완성파일** : 모의고사02/완성파일/모의고사완성02-12

[문제 **1**] 슬라이드 3에 있는 SmartArt의 색을 '색상형 범위 – 강조색 2 또는 3'으로 변경하시오.

[문제 **2**] 슬라이드 3의 SmartArt를 '광택 처리' 스타일로 변경하시오.

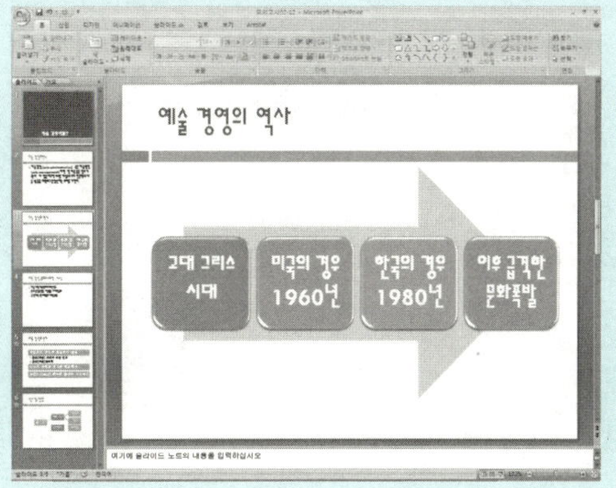

2-13 다음 작업을 완성하시오.

◉ **준비파일** : 모의고사02/모의고사02-13
◉ **완성파일** : 모의고사02/완성파일/모의고사완성02-13

[문제 **1**] 슬라이드 마스터를 이용하여 제목 슬라이드를 제외한 모든 슬라이드의 오른쪽 상단에 번호가 삽입되도록 지정하시오.

[문제 **2**] 슬라이드 마스터를 이용하여 모든 슬라이드에 '도시' 테마를 적용하시오.

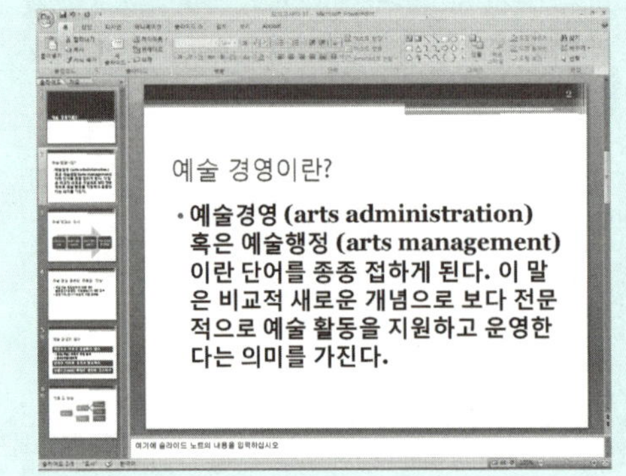

2-14 다음 작업을 완성하시오.

◉ **준비파일** : 모의고사02/모의고사02-14
◉ **완성파일** : 모의고사02/완성파일/모의고사완성02-14

[문제 **1**] 슬라이드 4의 '예술가 및 예술 단체에 대한 연구' 텍스트 오른쪽 옆에 "발전단계"라는 메모를 추가하시오.

[문제 **2**] 슬라이드 2 '예술 경영이란?' 슬라이드에 있는 메모를 삭제하시오.

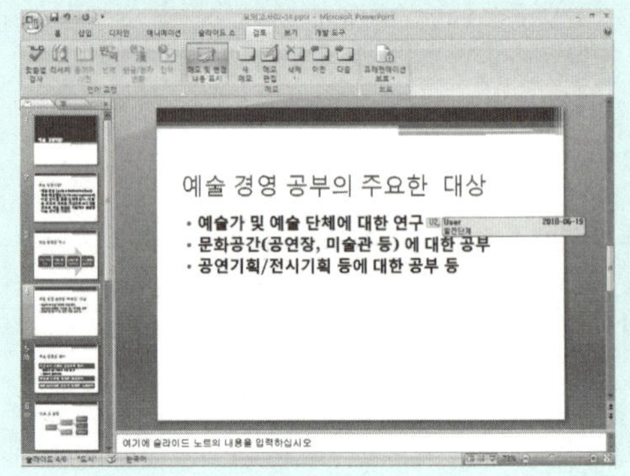

2-15 다음 작업을 완성하시오.

◉ **준비파일** : 모의고사02/모의고사02-15, 예술.png
◉ **완성파일** : 모의고사02/완성파일/모의고사완성02-15

[문제 **1**] 슬라이드 4의 글머리 기호 목록 오른쪽 하단에 '예술.png' 그래픽을 삽입하시오.

[문제 **2**] 슬라이드 4에 삽입한 그래픽에 '입체원근감(왼쪽), 흰색' 그림 스타일을 지정하시오.

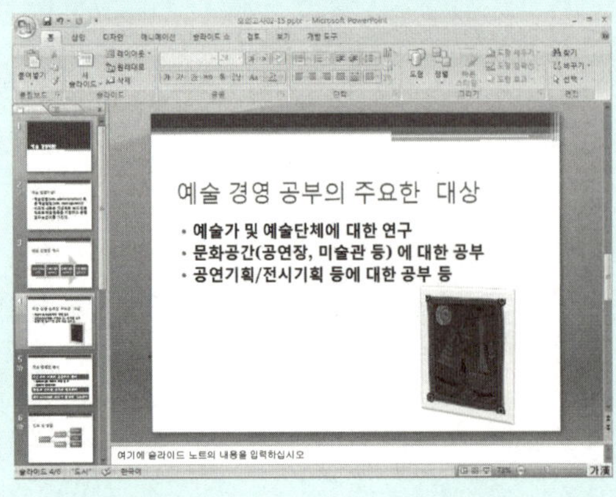

2-16 다음 작업을 완성하시오.

◉ **준비파일** : 모의고사02/모의고사02-16
◉ **완성파일** : 모의고사02/완성파일/모의고사완성02-16

[문제 **1**] 슬라이드 4에 삽입된 그래픽을 인쇄 설정에 맞게 압축하시오.

[문제 **2**] 청중 유인물의 바닥글에만 "예술경영"이라는 텍스트를 삽입하시오.

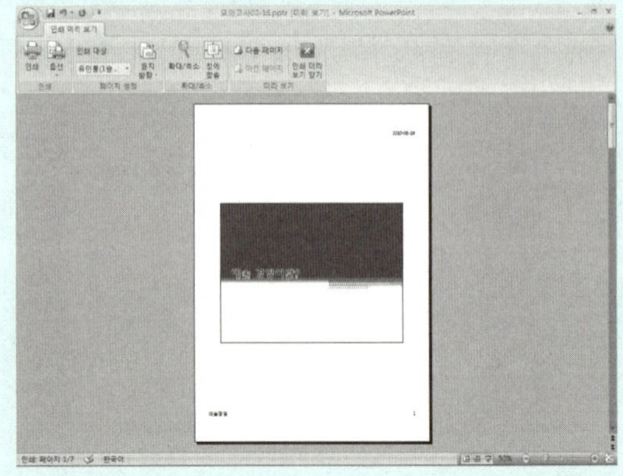

2-17 다음 작업을 완성하시오.

◎ 준비파일 : 모의고사02/모의고사02-17
◎ 완성파일 : 모의고사02/완성파일/모의고사완성02-17

[문제 1] 슬라이드 4의 글머리 기호 목록을 한 수준 아래로 내리시오.

[문제 2] 슬라이드 2 '예술경영이란?' 슬라이드의 메모를 숨기시오.

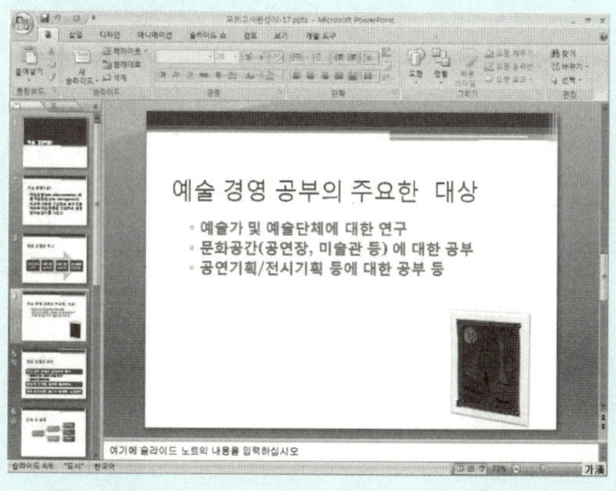

2-18 다음 작업을 완성하시오.

◎ 준비파일 : 모의고사02/모의고사02-18
◎ 완성파일 : 모의고사02/완성파일/모의고사완성02-18

[문제 1] 슬라이드 2 '예술 경영이란?' 글머리 기호 텍스트를 열 간격이 '0.6cm'인 두 개의 열로 변경하시오.

[문제 2] 슬라이드 7 '경영 사례 분석'에 있는 도형의 투명도를 '75%'로 설정하시오.

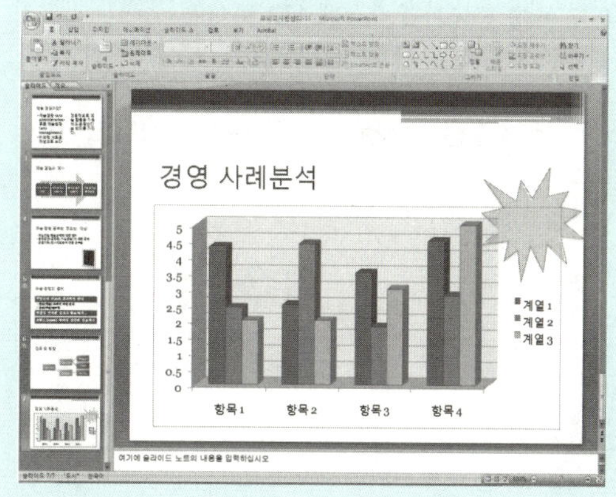

2-19 다음 작업을 완성하시오.

◎ 준비파일 : 모의고사02/모의고사02-19, 기호.gif
◎ 완성파일 : 모의고사02/완성파일/모의고사완성02-19

[문제 1] 슬라이드 4의 글머리 기호 목록의 기호를 '기호.gif' 그래픽으로 변경하시오.

[문제 2] 슬라이드 4의 글머리 기호 목록 하단에 '오른쪽 화살표' 도형을 삽입하시오.

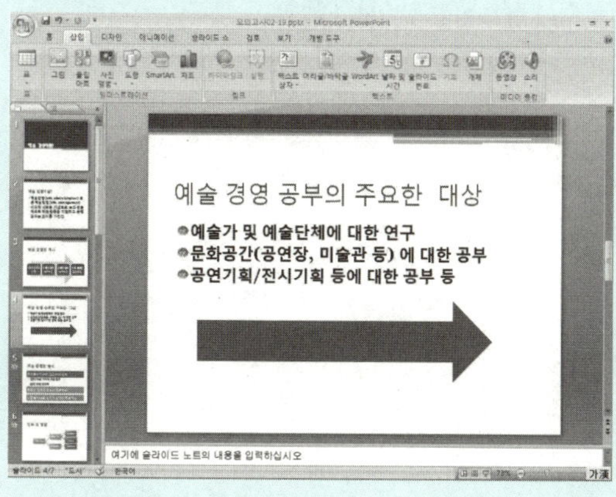

2-20 다음 작업을 완성하시오.

◎ 준비파일 : 모의고사02/모의고사02-20
◎ 완성파일 : 모의고사02/완성파일/모의고사완성02-20

[문제 1] 슬라이드 4의 오른쪽 화살표에 '어두운 그라데이션 선형 위쪽' 효과를 지정하시오.

[문제 2] 슬라이드의 방향을 '세로'로 변경하시오.

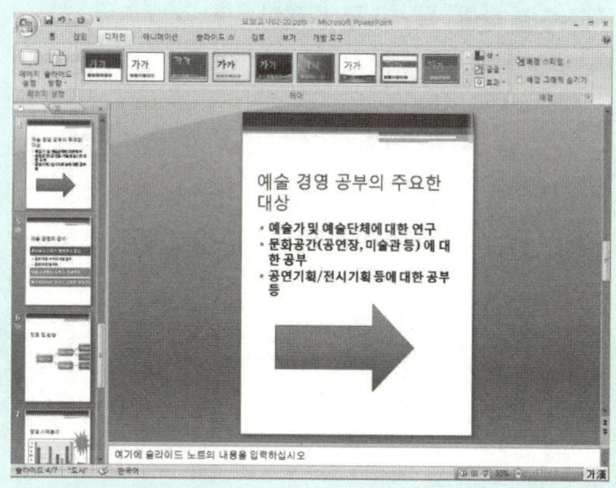

3-01 다음 작업을 완성하시오.

- 준비파일 : 모의고사03/모의고사03-01
- 완성파일 : 모의고사03/완성파일/모의고사완성03-01

[문제 **1**] 슬라이드 6 '진로 및 방향'의 조직도를 '경사' 스타일로 수정하시오.

[문제 **2**] 전체 슬라이드 쇼를 재생하고 슬라이드 6에서 '공연 기획자' 텍스트를 강조 표시하시오. 슬라이드 쇼를 종료하고 주석을 유지하시오.

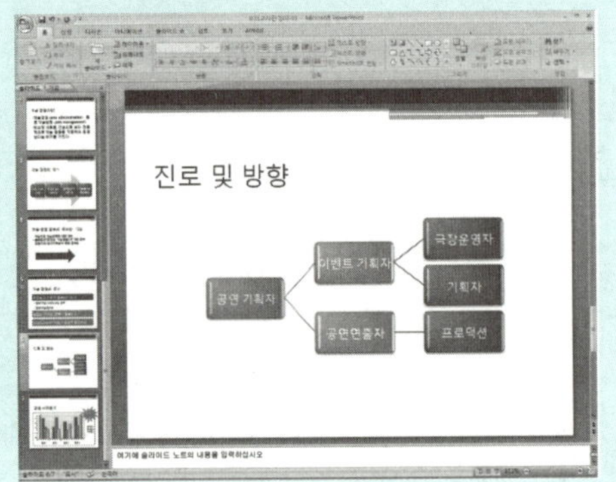

3-02 다음 작업을 완성하시오.

- 준비파일 : 모의고사03/모의고사03-02
- 완성파일 : 모의고사03/완성파일/모의고사완성03-02

[문제 **1**] 슬라이드 3 '예술 경영의 역사'에서 SmartArt의 크기를 높이 '12cm', 너비 '21cm'로 조정하시오.

[문제 **2**] 슬라이드 4 제목 하단의 사각형 3개를 일괄적으로 중간으로 정렬하시오.

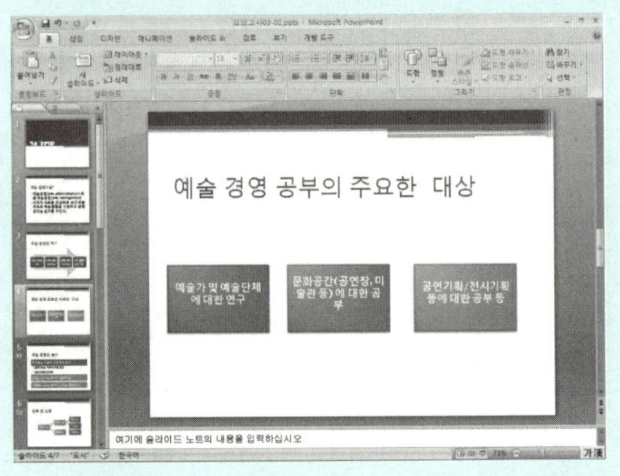

3-03 다음 작업을 완성하시오.

- 준비파일 : 모의고사03/모의고사03-03
- 완성파일 : 모의고사03/완성파일/모의고사완성03-03

[문제 **1**] 슬라이드 6의 한쪽 모서리가 잘린 도형의 테두리를 '6pt'로 변경하시오.

[문제 **2**] 슬라이드 6의 왼쪽 상단에 '채우기 - 강조 6, 부드러운 무광택 입체'의 WordArt를 삽입하고 "진로 및 방향" 텍스트를 입력하시오.

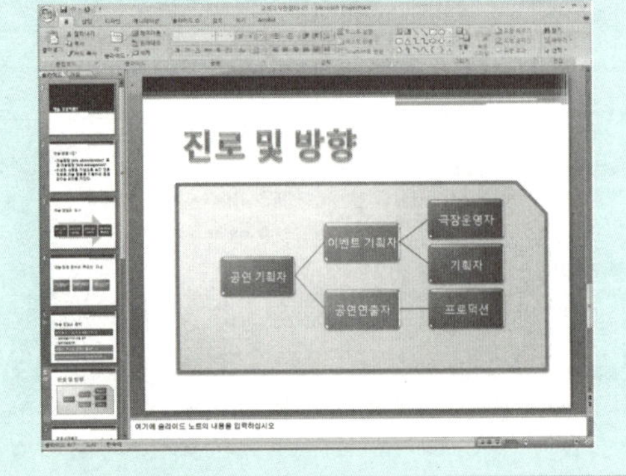

3-04 다음 작업을 완성하시오.

- 준비파일 : 모의고사03/모의고사03-04
- 완성파일 : 모의고사03/완성파일/모의고사완성03-04

[문제 **1**] 슬라이드 2 '예술 경영이란?' 제목 텍스트의 서식을 슬라이드 3의 '예술 경영의 역사' 제목 텍스트에 붙여 넣으시오.

[문제 **2**] 슬라이드 6 '진로 및 방향'에서 직사각형 도형의 테두리를 제거하시오.

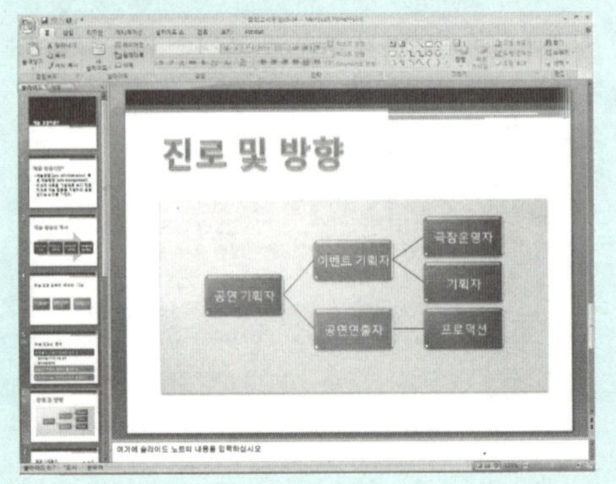

3-05 다음 작업을 완성하시오.

- **준비파일** : 모의고사03/모의고사03-05, 배경.png
- **완성파일** : 모의고사03/완성파일/모의고사완성03-05

[문제 **1**] 슬라이드 마스터를 사용하여 모든 슬라이드의 배경에 [모의고사03] 폴더의 '배경.png'를 추가하시오.

[문제 **2**] 제목 슬라이드를 제외한 모든 슬라이드에 슬라이드 번호를 추가하시오.

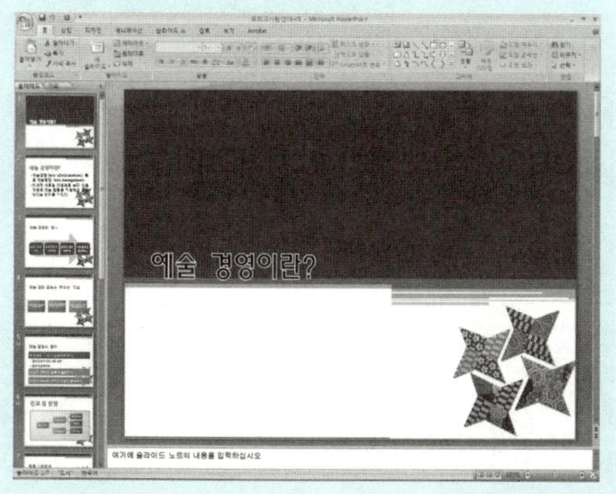

3-06 다음 작업을 완성하시오.

- **준비파일** : 모의고사03/모의고사03-06, 예술 경영.docx
- **완성파일** : 모의고사03/완성파일/모의고사완성03-06

[문제 **1**] [모의고사03] 폴더에 있는 '예술 경영' Word 파일의 개요를 열려있는 프레젠테이션의 첫 번째 슬라이드 바로 다음으로 가져오시오.

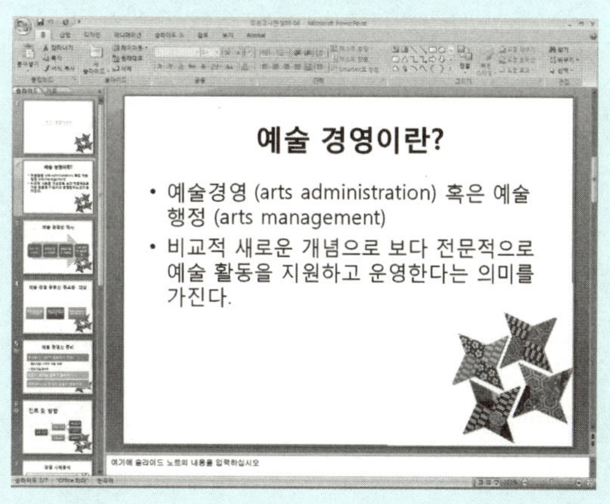

3-07 다음 작업을 완성하시오.

- **준비파일** : 모의고사03/모의고사03-07
- **완성파일** : 모의고사03/완성파일/모의고사완성03-07

[문제 **1**] 슬라이드 7 '경영 사례 분석'에 '4행 5열'의 표를 삽입하시오.

[문제 **2**] 슬라이드 7에 삽입한 표에 '보통 스타일 1 – 강조 5' 형식을 적용하시오.

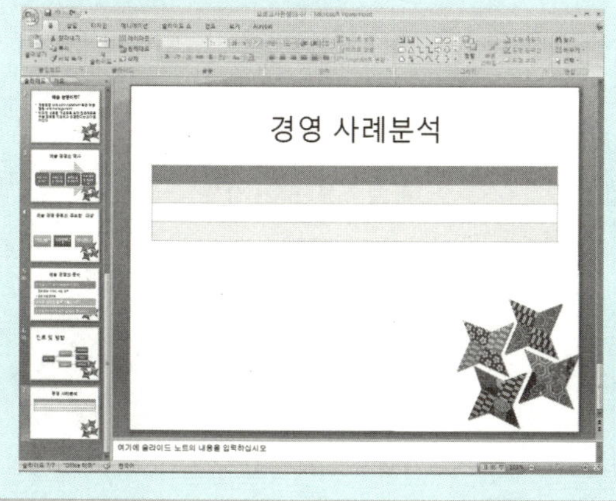

3-08 다음 작업을 완성하시오.

- **준비파일** : 모의고사03/모의고사03-08
- **완성파일** : 모의고사03/완성파일/모의고사완성03-08

[문제 **1**] 슬라이드 4의 도형 3개를 그룹화하시오.

[문제 **2**] 슬라이드 1, 2, 4, 6만 표시되도록 '예술경영'이라는 이름의 사용자 지정 슬라이드 쇼를 작성하시오.

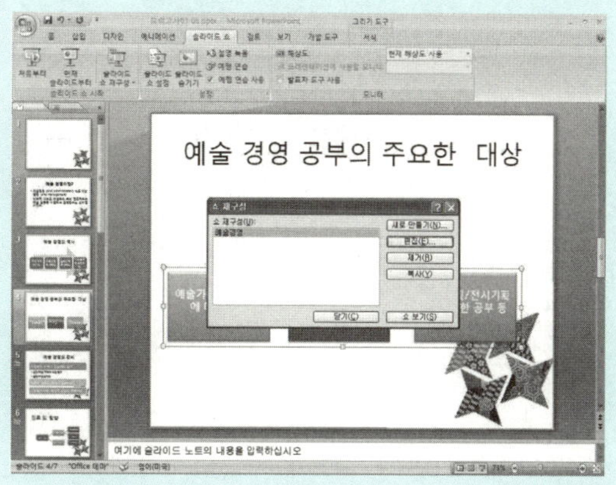

- 준비파일 : 모의고사03/모의고사03-09
- 완성파일 : 모의고사03/완성파일/모의고사완성03-09

[문제 1] 프레젠테이션에서 숨겨진 메타 데이터 및 개인 정보를 검사하고 모든 검사 결과를 제거하시오 (모두 기본 설정을 적용할 것).

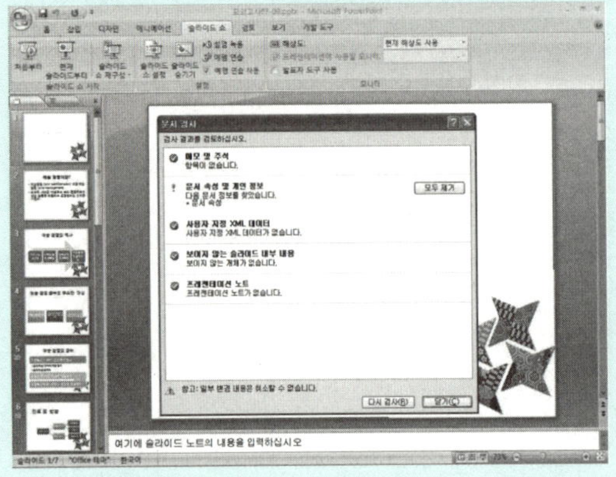

- 준비파일 : 모의고사03/모의고사03-10
- 완성파일 : 모의고사03/완성파일/경영정보

[문제 1] 프레젠테이션을 '경영정보'라는 이름의 CD용 패키지로 만들고 파일을 폴더에 저장하시오. 모든 대화상자를 닫으시오(나머지는 기본 설정을 적용할 것).

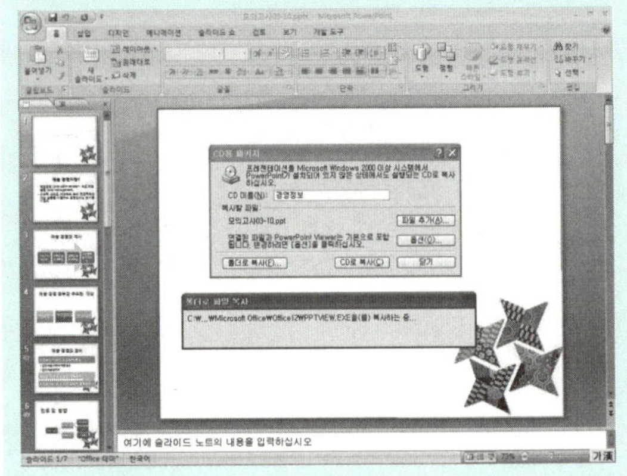

- 준비파일 : 모의고사03/모의고사03-11
- 완성파일 : 모의고사03/완성파일/모의고사완성03-11

[문제 1] 슬라이드 4에서 첫 번째 직사각형 도형 안의 텍스트를 90도 회전시키시오.

[문제 2] 슬라이드 2 '예술 경영이란?' 글머리 기호 목록을 '1) 2) 3)' 번호 매기기 목록으로 수정하시오.

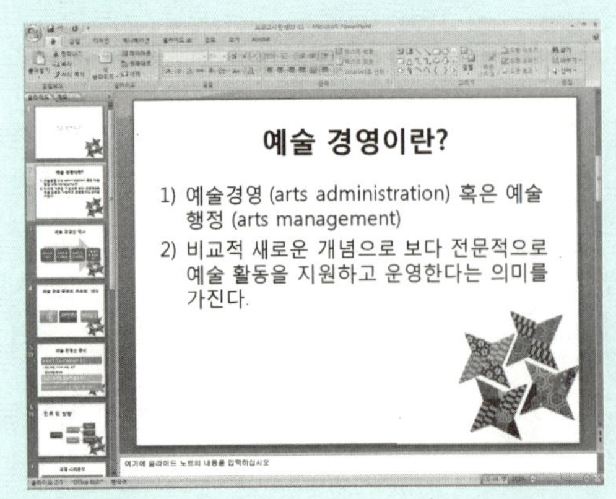

- 준비파일 : 모의고사03/모의고사03-12
- 완성파일 : 모의고사03/완성파일/모의고사완성03-12

[문제 1] 슬라이드 4의 그룹 개체 틀에서 애니메이션을 제거하시오.

[문제 2] 2초 간격을 유지하도록 예행 연습을 진행하고 시간을 적용하시오.

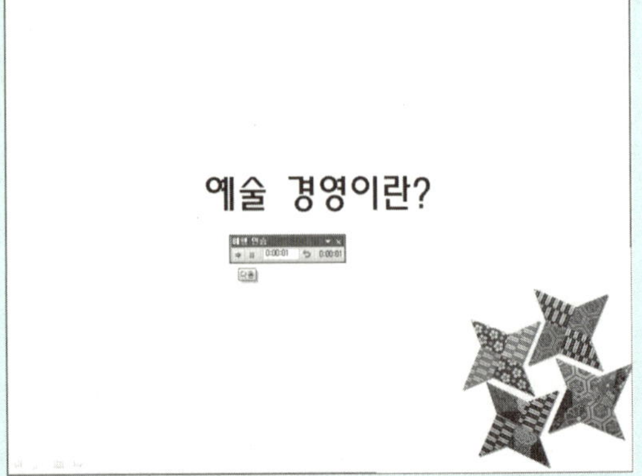

3-13 다음 작업을 완성하시오.

- ⚙ **준비파일** : 모의고사03/모의고사03-13
- ◎ **완성파일** : 모의고사03/완성파일/모의고사완성03-13

[문제 **1**] 슬라이드 2, 3, 4만 쇼를 진행하도록 슬라이드 쇼를 설정하시오.

[문제 **2**] 프레젠테이션을 PowerPoint 97-2003 문서 형식으로 [내 문서] 폴더에 저장하시오.

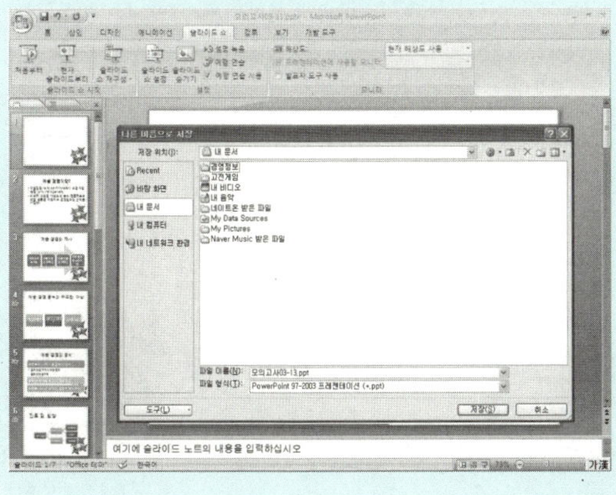

3-14 다음 작업을 완성하시오.

- ⚙ **준비파일** : 모의고사03/모의고사03-14
- ◎ **완성파일** : 모의고사03/완성파일/모의고사완성03-14

[문제 **1**] 슬라이드 크기를 '화면 슬라이드 쇼(16:9)'로 변경하시오.

[문제 **2**] 슬라이드 8의 레이아웃을 '제목만' 슬라이드로 변경하시오.

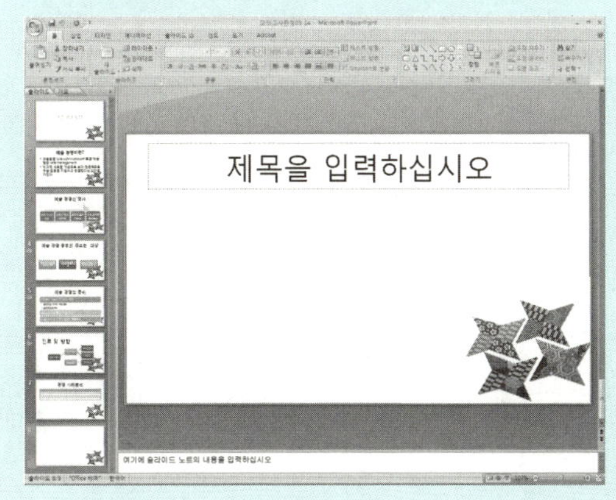

3-15 다음 작업을 완성하시오.

- ⚙ **준비파일** : 모의고사03/모의고사03-15
- ◎ **완성파일** : 모의고사03/완성파일/모의고사완성03-15

[문제 **1**] 현재 날짜를 업데이트된 날짜로 표시하는 바닥글을 슬라이드 마스터에 추가하시오.

[문제 **2**] 3번 슬라이드부터 슬라이드 쇼를 보시오.

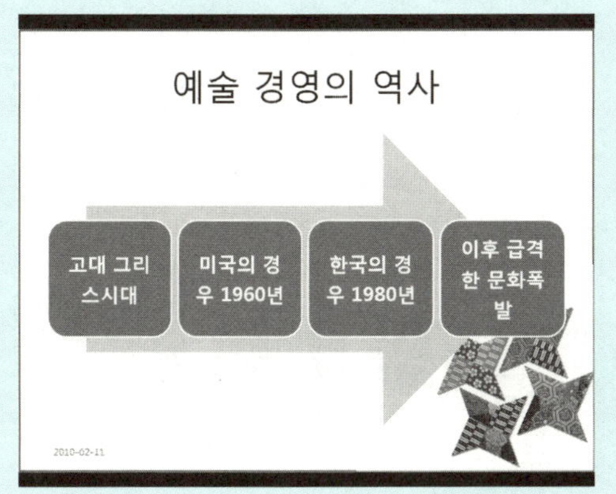

3-16 다음 작업을 완성하시오.

- ⚙ **준비파일** : 모의고사03/모의고사03-16
- ◎ **완성파일** : 모의고사03/완성파일/모의고사완성03-16

[문제 **1**] 슬라이드 1 '예술 경영' 슬라이드에 '새벽 선형 아래쪽' 그라데이션의 텍스트 상자를 추가하시오.

[문제 **2**] 슬라이드 2 '예술 경영이란?' 슬라이드의 메모에 "또는" 텍스트를 추가하시오.

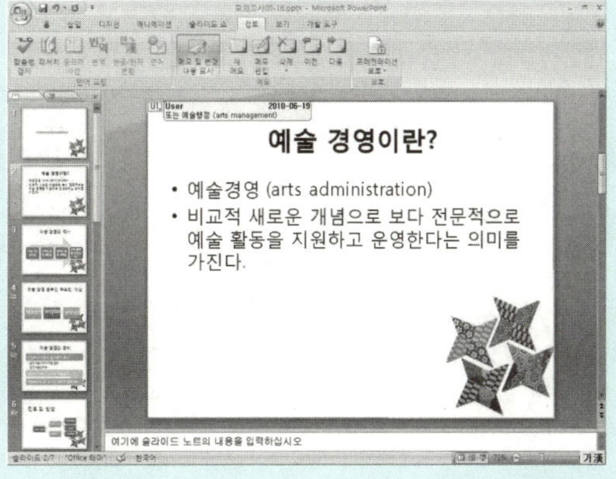

3-17 다음 작업을 완성하시오.

- **준비파일** : 모의고사03/모의고사03-17
- **완성파일** : 모의고사03/완성파일/모의고사완성03-17

[문제 1] 슬라이드 방향을 가로로 변경하시오.
[문제 2] 슬라이드 마스터를 이용하여 제목 슬라이드를 제외한 모든 슬라이드에 '예술경영혁신' 이라는 바닥글을 삽입하시오.

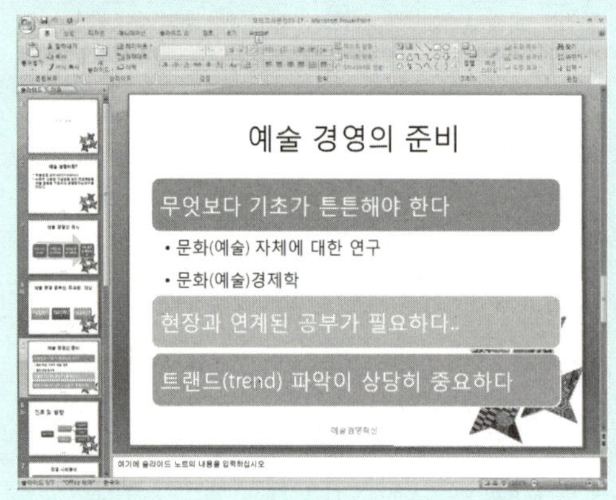

3-18 다음 작업을 완성하시오.

- **준비파일** : 모의고사03/모의고사03-18
- **완성파일** : 모의고사03/완성파일/모의고사완성03-18

[문제 1] 슬라이드 6의 조직도 크기를 높이 '12cm', 너비 '14cm'로 수정하시오.
[문제 2] 슬라이드 6의 조직도를 '계층 구조형' 레이아웃으로 변경하시오.

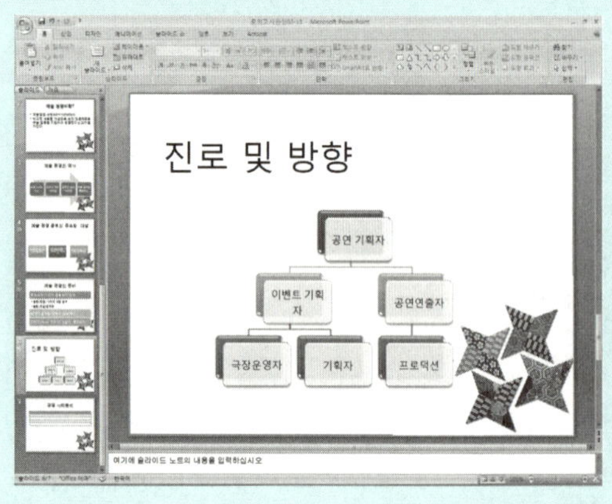

3-19 다음 작업을 완성하시오.

- **준비파일** : 모의고사03/모의고사03-19
- **완성파일** : 모의고사03/완성파일/모의고사완성03-19

[문제 1] 슬라이드 2 '예술 경영이란?'에 삽입되어 있는 메모를 숨기시오.
[문제 2] 슬라이드 4의 가운데 도형을 '자주 편물' 질감으로 채우기하시오.

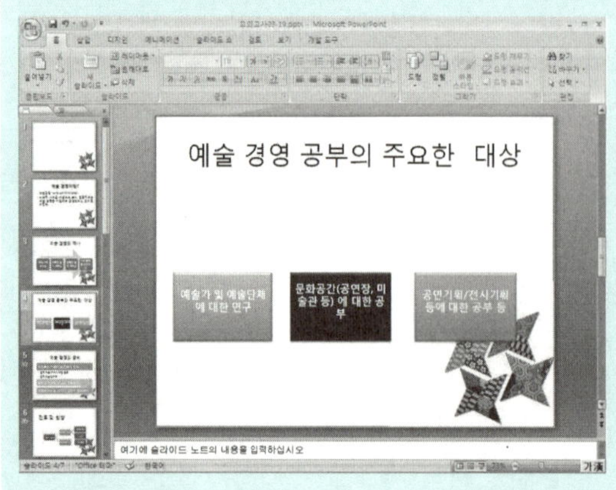

3-20 다음 작업을 완성하시오.

- **준비파일** : 모의고사03/모의고사03-20
- **완성파일** : 모의고사03/완성파일/모의고사완성03-20

[문제 1] 슬라이드 7 '경영 사례분석' 바로 다음에 '제목 및 내용' 레이아웃 슬라이드를 새로 삽입하시오.
[문제 2] 슬라이드 8에 묶은 세로 막대형 그래프를 삽입하시오(데이터 편집 창은 닫으시오).

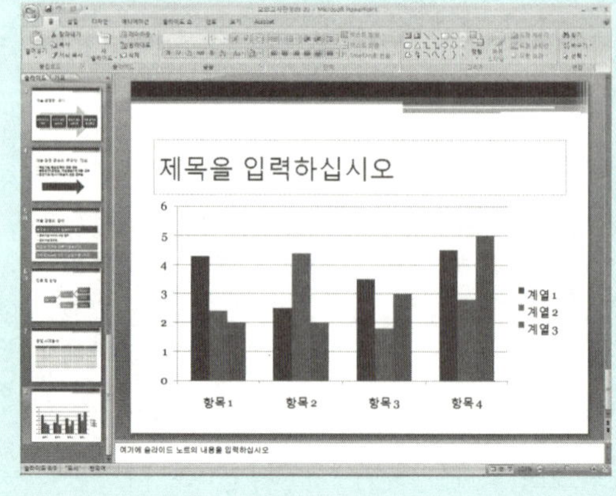

실전모의고사 풀이

1-01

1 글머리 기호 수준 내리는 방법

① 슬라이드 2를 클릭한다.
② '형광등~, 자전거~'의 두 문장을 블록으로 지정한다.
③ [홈] 탭의 [단락] 그룹에서 [목록 수준 늘림]을 클릭한다.

2 도형에 애니메이션을 추가하는 방법

① 슬라이드 3을 클릭한다.
② 도형을 클릭하고 [애니메이션] 탭의 [애니메이션] 그룹에서 [사용자 지정 애니메이션]을 클릭한다.
③ 오른쪽 [사용자 지정 애니메이션] 작업창에서 [효과 적용] 단추를 클릭한다.
④ [나타내기]-[기타 효과]-은은한 효과-[확장]을 클릭한 후 [확인] 단추를 클릭한다.
⑤ [속도] 항목에서 '빠르게'를 선택한다.

1-02

1 슬라이드 마스터에 슬라이드 번호를 삽입하는 방법

① [보기] 탭의 [프레젠테이션 보기] 그룹에서 [슬라이드 마스터]를 클릭한다.
② Office 슬라이드 마스터인 첫 번째 슬라이드를 클릭한 후, 우측 하단의 번호 텍스트 상자를 클릭하여 슬라이드 화면의 왼쪽 맨 위로 이동시키고, 번호 상자의 크기를 줄인다.
③ [삽입] 탭의 [텍스트] 그룹에서 [슬라이드 번호]를 클릭한다.
④ [머리글/바닥글] 대화상자에서 '슬라이드 번호', '제목 슬라이드에는 표시 안 함'에 체크하고 [모두 적용] 단추를 클릭한다.
⑤ [슬라이드 마스터] 탭의 [마스터 보기/닫기] 단추를 클릭한다.

2 글머리 기호 목록을 SmartArt로 변경하는 방법

① 슬라이드 3을 클릭한다.
② 글머리 기호 목록을 클릭한다.
③ [홈] 탭의 [단락] 그룹에서 [SmartArt 그래픽으로 변환] 단추를 클릭한다.
④ [기타 SmartArt 그래픽]을 선택한다.
⑥ [SmartArt 그래픽 선택] 대화상자에서 [목록형]을 클릭하고 '세로 글머리 기호 목록형' SmartArt를 선택한다.
⑦ [확인] 단추를 클릭한다.

1-03

1 조직도 스타일을 수정하는 방법

① 슬라이드 4를 클릭한다.
② 조직도를 클릭하고 [SmartArt 도구]-[디자인] 탭의 [SmartArt 스타일] 그룹에서 [자세히] 단추를 클릭하고 '3차원'의 '경사'를 선택한다.

2 슬라이드 쇼를 진행하고 주석 유지하는 방법

① [슬라이드 쇼] 탭의 [슬라이드 쇼 시작] 그룹에서 [처음부터]를 클릭한다.
② 마우스를 클릭하여 4번 슬라이드로 이동한다.
③ 마우스 오른쪽 단추를 클릭하여 [포인터 옵션]-[형광펜]을 클릭한다.
④ '인사관리팀' 텍스트를 드래그한다.
⑤ 마우스 오른쪽 단추를 클릭하고 [다음]을 선택하거나, 슬라이드 왼쪽 하단의 '화살표 모양'의 [다음] 단추를 클릭하여 슬라이드 마지막까지 슬라이드 쇼를 진행한다.
⑥ '잉크 주석을 유지하시겠습니까?' 라는 메시지가 나오면 [예] 단추를 클릭한다.

1 SmartArt 그래픽의 크기 조절 방법

① 슬라이드 3을 클릭한다.
② SmartArt를 클릭하고 [SmartArt 도구]–[서식] 탭에서 [크기]를 선택한다.
③ 높이 '12cm', 너비 '18cm'로 설정한다.

1 슬라이드 이동 방법

① 슬라이드 2를 클릭하여 슬라이드 4 다음으로 드래그한다.

2 글머리 기호 목록 텍스트 이동 방법

① 슬라이드 3을 클릭한다.
② 텍스트 목록의 '개인 사무실 녹색 그린 추진' 텍스트를 블록으로 지정한다.
③ 첫 번째 텍스트 목록인 '여름엔 넥타이를 풀고 겨울엔 내복을 입어 체감효과 유지' 텍스트의 왼쪽으로 드래그한다.

1 서식 복사 방법

① 슬라이드 1의 '녹색 정보화' 제목 텍스트 상자를 클릭한다.
② [홈] 탭의 [클립보드] 그룹에서 [서식 복사] 단추를 클릭한다.
③ 마우스 포인터가 붓 모양으로 바뀌면 슬라이드 4의 제목을 클릭한다.

2 도형의 테두리를 제거하는 방법

① 슬라이드 4의 직사각형 도형을 선택한다.
② [그리기 도구]–[서식] 탭의 [도형 스타일] 그룹에서 [도형 윤곽선]을 클릭한다.
③ [윤곽선 없음]을 클릭한다.

1 그림 압축 방법

① 슬라이드 2의 그림을 클릭한다.
② [그림 도구]–[서식] 탭의 [조정] 그룹에서 [그림 압축]을 클릭한다.
③ [그림 압축] 대화상자에서 '선택한 그림에만 적용'에 체크한 후 [옵션] 단추를 클릭한다.
④ [압축 설정] 대화상자의 [대상 출력] 항목에서 '인쇄 200ppi'를 체크한다.
⑤ [압축 설정]과 [그림 압축] 대화상자의 [확인] 단추를 각각 누른다.

2 도형 정렬 방법

① 슬라이드 3의 도형 하나를 클릭하고 Shift 를 누른 채 도형을 모두 선택한다. 또는 도형을 포함하여 드래그한다.
② [그리기 도구]–[서식] 탭의 [정렬] 그룹에서 [맞춤]을 클릭한다.
③ [중간 맞춤]을 클릭한다.

1 슬라이드 마스터에서 배경 그래픽을 삽입하는 방법

① [보기] 탭의 [프레젠테이션 보기] 그룹에서 [슬라이드 마스터]를 클릭한다.
② [슬라이드 마스터] 탭의 [배경] 그룹에서 [배경 서식] 단추를 클릭한다.
③ [배경 서식] 대화상자의 [채우기] 항목에서 '그림 또는 질감 채우기'를 선택한다.
④ [다음에서 삽입] 항목에서 [파일] 단추를 클릭한다.
⑤ [모의고사01] 폴더의 '녹색정보화.png'를 선택하고 [삽입] 단추를 클릭한다.

⑥ [배경 서식] 대화상자에서 [모두 적용] 단추를
　클릭하고 [닫기] 단추를 클릭한다.
⑦ [슬라이드 마스터] 탭의 [마스터 보기 닫기]를
　클릭한다.

2 슬라이드에 번호를 삽입하는 방법

① [삽입] 탭의 [텍스트] 그룹에서 [슬라이드 번호]
　를 클릭한다.
② [머리글/바닥글] 대화상자의 [슬라이드] 탭을
　클릭한 후, '슬라이드 번호'와 '제목 슬라이드
　에는 표시 안 함'에 체크한다.
③ [모두 적용] 단추를 클릭한다.

1-09

1 Word 파일을 개요로 슬라이드에 삽입하는 방법

① 슬라이드 4를 클릭한다.
② [홈] 탭의 [슬라이드] 그룹에서 [새 슬라이드]를
　클릭한다.
③ [Office 테마] 창에서 [슬라이드 개요]를 클릭
　한다.
④ [모의고사01] 폴더에서 '녹색정부 구현' Word
　파일을 선택하고 [삽입] 단추를 클릭한다.

2 슬라이드 마스터에서 테마를 적용하는 방법

① [보기] 탭의 [프레젠테이션 보기] 그룹에서 [슬
　라이드 마스터]를 클릭한다.
② [테마 편집] 그룹에서 [테마]를 클릭한다.
③ [모든 테마] 창에서 [광선] 테마를 선택한다.
④ [슬라이드 마스터] 탭의 [마스터 보기 닫기]를
　클릭한다.

1-10

1 글머리 기호 목록의 열을 지정하는 방법

① 슬라이드 3의 글머리 기호 목록 텍스트 상자를
　클릭한다.
② [홈] 탭의 [단락] 그룹에서 [단]을 클릭한다.
③ [기타 열]을 클릭한다.
④ [열] 대화상자에서 개수 '2', 간격 '0.5cm'로
　설정하고 [확인] 단추를 클릭한다.

2 슬라이드에 그래픽을 삽입하는 방법

① 슬라이드 2를 클릭한다.
② [삽입] 탭의 [일러스트레이션] 그룹에서 [그림]
　을 클릭한다.
③ [모의고사01] 폴더에서 '녹색.png'를 선택하고
　[삽입] 단추를 클릭한다.
④ 삽입된 그림을 클릭하여 글머리 기호 목록 오
　른쪽 아래로 드래그한다.

1-11

1 유인물 바닥글 삽입 방법

① [삽입] 탭의 [텍스트] 그룹에서 [머리글/바닥글]
　을 클릭한다.
② [슬라이드 노트 및 유인물] 탭을 클릭한다.
③ 하단의 '바닥글'에 체크한 뒤 "녹색정보화" 텍
　스트를 입력한다.
④ [모두 적용] 단추를 클릭한다.

2 슬라이드를 개요 보기로 변경하는 방법

① [슬라이드] 탭 옆의 [개요] 탭을 클릭한다.

1 제목 텍스트 상자에 스타일을 적용하는 방법

① 슬라이드 1의 제목 텍스트 상자를 클릭한다.

② [그리기 도구]-[서식] 탭의 [도형 스타일] 그룹에서 [자세히] 단추를 클릭한다.

③ 편집 그룹 창에서 '미세 효과-강조 3'을 선택한다.

2 슬라이드 쇼 재구성 설정 방법

① [슬라이드 쇼] 탭의 [슬라이드 쇼 시작] 그룹에서 [슬라이드 재구성]-[쇼 재구성]을 클릭한다.

② [쇼 재구성] 대화상자에서 [새로 만들기] 단추를 클릭한다.

③ '슬라이드 쇼 이름'에 "재검토"를 입력한다.

④ 슬라이드 1, 2, 5를 각각 선택하고 [추가] 단추를 클릭하여 오른쪽 목록에 추가한다.

⑤ [확인] 단추를 클릭한다.

⑥ [쇼 재구성] 대화상자에서 [닫기] 단추를 클릭한다.

1 슬라이드의 메모를 숨기는 방법

① 슬라이드 5를 클릭한다.

② [검토] 탭의 [메모] 그룹에서 [메모 및 변경 내용 표시]의 선택을 해제한다.

2 문서 속성 검사 방법

① [Office] 단추-[준비]-[문서 검사]를 클릭한다.

② 저장 여부를 묻는 대화상자가 나오면 [예] 단추를 클릭한다.

③ 문서 검사의 선택 내용에서 '문서 속성 및 개인 정보'에 체크한 뒤 [검사] 단추를 클릭한다.

④ 검사 결과에서 '문서 속성 및 개인 정보'의 [모두 제거] 단추를 클릭한다.

⑤ [닫기] 단추를 클릭한다.

1 조직도의 색을 변경하는 방법

① 슬라이드 4의 조직도를 클릭한다.

② [smartArt 도구]-[디자인] 탭의 [색 변경]을 클릭한다.

③ '강조 3'의 '그라데이션 반복 – 강조 3'을 선택한다.

2 도형 안의 텍스트를 이동하는 방법

① 슬라이드 4의 조직도에서 '인사관리팀'을 드래그하여 블록으로 지정한다.

② 빈 도형으로 드래그하여 이동한다.

③ 이동된 텍스트의 맨 뒤에 커서를 두고 Delete 를 누른다.

1 도형의 투명도 지정 방법

① 슬라이드 4의 사각형 도형을 클릭한다.

② [그리기 도구]-[서식] 탭의 [도형 스타일] 그룹에서 [도형 서식] 단추를 클릭하거나, 도형을 마우스 오른쪽 단추를 클릭하여 [도형 서식]을 선택한다.

③ [도형 서식] 대화상자에서 투명도를 '75%'로 설정한다.

④ [닫기] 단추를 클릭한다.

2 CD용 패키지에 대한 방법

① [Office] 단추-[게시]-[CD용 패키지]를 클릭한다.

② 업데이트를 안내하는 대화상자가 나올 경우에는 [확인]을 클릭한다.

③ [CD용 패키지] 대화상자의 'CD 이름'에 "녹색 정보"를 입력한 후 [폴더로 복사] 단추를 클릭한다.

④ [위치 선택] 대화상자에서 저장할 폴더를 지정

하고 [선택] 단추를 클릭한다.

⑤ [폴더로 복사] 대화상자에서 [확인] 단추를 클릭한다.

⑥ 패키지 포함 여부를 묻는 대화상자가 나오면 [예]를 클릭한다.

⑦ 잉크 주석이 있음을 알리는 메시지가 나오면 [계속]을 클릭한다.

⑧ 작업이 끝나면 [닫기] 단추를 클릭한다.

* 해당 예제나 시험 환경에 따라 6, 7번 과정은 생략될 수 있다.

1-16

1 SmartArt 삽입 방법

① 슬라이드 4를 클릭하고 레이아웃 단추 중 [SmartArt 그래픽 삽입]을 클릭한다.

② [SmartArt 그래픽 선택] 대화상자의 [주기형] 항목에서 '방사형 벤형'을 선택하고 [확인] 단추를 클릭한다.

2 슬라이드를 방향 변경 문제

① [디자인] 탭의 [페이지 설정] 그룹에서 [슬라이드 방향]-[세로]를 클릭한다.

1-17

1 글머리 목록 기호를 그래픽으로 변경하는 방법

① 슬라이드 6의 글머리 기호 텍스트 상자를 클릭한다.

② [홈] 탭의 [단락] 그룹에서 [글머리 기호]-[글머리 기호 및 번호 매기기]를 클릭한다.

③ [글머리 기호 및 번호 매기기] 대화상자의 [글머리 기호] 탭에서 [그림] 단추를 클릭한다.

④ [그림 글머리 기호] 대화상자에서 [가져오기] 단추를 클릭하고 [모의고사01] 폴더의 '전구'를 선택하고 [추가] 단추를 클릭한다.

⑤ 전구 그래픽을 선택하고 [확인] 단추를 클릭한다.

2 메모 삽입 방법

① 슬라이드 7을 클릭한다.

② [검토] 탭의 [메모] 그룹에서 [새 메모]를 클릭한다.

③ 메모 상자에 "사이트 표기"라고 입력한다.

④ 메모 아이콘을 클릭하여 '정책 연구 및 과제 발굴' 텍스트의 오른쪽으로 드래그하여 이동시킨다.

1-18

1 도형 안의 텍스트를 회전하는 방법

① 슬라이드 5의 직사각형 도형을 클릭한다.

② 마우스 오른쪽 단추로 클릭하여 [도형 서식]을 선택하거나, [그리기 도구]-[서식] 탭의 [도형 스타일] 그룹에서 [도형 서식] 단추를 클릭한다.

③ [도형 서식] 대화상자에서 [텍스트 상자] 항목을 선택한다.

④ '텍스트 방향'에서 '모든 텍스트 90도 회전'을 선택한다.

⑤ [닫기] 단추를 클릭한다.

2 애니메이션 순서 변경 및 속도 수정 방법

① 슬라이드 3을 클릭한다.

② [애니메이션] 탭의 [애니메이션] 그룹에서 [사용자 지정 애니메이션]을 클릭한다.

③ 오른쪽 작업창의 애니메이션 목록 중 '제목 1 : 그린 녹색 아이디어'를 선택한다.

④ 하단의 순서 조정 '위쪽 화살표'를 클릭하거나, 드래그하여 맨 위로 이동한다.

⑤ '속도'는 '느리게'로 선택한다.

1-19

1 도형 질감 채우기 방법

① 슬라이드 5의 직사각형 도형을 클릭한다.

② 도형을 더블클릭하거나 [그리기 도구]-[서식] 탭을 클릭한다.

③ [도형 스타일] 그룹에서 [도형 채우기]-[질감]- '녹색 대리석'을 선택한다.

2 텍스트를 WordArt로 변환하는 방법

① 슬라이드 6의 제목 텍스트 상자를 선택한다.

② [그리기 도구]-[서식] 탭의 [WordArt 스타일] 그룹에서 [자세히] 단추를 클릭하고 '선택한 텍스트에 적용'의 '채우기 – 강조 3, 윤곽선 – 텍스트 2'를 선택한다.

1-20

1 애니메이션 제거 방법

① 슬라이드 5의 직사각형 도형을 클릭한다.

② [애니메이션] 탭의 [애니메이션] 그룹에서 [사용자 지정 애니메이션]을 클릭한다.

③ 오른쪽의 애니메이션 작업창에서 [제거] 단추를 클릭한다.

2 메모를 포함해 인쇄하는 방법

① [Office] 단추-[인쇄]를 클릭한다.

② '인쇄 매수'를 '2'로 설정한다.

③ '메모 및 잉크 표시 인쇄'를 체크한다.

④ [확인] 단추를 클릭한다.

2-01

1 SmartArt를 삽입하는 방법

① 슬라이드 5를 선택하고 레이아웃 단추 중 [SmartArt 그래픽 삽입]을 클릭한다.
② '주기형' 의 '기본 방사형' 을 선택하고 [확인] 단추를 클릭한다.

2-02

1 텍스트 상자에 서식을 추가하여 삽입하는 방법

① 슬라이드 1을 클릭한다.
② [삽입] 탭의 [텍스트] 그룹에서 [텍스트 상자]- [가로 텍스트 상자]를 클릭한다.
③ 적당한 위치에 드래그한다.
④ 텍스트 상자를 마우스 오른쪽 단추로 클릭하여 [도형 서식]을 선택하거나, [그리기 도구]-[서식] 탭의 [도형 스타일] 그룹에서 [도형 서식] 단추를 클릭한다.
⑤ '채우기' 의 '그라데이션 채우기' 를 클릭한다.
⑥ '기본 설정 색' 은 '이끼' 를 선택한다.
⑦ '방향' 은 '선형 위쪽' 을 선택한다.
⑧ [닫기] 단추를 클릭한다.

2 글머리 기호 목록을 번호로 수정하는 방법

① 슬라이드 2의 글머리 기호 목록을 클릭한다.
② [홈] 탭의 [단락] 그룹에서 [번호 매기기]를 클릭하고 'a,b,c' 형식의 번호 목록을 선택한다.

2-03

1 하이퍼링크 삽입 방법

① 슬라이드 3의 글머리 기호 텍스트 중 '문화 공간' 텍스트를 블록으로 지정한다.
② [삽입] 탭의 [링크] 그룹에서 [하이퍼링크]를 클릭한다.
③ [기존파일/웹페이지] 탭의 주소 입력줄에 "http://www.gokams.or.kr"를 입력하고 [확인] 단추를 클릭한다.

2 SmartArt 레이아웃 변경 방법

① 슬라이드 3의 SmartArt를 선택한다.
② SmartArt를 더블클릭하거나 [SmartArt 도구]-[디자인] 탭의 [레이아웃]을 클릭한다.
③ [자세히] 단추를 클릭하고 [기타 레이아웃]을 클릭한다.
④ '프로세스형' 의 '세그먼트 프로세스형' 을 선택한다.
⑤ [확인] 단추를 클릭한다.

2-04

1 새 슬라이드 삽입 방법

① 슬라이드 5를 클릭한다.
② [홈] 탭의 [슬라이드] 그룹에서 [새 슬라이드]를 클릭한다.
③ [비교] 레이아웃 슬라이드를 클릭한다.

2-05

1 개요 보기로 출력하는 방법

① [Office] 단추-[인쇄]를 클릭한다.
② [인쇄 대상]을 '개요 보기' 로 설정하고 [확인] 단추를 클릭한다.

2-06

1 SmartArt의 서식 지정 방법

① 슬라이드 4에 있는 SmartArt를 클릭한다.
② [홈] 탭의 [글꼴] 그룹에서 [굵게]를 클릭한다.

② SmartArt의 배경 서식 지정 방법

① 슬라이드 4에 삽입된 SmartArt의 배경을 클릭한다(SmartArt가 선택되거나 도형에 커서가 있지 않아야 함).
② [SmartArt 도구]–[서식] 탭의 [도형 스타일] 그룹에서 [도형 서식] 단추를 클릭한다.
③ '채우기'의 '그라데이션 채우기'를 선택한다.
④ '기본 설정 색'은 '이끼'로 선택하고, '종류'는 '방사형'으로 선택한다.
⑤ [닫기] 단추를 클릭한다.

2-07

① 애니메이션 제거 방법

① 슬라이드 5를 클릭한다.
② [애니메이션] 탭의 [애니메이션] 그룹에서 [사용자 지정 애니메이션]을 클릭한다.
③ 작업창의 '제목 2 : 예술 경영의 준비' 개체 틀을 선택하고 [제거] 단추를 클릭한다.

② 도형 삭제 방법

① 슬라이드 6 '진로 및 방향'의 '이벤트 기획자' 도형을 선택한다.
② Delete 를 누른다.

2-08

① 슬라이드 마스터에서 고정된 날짜를 삽입하는 방법

① [보기] 탭의 [프레젠테이션 보기] 그룹에서 [슬라이드 마스터]를 클릭한다.
② [삽입] 탭의 [텍스트] 그룹에서 [날짜 및 시간]을 클릭한다.
④ [머리글/바닥글] 대화상자의 [슬라이드] 탭에서 '날짜 및 시간'에 체크한다.
⑤ '직접 입력'을 체크한다.
⑥ [모두 적용] 단추를 클릭한다.

⑦ [슬라이드 마스터] 탭의 [마스터 보기/닫기] 단추를 클릭한다.

② 슬라이드 크기 변경 방법

① [디자인] 탭의 [페이지 설정] 그룹에서 [페이지 설정]을 클릭한다.
② '슬라이드 크기'를 '화면 슬라이드 쇼 (16:9)'로 선택한다.
③ [확인] 단추를 클릭한다.

2-09

① 도형에 텍스트 이동하는 방법

① 슬라이드 6에 있는 조직도의 텍스트 중 '프로덕션' 텍스트를 드래그하여 블록으로 지정한다.
② 빈 도형으로 드래그하여 이동한다.
③ 이동된 텍스트의 맨 뒤에 커서를 두고 Delete 를 누른다.

② 조직도에 애니메이션을 삽입하는 문제

① 슬라이드 6을 클릭한다.
② 조직도를 선택하고 [애니메이션] 탭의 [애니메이션] 그룹에서 [사용자 지정 애니메이션]을 클릭한다.
③ 오른쪽 애니메이션 작업창에서 [효과 적용] 단추를 클릭한다.
④ [나타내기]–[기타 효과]에서 '기본 효과'의 '한 번 깜빡이기'를 선택한다.
⑤ 작업창에서 '속도'를 '중간'으로 선택한다.

2-10

① 애니메이션 순서 변경 및 속도 수정 방법

① 슬라이드 6을 클릭한다.
② [애니메이션] 탭의 [애니메이션] 그룹에서 [사용자 지정 애니메이션]을 클릭한다.

③ 오른쪽 작업창의 애니메이션 목록 중 '제목 1 : 진로 및 방향'를 선택한다.
④ 하단의 순서 조정 화살표를 클릭하거나, 목록을 드래그하여 맨 위로 이동한다.
⑤ '속도'를 '빠르게'로 선택한다.

2 화면 전환 효과 적용 방법

① [애니메이션] 탭의 [슬라이드 화면 전환] 그룹에서 [자세히] 단추를 클릭하여 '흩어뿌리기'를 선택한다.
② '화면 전환 속도'를 '빠르게'로 선택한다.
③ [모두 적용] 단추를 클릭한다.

2-11

1 슬라이드 이동 방법

① 슬라이드 3을 클릭하여 슬라이드 2 위로 드래그한다.

2 글머리 기호 목록을 SmartArt로 변경하는 방법

① 슬라이드 3의 글머리 기호 목록을 클릭한다.
② [홈] 탭의 [단락] 그룹에서 [SmartArt 그래픽으로 변환]을 클릭한다.
③ [기타 SmartArt 그래픽]을 선택한다.
④ [SmartArt 그래픽 선택] 대화상자에서 '프로세스형' – '연속 블록 프로세스형'을 클릭한다.
⑤ [확인] 단추를 클릭한다.

2-12

1 SmartArt 색 변경 방법

① 슬라이드 3의 SmartArt를 클릭한다.
② SmartArt를 더블클릭하거나 [SmartArt 도구]–[디자인] 탭을 클릭한다.
③ [SmartArt 스타일] 그룹에서 [색 변경]을 클릭하고 '색상형' – '색상형 범위-강조색 2 또는 3'을 선택한다.

2 SmartArt 스타일 수정 방법

① 슬라이드 3을 클릭한다.
② [SmartArt 도구]–[디자인] 탭의 [SmartArt 스타일] 그룹에서 [자세히] 단추를 클릭하고 '3차원'의 '광택 처리'를 선택한다.

2-13

1 슬라이드 마스터에 슬라이드 번호를 삽입하는 방법

① [보기] 탭의 [프레젠테이션 보기] 그룹에서 [슬라이드 마스터]를 클릭한다.
② Office 테마 슬라이드 마스터인 첫 번째 슬라이드를 선택하고 왼쪽 아래 번호 텍스트 상자를 클릭하여 오른쪽 상단으로 드래그한다.
③ [삽입] 탭의 [텍스트] 그룹에서 [슬라이드 번호]를 클릭한다.
④ [머리글/바닥글] 대화상자에서 '슬라이드 번호'와 '제목 슬라이드에는 표시 안 함'에 체크하고 [모두 적용] 단추를 클릭한다.
⑤ [슬라이드 마스터] 탭의 [마스터 보기/닫기] 단추를 클릭한다.

2 슬라이드 마스터에서 테마를 적용하는 방법

① [보기] 탭의 [프레젠테이션 보기] 그룹에서 [슬라이드 마스터]를 클릭한다.
② [슬라이드 마스터] 탭의 [테마 편집] 그룹에서 [테마]를 클릭한다.
③ '도시' 테마를 선택한다.
④ [슬라이드 마스터] 탭의 [마스터 보기 닫기]를 클릭한다.

2-14

1 메모 삽입 방법

① 슬라이드 4를 클릭한다.

② [검토] 탭의 [메모] 그룹에서 [새 메모]를 클릭
한다.

③ 메모 상자에 "발전단계"라고 입력한다.

④ 메모 아이콘을 클릭하여 '예술가 및 예술 단체'
텍스트 오른쪽으로 드래그하여 이동시킨다.

2 메모 삭제 방법

① 슬라이드 2를 클릭한다.

② 메모를 클릭하고 [삭제] 단추를 클릭하거나, 마
우스 오른쪽 단추로 클릭하고 [메모 삭제]를 선
택한다.

2-15

1 그림 삽입 방법

① 슬라이드 4를 클릭한다.

② [삽입] 탭의 [일러스트레이션] 그룹에서 [그림]
을 클릭한다.

③ [파워포인트 MOS]-[모의고사]-[모의고사02]
폴더의 '예술.PNG'를 선택하고 [삽입] 단추를
클릭한다.

④ 삽입된 그림을 선택하여 글머리 기호 목록 오
른쪽 하단으로 드래그한다.

2 그림 스타일 지정 방법

① 슬라이드 4의 그림을 선택한다.

② [그리기 도구]-[서식] 탭의 [그림 스타일] 그룹
에서 [자세히] 단추를 클릭한다.

③ '입체 원근감(왼쪽), 흰색'을 선택한다.

2-16

1 그림 압축 방법

① 슬라이드 4의 그림을 클릭한다.

② [그림 도구]-[서식] 탭의 [조정] 그룹에서 [그림
압축]을 클릭한다.

③ '선택한 그림에만 적용'에 체크한다.

④ [옵션] 단추를 클릭한다.

⑤ '인쇄 200ppi'를 선택한다.

⑥ [확인]-[확인] 단추를 클릭한다.

2 유인물 바닥글 삽입 방법

① [삽입] 탭의 [텍스트] 그룹에서 [머리글/바닥글]
을 클릭한다.

② [슬라이드 노트 및 유인물] 탭을 클릭한다.

③ '바닥글'에 체크한 뒤 "예술경영" 텍스트를 입
력한다.

④ [모두 적용] 단추를 클릭한다.

2-17

1 글머리 기호 수준을 내리는 방법

① 슬라이드 4를 클릭한다.

② 글머리 기호 목록을 블록으로 지정한다.

③ [홈] 탭의 [단락] 그룹에서 [목록 수준 늘림]을
클릭한다.

2 슬라이드의 메모 숨기기에 대한 방법

① 슬라이드 2를 클릭한다.

② [검토] 탭의 [메모] 그룹에서 [메모 및 변경 내
용 표시]를 클릭하여 선택 해제한다.

2-18

1 글머리 기호 목록의 열을 지정하는 방법

① 슬라이드 2의 글머리 기호 목록 텍스트 상자를
클릭한다.

② [홈] 탭의 [단락] 그룹에서 [단]을 클릭한다.

③ [기타 열]을 클릭한다.

④ 개수는 '2', 간격은 '0.6cm'로 설정하고 [확
인] 단추를 클릭한다.

2 **도형의 투명도를 지정하는 방법**

① 슬라이드 7의 도형을 클릭한다.

② 도형을 더블클릭하거나 [그리기 도구]–[서식] 탭을 클릭한다.

③ [도형 스타일] 그룹에서 [도형 서식] 단추를 클릭하거나, 도형을 마우스 오른쪽 단추로 클릭하고 [도형 서식]을 선택한다.

④ 투명도를 '75%'로 설정한다.

④ [닫기] 단추를 클릭한다.

2-19

1 **글머리 기호 목록 기호를 그래픽으로 변경하는 방법**

① 슬라이드 4의 글머리 기호 텍스트 상자를 클릭한다.

② [홈] 탭의 [단락] 그룹에서 [글머리 기호]–[글머리 기호 및 번호 매기기]를 클릭한다.

③ [그림] 단추를 클릭한다.

④ [가져오기] 단추를 클릭하고 [파워포인트 MOS]–[모의고사]–[모의고사02] 폴더의 '기호.gif'를 선택하고 [추가] 단추를 클릭한다.

⑤ 추가된 그래픽을 선택하고 [확인] 단추를 클릭한다.

2 **도형 삽입 방법**

① 슬라이드 4를 클릭한다.

② [삽입] 탭의 [일러스트레이션] 그룹에서 [도형]을 클릭한다.

③ '블록 화살표'의 '오른쪽 화살표'를 선택한다.

④ 글머리 기호 목록 하단에 드래그한다.

2-20

1 **도형 서식 지정 방법**

① 슬라이드 4의 도형을 선택한다.

② 도형을 더블클릭하거나 [그리기 도구]–[서식] 탭을 클릭한다.

③ [도형 스타일] 그룹에서 [도형 채우기]–[그라데이션]을 클릭하고 '어두운 그라데이션' – '선형 위쪽'을 선택한다.

2 **슬라이드 방향 변경 방법**

① [디자인] 탭의 [페이지 설정] 그룹에서 [슬라이드 방향]–[세로]를 클릭한다.

3-01

1 조직도 스타일을 수정하는 방법

① 슬라이드 6을 클릭한다.
② 조직도를 클릭하고 [SmartArt 도구]–[디자인] 탭의 [SmartArt 스타일] 그룹에서 [자세히] 단추를 클릭한다.
③ 편집 그룹 창에서 '3차원'의 '경사'를 클릭한다.

2 슬라이드 쇼를 진행하고 주석을 유지하는 방법

① [슬라이드 쇼] 탭의 [슬라이드 쇼 시작] 그룹에서 [처음부터]를 클릭한다.
② 마우스로 클릭하여 6번 슬라이드로 이동한다.
③ 마우스 오른쪽 단추를 클릭하여 [포인터 옵션]–[형광펜]을 클릭한다.
④ '공연 기획자' 텍스트를 드래그한다.
⑤ 마우스 오른쪽 단추를 클릭하여 [다음]을 선택하거나 슬라이드 하단의 화살표 모양의 [다음] 단추를 클릭하여 마지막까지 슬라이드 쇼를 진행한다.
⑥ '잉크 주석을 유지하시겠습니까?' 라는 메시지가 나오면 [예] 단추를 클릭한다.

3-02

1 SmartArt 그래픽 크기 조절 방법

① 슬라이드 3을 클릭한다.
② SmartArt를 클릭하고 [SmartArt 도구]–[서식] 탭에서 [크기]를 선택한다.
③ 높이 '12cm', 너비 '21cm'로 설정한다.

2 도형 정렬 방법

① 슬라이드 4의 도형 하나를 클릭하고 Shift 를 누른 채 도형을 모두 선택한다. 또는 도형을 포함하여 드래그한다.
② [그리기 도구] 탭의 [정렬] 그룹에서 [맞춤]을 클릭한다.
③ [중간 맞춤]을 클릭한다.

3-03

1 도형의 테두리 변경 방법

① 슬라이드 6의 한쪽 모서리가 잘린 도형을 클릭한다.
② [그리기 도구]–[서식] 탭의 [도형 스타일] 그룹에서 [도형 윤곽선]을 클릭한다.
③ [두께]– '6pt'를 선택한다.

2 WordArt 삽입 방법

① 슬라이드 6을 클릭한다.
② [삽입] 탭의 [텍스트] 그룹에서 [WordArt]를 클릭하고 '채우기 – 강조 6, 부드러운 무광택 입체'를 선택한다.
③ 텍스트 상자에 "진로 및 방향"을 입력한다.
④ 왼쪽 상단으로 드래그한다.

3-04

1 서식 복사 방법

① 슬라이드 2의 '예술 경영이란?' 제목 텍스트 상자를 클릭한다.
② [홈] 탭의 [클립보드] 그룹에서 [서식 복사] 단추를 클릭한다.
③ 마우스 포인터가 붓 모양으로 바뀌면 슬라이드 3의 제목을 클릭한다.

2 도형의 테두리 제거의 방법

① 슬라이드 6의 도형을 클릭한다.
② 도형을 더블클릭하거나 [그리기 도구]–[서식] 탭을 클릭한다.
③ [도형 스타일] 그룹에서 [도형 윤곽선]–[윤곽선 없음]을 클릭한다.

3-05

1 슬라이드 마스터에서 배경 그래픽을 삽입하는 방법

① [보기] 탭의 [프레젠테이션 보기] 그룹에서 [슬라이드 마스터]를 클릭한다.
② [슬라이드 마스터] 탭의 [배경] 그룹에서 [배경 서식] 단추를 클릭한다.
③ [배경 서식] 대화상자에서 '채우기' – '그림 또는 질감 채우기'를 선택한다.
④ [다음에서 삽입] 항목에서 [파일] 단추를 클릭한다.
⑤ [모의고사03] 폴더의 '배경.png'를 선택하고 [삽입] 단추를 클릭한다.
⑥ [배경 서식] 대화상자의 [모두 적용] 단추를 클릭한 후 [닫기] 단추를 클릭한다.
⑦ [슬라이드 마스터] 탭의 [마스터 보기 닫기]를 클릭한다.

2 슬라이드 번호 삽입 방법

① [삽입] 탭의 [텍스트] 그룹에서 [슬라이드 번호]를 클릭한다.
② [슬라이드] 탭에서 '슬라이드 번호'를 체크한다.
③ '제목 슬라이드에는 표시 안 함'에 체크한다.
④ [모두 적용] 단추를 클릭한다.

3-06

1 Word 개요로 슬라이드를 삽입하는 방법

① 슬라이드 1을 클릭한다.
② [홈] 탭의 [슬라이드] 그룹에서 [새 슬라이드]를 클릭한다.
③ [슬라이드 개요]를 클릭한다.
④ [모의고사03] 폴더의 '예술 경영' Word 파일을 선택하고 [삽입] 단추를 클릭한다.

3-07

1 표 삽입 방법

① 슬라이드 7을 선택한다.
② 슬라이드 레이아웃에서 [표 삽입] 아이콘을 클릭하거나, [삽입] 탭의 [표] 그룹에서 [표]-[표 삽입]을 클릭한다.
③ [표 삽입] 대화상자에서 열 개수는 '5', 행 개수는 '4'로 지정한 후 [확인] 단추를 클릭한다.

2 표 스타일 지정 방법

① 슬라이드 7의 표를 클릭한다.
② [표 도구]-[디자인] 탭의 [표 스타일] 그룹에서 [자세히] 단추를 클릭한다.
③ '보통'의 '보통 스타일 1 – 강조 5'를 선택한다.

3-08

1 도형의 그룹 지정 방법

① 슬라이드 4의 도형을 하나 클릭하고 Shift 를 누른 채 나머지 도형도 각각 클릭하여 선택한다.
② [그리기 도구]-[서식] 탭의 [정렬] 그룹에서 [그룹]-[그룹]을 클릭하거나, 도형을 마우스 오른쪽 단추로 클릭하고 [그룹]-[그룹]을 클릭한다.

2 슬라이드 쇼 재구성 설정 방법

① [슬라이드 쇼] 탭의 [슬라이드 쇼 시작] 그룹에서 [슬라이드 쇼 재구성]-[쇼 재구성]을 클릭한다.
② [쇼 재구성] 대화상자에서 [새로 만들기] 단추를 클릭한다.
③ [쇼 재구성하기] 대화상자에서 '슬라이드 쇼 이름'에 "예술경영"을 입력한다.
④ 슬라이드 '1, 2, 4, 6'를 각각 선택하고 [추가] 단추를 클릭한다.
⑤ [확인] 단추를 클릭한다.
⑥ [쇼 재구성] 대화상자에서 [닫기] 단추를 클릭

한다.

3-09

1 문서 속성 검사 방법

① [Office] 단추-[준비]-[문서 검사]를 클릭한다.
② 문서 검사의 선택 내용에서 '문서 속성 및 개인 정보'를 체크한 뒤 [검사] 단추를 클릭한다.
③ 검사 결과에서 모든 항목의 [모두 제거] 단추를 클릭한다.
④ [닫기] 단추를 클릭한다.

3-10

1 CD용 패키지를 만드는 방법

① [Office] 단추-[게시]-[CD용 패키지]를 클릭한다.
② [업데이트]를 안내하는 대화상자가 나오면 [확인]을 클릭한다.
③ 'CD 이름'에 "경영정보" 텍스트를 입력한다.
④ [폴더로 복사] 단추를 클릭한다.
⑤ [확인] 단추를 클릭한다.
⑥ 패키지 포함을 안내하는 대화상자에서 [예]를 클릭한다.
⑦ 잉크 주석 메시지가 나오면 [예]를 클릭한다.
⑧ [닫기] 단추를 클릭한다.
* 해당 예제나 시험환경에 따라 6, 7번의 과정은 생략할 수도 있다.

3-11

1 도형의 텍스트 회전 방법

① 슬라이드 4의 첫 번째 직사각형 도형을 클릭한다.
② 도형을 마우스 오른쪽 단추로 클릭하여 [도형 서식]을 선택하거나, [그리기 도구]-[서식] 탭의 [도형 스타일] 그룹에서 [도형 서식] 단추를 클릭한다.
③ [도형 서식] 대화상자에서 [텍스트 상자] 탭을 선택한다.
④ '텍스트 방향'을 '모든 텍스트 90도 회전'으로 선택한다.
⑤ [닫기] 단추를 클릭한다.

2 글머리 기호 목록을 번호로 수정하는 방법

① 슬라이드 2의 글머리 기호 목록 상자를 클릭한다.
② [홈] 탭의 [단락] 그룹에서 [번호 매기기]- '1) 2) 3)'을 선택한다.

3-12

1 애니메이션 제거 방법

① 슬라이드 4의 직사각형 도형을 클릭한다.
② [애니메이션] 탭의 [애니메이션] 그룹에서 [사용자 지정 애니메이션]을 클릭한다.
③ 작업창에서 '그룹' 개체를 선택하고 [제거] 단추를 클릭한다.

2 프레젠테이션의 예행 연습 방법

① [슬라이드 쇼] 탭의 [설정] 그룹에서 [예행 연습]을 클릭한다.
② [예행 연습] 대화상자에 시간 표시가 되면 2초마다 [다음] 단추를 클릭한다.
③ 슬라이드 시간 사용 여부를 묻는 대화상자가 나오면 [예] 단추를 클릭한다.

3-13

1 쇼 설정 방법

① [슬라이드 쇼] 탭의 [설정] 그룹에서 [슬라이드 쇼 설정]를 클릭한다.
② '슬라이드 표시'의 '시작'을 클릭하고 "2", '끝'에 "4"를 입력한다.
③ [확인] 단추를 클릭한다.

2 PowerPoint 97-2003 문서 형식 저장 방법

① [Office] 단추를 클릭하고 [다른 이름으로 저장]-[PowerPonit 97-2003 프레젠테이션]을 클릭한다.
② 저장 위치를 [내 문서]로 지정하고 [저장] 단추를 클릭한다.

3-14

1 슬라이드 크기 변경 방법

① [디자인] 탭의 [페이지 설정] 그룹에서 [페이지 설정]을 클릭한다.
② '슬라이드 크기'를 '화면 슬라이드 쇼(16:9)'로 선택한다.
③ [확인] 단추를 클릭한다.

2 슬라이드 레이아웃 변경 방법

① 슬라이드 8을 클릭한다.
② [홈] 탭의 [슬라이드] 그룹에서 [레이아웃]을 클릭한다.
③ '제목만' 슬라이드를 선택한다.

3-15

1 슬라이드 마스터에서 업데이트 날짜를 삽입하는 방법

① [보기] 탭의 [프레젠테이션 보기] 그룹에서 [슬라이드 마스터]를 클릭한다.
② [삽입] 탭의 [텍스트] 그룹에서 [날짜 및 시간]을 클릭한다.
④ [머리글/바닥글] 대화상자에서 '날짜 및 시간'에 체크한다.
⑤ '자동으로 업데이트'를 체크한다.
⑥ [모두 적용] 단추를 클릭한다.
⑦ [슬라이드 마스터] 탭의 [마스터 보기 닫기] 단추를 클릭한다.

2 3번 슬라이드부터 슬라이드 쇼 진행 방법

① 슬라이드 3을 클릭한다.
② [슬라이드 쇼] 탭의 [슬라이드 쇼 시작] 그룹에서 [현재 슬라이드부터]를 클릭한다.
③ 마우스를 클릭하여 끝까지 쇼를 진행하고 기본 보기 상태로 돌아온다.

3-16

1 텍스트 상자에 서식을 추가하여 삽입하는 방법

① 슬라이드 1을 클릭한다.
② [삽입] 탭의 [텍스트] 그룹에서 [텍스트 상자]-[가로 텍스트 상자]를 클릭한다.
③ 적당한 위치에 드래그한다.
④ 텍스트 상자를 마우스 오른쪽 단추로 클릭하여 [도형 서식]을 선택하거나, [그리기 도구]-[서식] 탭의 [도형 스타일] 그룹에서 [도형 서식] 단추를 클릭한다.
⑤ [채우기]의 '그라데이션 채우기'를 클릭한다.
⑥ '기본 설정 색'을 '새벽'으로 선택한다.
⑦ '방향'은 '선형 아래쪽'을 선택한다.
⑧ [닫기] 단추를 클릭한다.

2 슬라이드에 메모를 삽입하는 방법

① 슬라이드 2를 클릭한다.
② 메모 표시 아이콘을 더블클릭하거나, 아이콘을 선택하고 [검토] 탭의 [메모] 그룹에서 [메모 편집]을 클릭한다.

③ 메모 텍스트의 맨 앞에 "또는"을 입력한다.

3-17

1 슬라이드 방향 변경 문제

① [디자인] 탭의 [페이지 설정] 그룹에서 [슬라이드 방향]-[세로]를 클릭한다.

2 슬라이드 마스터를 이용하여 바닥글을 삽입하는 방법

① [보기] 탭의 [프레젠테이션 보기] 그룹에서 [슬라이드 마스터]를 클릭한다.
② [삽입] 탭의 [텍스트] 그룹에서 [머리글/바닥글]을 클릭한다.
③ '바닥글'을 체크하고 "예술경영혁신" 텍스트를 입력한다.
④ '제목 슬라이드에는 표시 안 함'에 체크한 뒤 [모두 적용] 단추를 클릭한다.
⑤ [슬라이드 마스터] 탭의 [마스터보기/닫기]를 클릭한다.

3-18

1 조직도 크기 조절 방법

① 슬라이드 6의 조직도를 클릭한다.
② [SmartArt 도구]-[서식] 탭에서 [크기]를 선택한다.
③ 높이는 '13cm', 너비는 '19cm'로 설정한다.

2 조직도 레이아웃 변경 방법

① 슬라이드 6의 조직도을 선택한다.
② 조직도를 더블클릭하거나 [SmartArt 도구]-[디자인] 탭을 클릭한다.
③ [레이아웃] 그룹의 [자세히] 단추를 클릭하여 [기타 레이아웃]을 클릭한다.
④ [계층 구조형] 탭의 '계층 구조형'을 선택한다.
⑤ [확인] 단추를 클릭한다.

3-19

1 메모를 숨기는 방법

① 슬라이드 2를 클릭한다.
② [검토] 탭의 [메모] 그룹에서 [메모 및 변경 내용 표시]를 클릭하여 선택을 해제하거나, 메모를 선택한 후 Delete 를 누른다.

2 도형 서식에 대한 방법

① 슬라이드 4의 가운데 도형을 선택한다.
② 도형을 더블클릭하거나 [그리기 도구]-[서식] 탭을 클릭한다.
③ [도형 스타일] 그룹에서 [도형 채우기]-[질감]을 클릭하고 '자주 편물'을 선택한다.

3-20

1 새 슬라이드 삽입 방법

① 슬라이드 7을 클릭한다.
② [홈] 탭의 [슬라이드] 그룹에서 [새 슬라이드]를 클릭한다.
③ '제목 및 내용' 레이아웃을 선택한다.

2 차트 삽입 방법

① 슬라이드 8에서 레이아웃의 [차트 삽입] 아이콘을 클릭한다.
② [세로 막대형]-[묶은 세로 막대형]을 클릭한다.
③ [확인] 단추를 클릭한 후 데이터 편집 창을 닫는다.